Elmar Theveßen

Schläfer mitten unter uns

Das Netzwerk des Terrors und der hilflose Aktionismus des Westens

Elmar Theveßen

Schläfer mitten unter uns

Das Netzwerk des Terrors und der hilflose Aktionismus des Westens

Droemer

Besuchen Sie uns im Internet:
www.droemer.de

Umschlaggestaltung: ZERO Werbeagentur, München
Umschlagabbildung: ZERO Artwork unter Verwendung
eines Bildes von Corbis
Satz: Ventura Publisher im Verlag
Druck und Bindung: Ebner & Spiegel, Ulm
Printed in Germany
ISBN 3-426-27292-X

2 4 5 3

Inhalt

Vorwort
Ein Tag im September 7

Teil I
Die Macht der Unterschätzung
1. Ende einer Illusion 19
2. Die verbotene Wahrheit 42
3. Terror ohne bin Laden 72

Teil II
Der Schlaf der Selbstgerechten
4. Operation Bojinka 93
5. Die deutsche Spur 114
6. Schläfer mitten unter uns 133

Teil III
Die Welt am Abgrund
7. Tod aus dem Schnellkochtopf 147
8. Löcher im System 161
9. Der Mantel des Schweigens 179

Teil IV
Die wehrlose Demokratie
10. Krieg ohne Sieg 195
11. Aktionismus als Beruhigungspille 219
12. Die neue alte Weltordnung 234

Epilog
Das Recht auf die Wahrheit 255

Anmerkungen 271
Register 285

Vorwort
Ein Tag im September

Das »Booeymongers« ist kein wirklich gutes Restaurant, obwohl die Sandwiches und heißen Baguette-Brötchen nicht schlecht schmecken. Doch der Kaffee ist dünn wie Spülwasser. Der Schnellimbiss an der Wisconsin-Avenue in Washington ist auch kein geeigneter Treffpunkt, um in Ruhe mit jemandem zu reden. Innen stört das Stimmengewirr der Gäste, von draußen dringt der Straßenlärm des Feierabendverkehrs herein. Auto an Auto quält sich die Blechlawine der Pendler hinaus aus der US-Kapitale in die Vorstädte Marylands.

Trotzdem treffen wir uns hier zu einem Hintergrundgespräch, weil wir unter den vielen Menschen kaum auffallen würden. Mein Gesprächspartner hat uns diesen Ort erst zwei Stunden zuvor per Telefon als Treffpunkt genannt. Als wir dann bei Cola und Tee auf ihn warten, rätseln wir – die ZDF-Producerin Alice Gallasch-Kelley und ich – darüber, ob unser Informant vielleicht an Verfolgungswahn leidet, zu viele Agentenfilme sieht oder wirklich ernste Gründe für sein seltsames Verhalten hat. Immerhin hätten wir uns ja genauso gut in unserem Studio in Georgetown oder in einem Hotel treffen können.

Steven Emerson ist jedoch kein Spinner, sondern ein Journalist, der sein Leben einer ständigen Bedrohung angepasst hat.[1] Seit er am 21. November 1994 im öffentlich-rechtlichen Fernsehen der USA das Netzwerk des islamischen Extremismus auf amerikanischem Boden enthüllte, steht er nach Informationen des FBI und des US-Außenministeriums auf der Todesliste islamistischer Terroristen. Die Bundespolizei bot ihm deshalb die Aufnahme in das Zeugenschutzprogramm des US-Justizministeriums an. Emerson entschied sich jedoch dafür, weiter zu recherchieren. Er änderte allerdings seine Verhaltensweisen im Alltag, und seitdem variiert er ständig seinen Tagesablauf, wirft vor jedem Einsteigen auf der Suche nach einer Bombe einen Blick unter sein Auto, wechselt auf seinen Fahrten abrupt die Richtung und arrangiert seine Termine sehr kurzfristig unter telefonischer Anweisung des Treffpunktes. Damals, 1998, nach den Terroranschlägen von Kenia und Tansania, erschien mir das alles reichlich übertrieben. Heute sehe ich es anders.

Wir hatten uns mit Emerson getroffen, weil wir herausfinden wollten, ob es eine »German Connection« gab, eine Verbindung zwischen Osama bin Laden und radikalen Muslimen in Deutschland. Am Telefon hatte Emerson entsprechende Andeutungen gemacht. Das Gespräch brachte einige Ansatzpunkte, darunter den Hinweis auf eine Telefonnummer in Deutschland, welche die Attentäter des ersten Anschlages auf das World Trade Center 1993 mehrfach angewählt hatten. Die Nummer selbst konnte Emerson uns nicht geben. Immerhin hatte er Informationen über eine Wohltätigkeitsorganisation, die ihre Gelder aus Deutschland erhielt und möglicherweise mit den Anschlägen in Afrika in Verbindung gebracht werden konnte.

Weitere Informationen zu einer deutschen Fährte bekamen wir nicht. Aber der Abend war keine Zeitverschwendung, hatte Emerson uns doch eine Menge über die Vernetzung des islamistischen Terrorismus auf amerikanischem Boden erzählt. Bald danach begannen wir mit Dreharbeiten für einen längeren Beitrag zum Thema. Wir besuchten die Familie eines Hochschuldozenten in Florida, der dort in Untersuchungshaft saß, weil er angeblich Mitglied einer terroristischen Vereinigung – des palästinensischen »Islamischen Dschihad« – war. Die Beweise gegen ihn hielten die amerikanischen Bundesanwälte sogar vor dem Angeklagten geheim. Dieser höchst fragwürdige Vorgang in einem Rechtsstaat sollte Gegenstand unserer Geschichte sein. Informationen von FBI, CIA und Einwanderungsbehörde wurden hinter verschlossenen Türen ausschließlich dem Richter vorgetragen. Nicht einmal der Anwalt des Beschuldigten durfte dabei sein.

Diese absolute Geheimhaltung und die fehlende Bereitschaft der

Anklagevertretung und der Behörden, sich in Interviews unseren Fragen zu stellen, erschwerten in der Folge die Umsetzung des Themas in einem TV-Beitrag. Aus diesem und anderen Gründen kam der Bericht niemals zu Stande.

Seit den Anschlägen vom 11. September erscheint vieles von damals in einem neuen Licht. Die Geheimniskrämerei im Umgang mit solchen Fällen, die Aushebelung rechtsstaatlicher Prinzipien im Kampf gegen den religiös begründeten Terrorismus, die Zurückhaltung der Medien, über bestimmte Entwicklungen kritisch zu berichten, und – im Fall der USA – das Unvermögen, in einer Kette von Ereignissen eine wachsende Bedrohung zu erkennen, nur weil die logische Konsequenz daraus, ein Terroranschlag auf amerikanischem Boden, so undenkbar erschien – all diese Faktoren haben zu den Ereignissen des Jahres 2001 beigetragen.

Nachdem unsere Recherchen in den USA im Sand verlaufen waren, bot sich in Deutschland im Januar 2001 die Gelegenheit, das Thema aus einem anderen Blickwinkel aufzugreifen. Diesmal waren die Bemühungen erfolgreicher, nicht zuletzt weil im damals laufenden New Yorker Verfahren gegen die Attentäter von Nairobi und Daressalam eine Flut von Hinweisen auf die deutsche Verbindung auftauchten. Bei der Durchsicht der Mitschriften jedes Prozesstages stieß ich auf Informationen, die kombiniert mit früheren Recherchen in den USA die internationale Vernetzung des islamistischen Terrorismus Osama bin Ladens zu belegen schienen – mit Deutschland als einem der logistischen Stützpunkte.

Diese Annahme wurde außerdem von den Verhaftungen in Frankfurt im Dezember 2000 gestützt. Damals gingen den Fahndern Mitglieder einer Terrorzelle ins Netz, die einen Anschlag auf den Weihnachtsmarkt in Straßburg geplant hatten und offenbar mit anderen Gruppen und Anschlägen in Europa in Verbindung gebracht werden konnten. Und sie waren nur ein Beispiel für eine Entwicklung, die auch die innere Sicherheit der Bundesrepublik bedrohte.

Genau das konnten wir am 8. Mai 2001 in einem Fernsehbeitrag darstellen.[2] In ihm wird bereits auf all jene Elemente hingewiesen, die dem Netzwerk des Terrors die weltweite Ausdehnung und die unbemerkte Vorbereitung von Attentaten ermöglichten: die Entsendung von Schläfern in verschiedene Länder; die Werbung für den Dschihad im Studentenmilieu unter Einsatz modernster Technologien wie des Internet[3]; die Instrumentalisierung weltpolitischer Ereignisse wie der Kriege in Bosnien und Tschetschenien als Propagandamittel zur Rekrutierung neuer Gotteskrieger; die Ausnutzung der Religionsfreiheit für die Etablierung einer Anwerbestation, d.h. Anlaufstelle für Gotteskrieger im Ausland; der Missbrauch von Wohltätigkeitsorganisationen als getarnte Ausgangsbasen für terroristische Aktivitäten.

Vier Monate später führten diese Praktiken zur Katastrophe. Als »der Tag, der die Welt veränderte« oder als »Wendepunkt in der Geschichte« wird der 11. September immer wieder bezeichnet. Tatsächlich aber war er nur eine Etappe in einer Entwicklung, die erstens absehbar war, zweitens unabhängig von den Anschlägen ähnlich verlaufen wäre und sich jetzt, drittens, kontinuierlich fortsetzt: die Globalisierung des islamistischen Terrorismus.

Der Westen hat nur noch nicht vollständig akzeptiert, dass es sich um eine Bedrohung handelt, die weitaus gefährlicher ist als die zu Zeiten des Kalten Krieges, als das Prinzip der Abschreckung für ein notwendiges Maß an Stabilität und Sicherheit sorgte. Gegenwärtig haben wir es mit Fanatikern zu tun, die bei ihren Planungen das Undenkbare denken und umsetzen, die die Reaktion des Gegners mit einkalkulieren und aus ihren Fehlern lernen. Hinzu kommt, dass sie das Wissen, den Willen und das Material haben, um Massenvernichtungswaffen einzusetzen.

Al Qaida ist eine topmoderne Organisation – bis ins Detail abgestimmt auf die Anforderungen des Kampfes gegen einen scheinbar so formidablen Gegner wie die letzte verbleibende Supermacht der Welt. Sie operiert mit kleinen, schlagkräftigen Truppen, setzt auf eine hoch technisierte Vernetzung durch Internet und Satellitentelefone, greift mit einem Gespür für das soziale Empfinden junger Leute Ungerechtigkeiten und Ängste unserer Zeit auf, vermarktet sich unter Einsatz professioneller Medien, finanziert sich mit den cleversten Tricks des globalen Kapitalismus und ist dabei so zielorientiert und unbeirrbar wie die Wirtschaftsgenies der New Economy.

Der Westen hat diese neue Gefahr, die deutliche Züge einer Art Islamistischen Internationale trägt, deutlich unter- und die eigenen Fähigkeiten überschätzt – und ist deshalb mitverantwortlich für die Terrorakte des 11. September. Politiker in den USA, aber auch in anderen Ländern, nationale und internationale Ermittlungsbehörden und vielfach auch die Medien, schliefen den Schlaf der (Selbst-)Gerechten.

Diese gefährliche Unterschätzung des Gegners setzt sich fort, obwohl sich die Welt angesichts des Ausmaßes der Bedrohung weitere Fehler nicht mehr erlauben kann. Auf die Anschläge reagierte der Westen mit dem alten Rezept seiner Weltpolitik: Machtgehabe. Aber der erste Aktionismus im Krieg gegen den Terror hat an den Gründen für den islamistischen Terrorismus nichts geändert, sondern sie sogar noch verstärkt. Die vermeintlichen Erfolge gaukeln eine Sicherheit vor, die es nicht gibt. Die Bedrohung ist größer als je zuvor, auch weil Behörden und Politik aus ihren Fehlern wenig gelernt haben.

Es gibt einen tiefen Eindruck, den die Recherchen in diesem Feld bei mir hinterlassen haben: Die Menschen, die zu den Unterstützern des Terrors zählen, und diejenigen, die solche schrecklichen Akte der Gewalt verüben, sind so normal, unauffällig und rational wie du und ich. In ihrem Alltag ragen sie nicht heraus durch Genialität oder Skrupellosigkeit, maßlosen Hass oder offenen Wahnsinn. Genau das macht ihre Entdeckung so schwer, und jeder, der verstehen will, wie es so weit kommen konnte, muss sich dies vergegenwärtigen.

Offenbar geht es vielen meiner Kollegen ähnlich. Einer von ihnen hat es wohl am besten in Worte gefasst. In seinem Porträt von Mohammed Atta in der *Los Angeles Times* schrieb Terry McDermott Anfang 2002: »Wir wollen, dass unsere Monster auch monströs sind. Wir wollen, dass sie ihrem Verbrechen irgendwie ebenbürtig erscheinen. Mehr als alles andere wollen wir, dass sie außerordent-

lich sind, damit wir weiter glauben können, dass sich so etwas Schreckliches höchstwahrscheinlich nicht wiederholt.«[4]
Genau deshalb bereitet es den Menschen, die direkt etwas mit den Tätern zu tun hatten, Schwierigkeiten, ihre persönliche Erfahrung im Umgang mit ihnen in Einklang zu bringen mit den Ereignissen des 11. September. Bei einem ARD-Fernsehinterview Monate nach dem Anschlag brach Dr. Dittmar Machule, der Hochschullehrer von Mohammed Atta, in Tränen aus, weil er es nicht glauben konnte, dass dieser eifrige, verschlossene, manchmal sogar gehemmte junge Mann die Welt an den Rand eines Abgrunds brachte. Aber er weinte wohl auch, weil er sich selbst die Frage stellte, ob auch er Schuld trug, weil er das Böse in seinem Studenten nicht erkannt hatte.
Natürlich ist dieser tiefe Selbstzweifel nicht gerechtfertigt. Trotzdem wird er von vielen ähnlich empfunden. Eine Reihe von Mitarbeitern der Flugschulen von PanAm in den USA mussten nach den Ereignissen des Jahres 2001 psychologisch betreut werden. Auch sie gaben sich eine Mitschuld an der Katastrophe, weil sie einige der Terroristen für ihre tödliche Mission ausgebildet hatten.
Aber das Böse lässt sich eben nicht bei der Passkontrolle am Flughafen erkennen, auch nicht im Lebensalltag von Ausbildung, Studium, Beruf und Freizeit. Genau deshalb ist der Versuch, die terroristische Gefahr an einzelnen Personen festzumachen und durch Rasterfahndung auszusieben, von vornherein zum Scheitern verurteilt. Die westliche Welt hat ebendiesen Fehler gemacht und macht ihn weiter. Sie konzentriert sich zu sehr auf die Bösewichte in der Hoffnung, das Problem werde verschwinden, wenn nur genügend von ihnen verhaftet und abgeurteilt werden. Doch das ist Augenwischerei.
Auf globalen Terror mit regionaler Einigelung zu reagieren bringt genauso wenig wie ein weltweiter Interventionismus, der nur noch zwischen Gut und Böse unterscheidet und dabei alle Zwischentöne ignoriert, an denen die Diplomatie zur Lösung von Konflikten ansetzen könnte.
Vielversprechender ist ein anderer Weg: Man muss den Entwick-

lungen, die Terror hervorbringen und die Selbstmordattentäter produzieren, mehr Aufmerksamkeit schenken. Erst Ideen und Ideologien, die menschliche Grundwerte gefährden, machen aus sonst völlig normalen Menschen Terroristen. Sie frühzeitig zu erkennen und sich mit ihnen auseinander zu setzen, ihnen die Grundlagen zu entziehen, das ist die wirksamste Methode der Terrorbekämpfung.

Zur Veranschaulichung mag ein Beispiel aus der Medizin dienen. Der islamistische Terrorismus hat vieles gemeinsam mit einer Krebserkrankung. Dabei werden aus völlig gesunden normalen Zellen, wenn bestimmte Einwirkungen von außen stattfinden, gnadenlose Killer, die sich im menschlichen Körper immer weiter ausbreiten. Früher kannte die Medizin nur eine Methode zur Bekämpfung dieser Krankheit: das Herausschneiden der befallenen Stellen und die chemische Abtötung der bösartigen Zellen, die dem Skalpell entgangen waren. Diese Behandlung hat den entscheidenden Nachteil, dass sich ein erneutes Ausbrechen der Krankheit in vielen Fällen nicht verhindern lässt.

Aber seit einigen Jahren gibt es viel wirksamere Praktiken, die die Entfernung des Krebses mit einer Behandlung der Ursachen kombinieren. Eine Methode stoppt das Wachstum der Blutgefäße, die das Krebsgeschwür ernähren. Eine andere stärkt die Abwehrkräfte des Körpers, und eine Dritte setzt bei den genetischen Voraussetzungen an, die für einen Ausbruch der Krankheit mitverantwortlich sind.

Die Kombination der verschiedenen Taktiken verspricht den größten Erfolg. Die Blutversorgung des islamistischen Terrorismus ist dabei nicht nur der Fluss des Geldes, gegen den die Staaten nun gemeinsam vorgehen. Terrorismus nährt sich auch aus den sozialen und politischen Ungerechtigkeiten in den jeweiligen Heimatländern. Diese Ungleichheit zu bekämpfen, ist ein wirksames Mittel, um die Bedrohung zu senken. Gleichzeitig müssen, um im Bilde zu bleiben, die Abwehrkräfte der westlichen Gesellschaften gestärkt werden, insbesondere indem die Öffentlichkeit rechtzeitig auf mögliche Gefahren aufmerksam gemacht wird. Die Wachsamkeit der Menschen ist das beste Mittel gegen die Fähigkeit der Terroristen, in der Unauffälligkeit der Massen unbemerkt ihre Gewaltakte vorzubereiten.

Eine Gesellschaft kann sich nur schützen, wenn sie weiß, worauf sie vorbereitet sein muss. Das hat mir bereits vor einigen Jahren der ehemalige stellvertretende Leiter des russischen Biowaffenprogramms »Biopreparat«, Ken Alibek, deutlich gemacht. Im März 1998 erzählte er mir in Washington, wie einfach biologische Kampfstoffe in die Hände von Terroristen fallen können. Das notwendige Know-how findet sich in den wissenschaftlichen Veröffentlichungen ehemaliger Mitarbeiter von »Biopreparat«, darunter detaillierte Beschreibungen von Horrorvarianten aus ihrer Giftküche, z.B. eine Kombination aus Pockenviren und Ebola. Diese Bedienungsanleitungen, so Alibek, könnten durchschnittlich begabte Biologen mit Hilfe marktüblicher Labortechnik für die Herstellung eines Kampfstoffs nutzen. Über solche Wissenschaftler verfügt, wie wir heute wissen, auch die Terrororganisation von Osama bin Laden.

Im Zuge meiner Arbeit traf ich mit vielen Kennern der Materie zu Hintergrundgesprächen zusammen, darunter Beamte des Verfassungsschutzes von Bund und Ländern, Ermittler verschiedener Landeskriminalämter und der Bundesanwaltschaft sowie hochrangige Experten der Bundesregierung. Unter anderem auf ihre Angaben stützten sich meine TV-Berichte vom Mai 2001 und nach den Anschlägen vom 11. September. Auch dieses Buch beruht in weiten Teilen auf Quellen in Nachrichtendiensten und Politik, im Inland ebenso wie im Ausland. Namentlich erwähnen darf ich den Geheimdienstkoordinator der Bundesregierung, Ernst Uhrlau, den Präsidenten des Bundesnachrichtendienstes, August Hanning, und den ehemaligen Präsidenten des Bundesamtes für Verfassungsschutz, Eckardt Werthebach. Eine Reihe von Informationen stammen auch von Sympathisanten der Terroristen, darunter zwei mutmaßliche Schläfer. Bei zahlreichen Sachverhalten müssen die Namen der Informanten jedoch ungenannt bleiben, weil sie um den Schutz ihrer Identität gebeten haben.

Und natürlich stammt manches, was in diesem Buch steht, aus offenen Quellen, die jedermann zugänglich sind. Vielfach sind die Angaben deutschen, britischen und amerikanischen Zeitungen und Zeitschriften entnommen. Doch habe ich einen Großteil dieser Informationen mit Hilfe der oben genannten Quellen verifizieren können. An manchen Stellen bleibt ein Restrisiko; zwar passen diese Informationen zu den übrigen Rechercheergebnissen, sie konnten aber nicht unabhängig bestätigt werden. Das betrifft insbesondere Informationen aus nachrichtendienstlichen Kreisen, die wiederum auf Quellen zurückgreifen, die entweder nicht namentlich genannt sind oder deren Zuverlässigkeit sich nicht unabhängig bestätigen ließ.

Natürlich sind manche Angaben, auf die ich mich stütze, auch interessengesteuert. Gerade bei behördlichen Quellen kann es vorkommen, dass das eigene Wirken in einem möglichst günstigen Licht erscheinen soll, während das der anderen kritisiert wird. Nach Anschlägen vom Ausmaß des 11. September ist es nur zu verständlich, dass niemand sich gerne dem Vorwurf der Mitverantwortung oder Mitschuld am Tod von rund 3500 Menschen aussetzt. Trotzdem müssen wir uns alle – die Medien eingeschlossen – den Vorwurf gefallen lassen, den Schlaf der Selbstgerechten geschlafen zu haben.

Teil I
Die Macht der Unterschätzung

I.
Ende einer Illusion

»Merken Sie denn nicht, wie ernst die Sache ist?« Der Anrufer hatte Mühe, die Fassung nicht zu verlieren. »Der Mann will auf einer 747 trainieren. Eine voll getankte 747 kann man als Waffe einsetzen.« Vielleicht waren diese Worte das entscheidende Argument, damit das FBI der eindringlichen Warnung des Fluglehrers Aufmerksamkeit schenkte. Jedenfalls nahmen Agenten den Mann am nächsten Tag fest.[1]

Es war Zacarias Moussaoui, dessen größter Traum sich an diesem Donnerstag im August 2001 mit dem Klicken der Handschellen zerschlug. Was niemand zu diesem Zeitpunkt ahnte: Er sollte wohl dabei sein beim Angriff auf Amerika, als zwanzigster Flugzeugentführer am 11. September 2001.
Nachher, so mag man sagen, ist man eben immer schlauer. Aber mit einem Achselzucken lässt sich der Fall Moussaoui nicht abtun. In konzentrierter Form offenbart er all die Versäumnisse, strukturellen Mängel und Fehleinschätzungen, die für das Gelingen der Anschläge auf das World Trade Center und das Pentagon mitverantwortlich sind.

Diese Ahnung beschlich wohl auch den Chef des amerikanischen Geheimdienstes wenige Minuten nach dem Einschlag des zweiten Flugzeugs. George Tenet war gerade beim Frühstück im Washingtoner St. Regis Hotel, wenige hundert Meter vom Weißen Haus entfernt, als ihn die Hiobsbotschaft aus New York erreichte. »Ich frage mich, ob das etwas mit diesem Kerl in dem Pilotentraining zu tun hat«, murmelte der CIA-Direktor nach einem Bericht der *Washington Post* vor sich hin.[2] Mit seiner Bemerkung hatte er ins Schwarze getroffen.

Einen Monat zuvor, am 10. August 2001, hatte Moussaoui seinen Unterricht an der Internationalen Flug-Akademie in Eagan im US-Bundesstaat Minnesota begonnen. 6300 Dollar des 19 000 Dollar teuren Kurses legte er dabei bar auf den Tisch der Schule, die der amerikanischen Fluggesellschaft PanAm gehört.

Aber Moussaoui war ein schlechter Flugschüler, was seinem Ausbilder, einem ehemaligen Air-Force-Piloten, gleich auffiel. Trotz vieler Flugstunden auf einer Cessna an einer kleineren Flugschule in Oklahoma hatte der 33-Jährige nie einen Alleinflug gewagt, geschweige denn eine Prüfung abgelegt. Trotzdem wollte er Zehntausende von Dollar in das Training mit einem Passagierjet stecken. Auf Fragen nach seiner Heimat Frankreich verhielt sich der Franzose marokkanischer Abstammung sehr feindselig gegenüber seinem Fluglehrer.

Nun kann niemand verlangen, dass wegen eines vagen Verdachts eine landesweite Terrorwarnung herausgegeben wird, aber spätestens nach dem nächsten Anruf hätten beim FBI die Alarmglocken schrillen müssen. Kurz nach der Festnahme Moussaouis am 16. August 2001 fragte die amerikanische Bundespolizei bei ihren Kollegen in aller Welt nach Informationen über den Verdächtigen. Aus Frankreich kam die Rückmeldung, Moussaoui sei ein radikal-islamischer Extremist mit Verbindungen zu Ausbildungslagern für Terroristen in Afghanistan.[3] Die FBI-Agenten bemühten sich daraufhin vergeblich um einen Durchsuchungsbefehl für Moussaouis Apartment. Sie wären auf eine Goldader gestoßen. Auf der Festplatte seines Computers befanden sich verdächtige Dateien, darunter detaillierte Beschreibungen von landwirtschaftlichen Sprühflugzeugen.[4] Aber das sollte das FBI erst nach den Anschlägen von New York und Washington erfahren, als der Durchsuchungsbefehl angesichts der Ereignisse endlich genehmigt wurde. An Fantasie hat es den Ermittlern offenbar nicht gefehlt. Einer von ihnen notierte sich während einer Sitzung, in der sie über das mögliche Vorhaben Moussaouis diskutierten, er plane vielleicht, »irgendetwas in das World Trade Center zu fliegen«.[5]

Ein wenig mehr Aufmerksamkeit hätte die Ermittler in das Zentrum der Operation vom 11. September geführt: Moussaoui hatte Anfang August mehrere Überweisungen aus Deutschland in einer Gesamthöhe von rund 14 000 Dollar bekommen – von einem gewissen Ahad Abdallah Sabet. Hinter dem Pseudonym, so wissen die Ermittler heute, verbarg sich Ramzi Binalshibh, der Weggefährte Mohammed Attas in Hamburg, der auch den anderen Attentätern Gelder überwies.

Und bei einer anderen Filiale der PanAm-Flugschule, diesmal in Phoenix, Arizona, trainierte Todespilot Hani Hanjour, der sich mit seinem Flugzeug ins Pentagon stürzen sollte. Der Saudi war den Ausbildern aufgefallen, weil er äußerst schlecht Englisch sprach und damit für das Training auf amerikanischen Linienmaschinen eigentlich ungeeignet war. Ein zu Rate gezogener Prüfer der US-Luftaufsichtsbehörde FAA empfahl ihm einen Arabisch sprechenden Bekannten als Nachhilfelehrer in Englisch.[6]

Hätte das FBI in der Warnung von Moussaouis Fluglehrer, ein Flugzeug könne als Bombe eingesetzt werden, ein realistisches Szenario erkannt, und hätten die Fahnder PanAm und vielleicht auch andere Flugschulen um Prüfung ähnlicher Fälle gebeten, dann wären sie unweigerlich auf Hani Hanjour gestoßen – und vielleicht sogar auf Mohammed Atta. Denn auch der Anführer der Terroristen hatte die Bewerbungsunterlagen von PanAm angefordert, auch wenn er sich dann für eine andere Flugschule in Florida entschied.

Tatsächlich hatten FBI-Agenten genau solch eine landesweite Überprüfung von Flugschulen im Sommer 2001 vorgeschlagen. Ermittler in Phoenix, Arizona, hatten eine Gruppe von Männern aus nahöstlichen Ländern im Visier, die an der *Embry-Riddle Aeronautical University* in Prescott Flugstunden nahmen. Wegen ihres Verdachts, dass die Flugschüler Terroranschläge planen könnten, baten die FBI-Beamten im Juli 2001 in einem Fernschreiben an die Zentrale in Washington um die Suche nach ähnlichen Fällen in allen Bundesstaaten der USA. Die Ergebnisse sollten mit Informationen der CIA abgeglichen werden. In ihrem Memorandum äußerten die Beamten die Vermutung, dass Terrororganisationen, möglicherweise sogar die von Osama bin Laden, Terroranschläge auf oder mit Flugzeugen planen könnten. Die Anti-Terror-Abteilung unternahm nichts und stellte auch, nur einen Monat später, keine Verbindung zum Fall von Zacarias Moussaoui her.[7]

US-Behörden waren längst gewarnt

Aber hätte man die Anschläge verhindern können? Was wäre gewesen, wenn die Mühlen der Bürokratie schneller gemahlen hätten? Wenn irgendein FBI-Mann auf eigenes Risiko ein paar zusätzliche Fragen gestellt hätte? Oder wäre die Zeit von Mitte August bis zum 11. September sowieso zu knapp gewesen?

Vorwürfe lassen sich leicht konstruieren, aber in diesem Fall sind sie gerechtfertigt, auch wenn niemand sagen kann, ob es am 11. September wirklich anders gekommen wäre. Die US-Sicherheitsbehörden waren nämlich längst gewarnt. Nach Angaben eines Geheimdienstexperten der Bundesregierung herrschte bei den Amerikanern schon seit Beginn des Jahres 2001 höchste Nervosität. Meldungen befreundeter Geheimdienste, Berichte eigener Informanten und Erkenntnisse aus internationalen Abhöraktionen legten nahe, dass ein großer Anschlag auf amerikanische Einrichtungen geplant war.

Immer wieder fragten CIA und FBI bei ihren Partnerdiensten in Europa und im Nahen Osten die aktuellen Bedrohungslagen ab. Allerdings interessierten sie sich dabei in erster Linie für Einschätzungen über die Regionen, denen US-Präsident George Bush in diesen Monaten einen Besuch abstatten wollte. Zum Beispiel Italien.

Der G-8-Gipfel von Genua im Juli 2001 galt als mögliches Terrorziel Nr. 1. Im Juni hatte die ägyptische Regierung die USA über eine Drohung Osama bin Ladens unterrichtet, einen Anschlag mit einem Flugzeug auf den Tagungsort der Staats- und Regierungschefs verüben zu wollen. Das bestätigte der ägyptische Präsident Hosni Mubarak Ende September 2001 in einem Interview mit der französischen Tageszeitung *Le Figaro*. Er bezog sich dabei auf ein

Video Osama bin Ladens vom 13. Juni 2001. Es sei darin, so Mubarak, von einem »Flugzeug, gefüllt mit explosivem Material«, die Rede gewesen.

Die italienischen Sicherheitsbehörden, die eine ähnliche Warnung erhalten hatten, schlossen für die Zeit des Gipfels den Luftraum über Genua und stationierten Luftabwehrraketen in der Stadt. Nach Informationen aus deutschen Regierungskreisen war dies auch der Grund für die kurzfristige Entscheidung des U.S. Secret Service, George Bush und die gesamte amerikanische Delegation nicht, wie ursprünglich geplant, auf einem Schiff im Hafen von Genua unterzubringen.[8]

Vielleicht handelte es sich nur um ein geschicktes Ablenkungsmanöver von Osama bin Laden, denn Genua blieb von Terrorattacken verschont. Aber hätten die Dienste die Details der Drohung zu Ende gedacht, hätten sie unweigerlich auch darüber nachdenken müssen, wie denn ein Anschlag mit einem Großraumflugzeug auf ein bestimmtes Gebäude verübt werden könnte. Könnte man den Piloten dazu zwingen? Müsste ein Pilot der Terroristen an seine Stelle treten? Und wo könnte dieser für seine Aufgabe trainiert haben? Genau dieses Szenario – der Austausch des Piloten durch entsprechend ausgebildete Terroristen – war den Ermittlern keineswegs unbekannt, wie wir später noch in Kapitel 4 (Operation Bojinka) zeigen werden.

Vor diesem Hintergrund ist eine Begebenheit zu bewerten, die nichts weniger als ein Skandal ist. Am 6. August 2001 erhielt US-Präsident George Bush auf seiner Ranch in Texas ein Geheimdienst-Briefing über die aktuelle Bedrohung durch Osama bin Ladens Al Qaida. Darin wurden weder das Phoenix-Memo noch die Drohung im Vorfeld von Genua auch nur mit einem einzigen Wort erwähnt. Allerdings war ausdrücklich von möglichen Flugzeugentführungen die Rede, mit denen Anhänger bin Ladens freigepresst werden könnten. Dass die Nachrichtendienste die Verbindung nicht herstellten, hätte längst zur Entlassung des CIA-Chefs führen müssen. Dass die US-Regierung diese Hinweise und das Briefing trotz der Fragen der Journalisten nach dem 11. September, ob es Warnzeichen gegeben habe, geheim hielt, bis die peinlichen Fakten am 15. Mai 2002 durch einen Bericht des amerikanischen Fernsehsenders CBS bekannt wurden, würde Rücktritte höchster Regierungsmitglieder rechtfertigen. Es scheint, als habe die Bush-Administration versucht, ihr eklatantes Versagen zu vertuschen.

Auf den Gedanken, dass der Feind sich in den USA selbst vorbereiten und dann zuschlagen könnte, kam offenbar niemand. Die Wahrheit zeugt von der Engstirnigkeit und Fantasielosigkeit der amerikanischen Sicherheitsbehörden. In ihren Bedrohungsanalysen berücksichtigten sie fast ausschließlich nur jene Arten von Anschlägen, die in den Jahren zuvor tatsächlich ausgeführt worden waren. Islamistischen Terroristen trauten sie große Bomben auf Lastwagen oder kleinen Booten zu, wie bei den Attacken in Kenia und Tansania 1998 und dem Attentat auf die USS Cole im Jemen im Oktober 2000. Aber zu mehr, so die Einschätzung, seien die Glaubenskrieger wohl nicht in der Lage, schon gar nicht auf amerikanischem Boden.

Dabei hatte es doch 1993 bereits einen Anschlag auf das World Trade Center gegeben, und die Erinnerung an die geplanten Terroranschläge bei den Feiern zur Jahrtausendwende hätten eigentlich auch frisch im Gedächtnis sein müssen. Diese Anschläge waren allerdings rechtzeitig verhindert worden, und vielleicht bestärkten gerade die Fahndungserfolge vergangener Jahre die amerikanischen Sicherheitsbehörden in dem Glauben an die Effizienz ihrer Arbeit. Vielleicht trauten sie den islamischen Terroristen deshalb so wenig zu, weil sie in den USA selbst weniger erfolgreich waren als in Übersee.

Schutzmechanismen blieben wirkungslos

Die amerikanische Selbstsicherheit war so groß, dass nicht einmal die Standardmechanismen griffen, die eigens zum Schutz vor kriminellen und terroristischen Aktivitäten geschaffen worden waren, zum Beispiel die »Suspicious Activity Reports« (SAR). Die SAR ist eine Datenbank von verdächtigen Finanztransaktionen, die Amerikas Banken an die US-Steuerbehörde IRS weitermelden müssen. Eine Vielzahl der Geldströme, die bei der Vorbereitung der Anschläge flossen, tauchte in diesen Listen auf, von der Eröffnungsbilanz auf Attas Konto – über 100 000 Dollar – bis zu den Überweisungen für die Ausbildung an den Flugschulen.

Obwohl das FBI Zugang zu dieser Datenbank hat, blieben die Aktivitäten der Terroristen unentdeckt. Das hat nichts mit dem Unwillen der Fahnder zu tun, sondern angesichts der großen Zahl solcher Transaktionen eher mit Personalmangel. Und natürlich ist bei den Überweisungen nicht hinter den Namen der jeweiligen Kontoinhaber vermerkt, ob sie Terrorverbindungen haben.

Trotzdem stellt sich die Frage, warum es SAR überhaupt gibt, wenn diese Meldungen nicht ausgewertet werden können. Der Vorgang beweist außerdem, dass die internationalen Finanzströme von Al Qaida in den letzten Jahren offenbar nicht das Interesse der Fahnder weckten, obwohl die Gefahr von Anschlägen wuchs. Die Fahnder sahen in ihnen offenbar keinen viel versprechenden Ansatzpunkt, zumal es äußerst mühsam gewesen wäre, im Dickicht der internationalen Finanzmärkte nach »Terrordollars« zu suchen. Dabei wäre es gar nicht darum gegangen, den Terroristen den Geldhahn zuzudrehen, sondern anhand ihrer Transaktionen Hinweise auf geplante Anschläge zu erhalten.

»Out of the box«-Denken, also die Betrachtung der Lage aus einem völlig ungewohnten Blickwinkel, zum Beispiel aus der Perspektive der Terroristen, stand nicht auf dem Programm. Aber die Terroristen taten genau das, was man eigentlich von ihren Verfolgern erwarten sollte: Sie dachten das Undenkbare. Mit anderen Worten: Die Terroristen waren den Fahndern um Längen voraus, weil sie – wie beim Schachspielen – das Verhalten ihrer Gegner einkalkulierten.

Terror mit einfachsten Mitteln

Der Fluggast in Sitzreihe 8 greift zum Handy. Die Tür ist schon geschlossen, die Maschine rollt zur Startbahn. Natürlich ist das Telefonieren strikt verboten, aber wie so viele Geschäftsleute in der First Class kümmert sich der Mann nicht darum. Und wenn er doch auffällt? Und wenn schon. Er ist sich seiner Sache so sicher, dass er es riskiert. Schließlich hat ihn bisher niemand durchschaut. Dabei hatten die Behörden über Jahre hinweg genügend Vorwarnungen, und Gelegenheiten, ihn zu stoppen, gab es auch. Mohammed Atta telefoniert mit seinem Freund Marwan al-Shehhi, dessen Flugzeug kurz nach dem seinen starten wird. Beide wissen, dass sie in Kürze sterben werden. Das Gespräch ist kurz. Der Abschied vor dem Wahnsinn.

Niemand weiß, was der Chefplaner der Anschläge vom 11. September 2001 seinem Freund und Kampfgefährten zu sagen hatte.[9] Vielleicht wollte er sich nur vergewissern, dass alles nach Plan lief. Vielleicht war es der stolzeste Moment im Leben des Mohammed Atta, eine letzte Gelegenheit zu reflektieren, was er tat und warum. Kurz danach würde die Ausführung der Tat wieder seine volle Konzentration verlangen.

Er hätte alles noch stoppen können in dieser Minute, aber dafür hatte er wohl zu viel investiert, immerhin drei Jahre seines Lebens. Und er hatte es geschafft, seine Gegner auszutricksen – die Polizei, die Geheimdienste, die Politiker. Die USA mit eigenen Waffen zu schlagen, auf amerikanischem Boden, den angeblich mächtigsten Staat der Erde ins Mark zu treffen, ja an den Abgrund zu bringen – es ist schwer vorstellbar, dass Mohammed Atta dabei keine Genugtuung empfand.

So zeitaufwändig und komplex die Vorbereitungen auch gewesen sein mochten, die Ausführung war geradezu ein Kinderspiel – so schlicht und einfach wie es die Bilder von den Einschlägen ins World Trade Center nahe legen. Vielleicht wirken diese Bilder des-

halb noch heute so unwirklich und unfassbar: Wie an Schnüren gezogen fliegen die Flugzeuge einfach hinein. Neunzehn Männer, beinahe unbewaffnet, bringen das zu Wege. Ihre Werkzeuge sind nicht Kalaschnikows oder Bomben, sondern nur Willenskraft und Todesverachtung.
In den gewaltigen Explosionen fand ein großer Selbstbetrug des Westens sein Ende: die Illusion, unangreifbar zu sein, nur weil man zu den Guten gehört und bessere Waffen hat als das Böse in der Welt.
Das Böse aber, so glaubten die USA und ihre Verbündeten, könne ihnen nur dann gefährlich werden, wenn es als Staat organisiert wäre. Kein Wunder, dass westliche Politiker und Nachrichtendienste seit dem Untergang des »evil empire«, wie Ronald Reagan in den Achtzigerjahren die Sowjetunion nannte, nur so genannte »Schurkenstaaten« als ernsthafte Bedrohung ansahen. Deren Regierungen ließen sich einigermaßen in Schach halten, mit einer wohldosierten Mischung aus militärischem Druck und wirtschaftlicher Abhängigkeit, wozu die Nahrungsmittellieferungen nach Nordkorea ebenso zählten wie die Sanktionen gegen den Irak und die Finanzspritzen für Russland.
Aber wegen der Unberechenbarkeit der Anführer solcher »Schurkenstaaten« plante Amerika sicherheitshalber ein milliardenschweres Raketenabwehrsystem. Dabei verkannte der Westen völlig, dass das Prinzip der Abschreckung – also den angreifenden Staat in eine atomare Wüste zu verwandeln – weiter gültig blieb und die Diktatoren in Bagdad oder Pjöngjang allemal berechenbarer waren als der eigentliche Gegner. Anders als die Genannten haben die islamistischen Terroristen nämlich nichts zu verlieren, so als wären ihr Überlebenstrieb und die Sucht nach Macht einfach abgeschaltet.
Ohne diese beiden Faktoren wäre die Rechnung eigentlich ganz einfach: Da gäbe es ein paar Tausend Kämpfer – und mögen sie noch so gut ausgebildet sein – und einen skrupellosen Anführer, der so reich, charismatisch und verschlagen sein dürfte wie in einem Schreckensmärchen. Doch wer allein mit diesen beiden

Elementen die Supermacht Amerika herausfordern wollte, der müsste ohne Zweifel verrückt sein.

Genau das Gegenteil ist der Fall. Statt mit Wahnsinnigen hat es der Westen mit sehr rationalen, intelligenten, gebildeten und furchtlosen Gegnern zu tun. Ihre größte Waffe ist die Fähigkeit zur totalen Selbstverleugnung im Dienst der gemeinsamen Sache. Was sie nicht daran hindert, fest mit einer Belohnung, nämlich der Eintrittskarte ins Paradies, zu rechnen. Schwer nachvollziehbar? Für uns ja, für viele junge Muslime in aller Welt nicht, und genau diese Kluft des Verstehens wiegt die vermeintlichen Vorteile einer hoch technisierten Weltmacht um ein Vielfaches auf. Genau dafür wollten Mohammed Atta und seine Gefährten den Beweis antreten. Ihr Anschlag sollte Amerikas Annahme widerlegen, dass nichtstaatliche Gegner wie Terrorgruppen schlimmstenfalls Nadelstichattacken verüben könnten, niemals aber einen Akt des Krieges.

Es war eine Inszenierung, deren Perfektion die Welt im Fernsehen mitverfolgen sollte – mit Grauen die einen, für die an diesem Tag stellvertretend mehr als 3000 Menschen sterben würden, mit Bewunderung all jene, die sich den Motiven der Attentäter verbunden fühlen. Jeder, der an diesem Tag die Ereignisse vor dem Bildschirm verfolgte, empfand wohl entweder das eine oder das andere. Die Freunde der USA dachten: Das kann gar nicht sein, den Guten, zu denen Amerika ja in unseren Köpfen zählt, kann so etwas nicht widerfahren, und wenn, dann hätte es irgendein Held in der letzten Sekunde verhindern müssen.

So zeigt es uns Hollywood immer wieder, und so ist das amerikanische Selbstverständnis. Aber was der Westen als gesundes Selbstvertrauen ansieht, das sehen viele, insbesondere in der islamischen Welt, als pure Arroganz. Entsprechend war ihre Reaktion, von »Eigentlich müssen die sich nicht wundern« über »Geschieht ihnen recht« bis zu »Endlich zahlt es denen mal jemand heim«. Und es wurde gefeiert, nicht nur in Palästina und im Irak. Auch in Islamistenkreisen in Deutschland registrierten die Sicherheitsbehörden unverhohlene Freude. Verfassungsschützer eines Bundes-

landes zum Beispiel erfuhren durch Informanten von Siegesfeiern am Abend des 11. September, mit Süßigkeiten für die Kinder und Fassbier.
Auf beide Reaktionen, Schock und Jubel, hatten es Mohammed Atta und seine Helfer abgesehen. Deshalb, so glauben heute die Ermittler, erfolgte die Attacke auf den Südturm des World Trade Center mit zeitlichem Abstand zum ersten Einschlag im Nordturm. Die Fernsehkameras sollten die Katastrophe live übertragen, damit die Welt zuschauen konnte.
Deshalb sollte es auch mehr sein als »nur« eine Bombe auf einem Lieferwagen vor den Gebäuden. Das scheinbar Undenkbare musste Wirklichkeit werden, um den Vereinigten Staaten von Amerika ein Gefühl zu vermitteln, das ihnen bis dahin nahezu unbekannt war: totale Hilflosigkeit. Amerika sollte spüren, wie es ist, ohnmächtig zum Opfer zu werden, so wie es – aus Sicht der Terroristen – Muslimen in Tschetschenien, Palästina, Bosnien, im Kosovo, im Irak und anderswo ergeht.

Am Rand des Abgrunds

Viele halten die Anschläge vor allem deshalb für einen Quantensprung des internationalen Terrorismus, weil Tausende unschuldiger Menschen sterben mussten. Aber die Monstrosität der Tat liegt nicht in der hohen Zahl der Opfer. Im Gegenteil. Die Terroristen selbst hatten gar nicht mit so vielen Toten gerechnet. Auf einem Videoband, das den Fahndern in Afghanistan in die Hände fiel, beschreibt Osama bin Laden im Kreis von Vertrauten seine Reaktion auf die gelungenen Anschläge: »Drei bis vier Stockwerke, so kalkulierten wir, würden die Flugzeuge wohl treffen. Ich selbst war der Optimistischste von allen. Auf Grund meiner Erfahrung auf diesem Gebiet dachte ich, dass das brennende Kerosin die Stahlträger schmelzen lassen könnte. Dann würde der obere Teil zusammenbrechen, mehr hatten wir nicht erwartet.«[10]
Die Terroristen hätten sich auch mit weniger zufrieden gegeben,

der Effekt wäre beinah gleich groß gewesen. Denn sie hatten strategische Ziele im Visier, weil sie die Existenz der USA in Frage stellen wollten. Es war ein Akt des totalen Krieges, von dem die Terroristen glauben, ihn für sich entscheiden zu können, auch wenn sie selbst dabei vernichtet werden. In der heutigen Welt ist mehr denn je nicht die Zerstörung militärischer Einrichtungen kriegsentscheidend, sondern die Durchtrennung der Lebensstränge einer hoch technisierten Gesellschaft. Gemessen daran kam Amerika, wenn auch mit schweren Verwundungen, gerade noch einmal davon.
Die ersten beiden Flugzeuge trafen den New Yorker Finanzdistrikt rund um die Wall Street. Damit hätte es zu einer Katastrophe auf den internationalen Finanzmärkten kommen können. Für Händler rund um den Globus erhob sich mit einem Schlag die Frage, ob es beim Kauf und Verkauf von Werten irgendwelche Rückversicherungen gab. Immerhin wusste zu diesem Zeitpunkt niemand, ob weitere Attacken auf Schlüsselfaktoren der amerikanischen Wirtschaft folgen würden. Über die Filialen der Bank of New York in Manhattan lief außerdem die Hälfte des internationalen Handels mit Staatsanleihen. Wenn die Notenbankchefs in Nordamerika und Europa nicht so schnell und zielsicher reagiert hätten, wären die Börsen mit großer Sicherheit zusammengebrochen.[11]
Alan Greenspan, der Chef der amerikanischen »Federal Reserve«, war gerade in Zürich, als die Flugzeuge in das World Trade Center einschlugen. Telefonisch veranlasste er mit seinem Stellvertreter Robert Ferguson in Washington die Herausgabe einer Erklärung, mit der die Notenbank den Märkten signalisierte, dass sie notfalls bis zu 100 Milliarden Dollar in das System pumpen könnte, um den Geldfluss zu gewährleisten. Die Europäische Zentralbank folgte mit einer ähnlichen Versicherung. Zusammen mit der Entscheidung, die Börsen in Frankfurt und London am 11. September weiter offen zu halten, konnten die Beschlüsse sicherstellen, dass der internationale Handel- und Finanzverkehr nicht zum Erliegen kam. Zwar mussten die Märkte in den ersten Tagen nach der Wiedereröffnung der Wall Street herbe Verluste hinnehmen, aber kurzfristig war die Katastrophe verhindert.

Langfristig hatten die Attacken auf New York und Washington viel ernstere Konsequenzen. Auch wenn sich Amerika schon auf dem Weg in die Rezession befand, so hat dieser Schlag den Abschwung doch deutlich verstärkt. Nach einer Studie des Milken-Instituts in Santa Monica haben die Attacken vom 11. September die US-Wirtschaft rund 1,8 Millionen Arbeitsplätze gekostet. In erster Linie sind Unternehmen im Dienstleistungssektor betroffen, in der Luftfahrtindustrie, der Tourismusbranche und im Gaststättengewerbe. Nach einer Erhebung in 315 amerikanischen Städten haben Metropolen wie Los Angeles, Chicago und Las Vegas den Verlust von jeweils mehreren 10 000 Jobs zu verkraften. New York City wird eine Viertelmillion weniger Arbeitsplätze haben. Kein Terrorakt der Geschichte hatte jemals eine solch verheerende Wirkung.

Die dritte Maschine schlug im Pentagon ein, dem Nervenzentrum der amerikanischen Macht: nicht weil dort 40 000 Menschen arbeiten und die Zahl der Opfer hoch sein würde, sondern weil von dort die amerikanische Macht weltweit gesteuert wird. Die Einsätze von US-Soldaten in Südkorea und auf den Philippinen, in Bosnien und Kosovo, in Saudi-Arabien und Kuwait werden in dem fünfeckigen Bauwerk am Ufer des Potomac koordiniert. Diese Schaltzentrale zu treffen, die obendrein zu den am besten gesicherten Anlagen der Welt zählt, erschien den Terroristen reizvoller und wirkungsvoller als ein Anschlag auf den amerikanischen Präsidenten. Personen lassen sich auswechseln, aber ihnen die Macht, wenn auch nur für ein paar Stunden, zu entreißen, das würde Eindruck hinterlassen.

Kein Wunder, dass auch das vierte Flugzeug, anders als zunächst vermutet, nicht das Weiße Haus oder Camp David, den Landsitz des US-Präsidenten, zum Ziel hatte. Natürlich hätte so ein symbolischer Treffer Abscheu und Empörung in der Welt noch verstärkt, auch wenn George Bush sich dort gar nicht aufhielt. Trotzdem hatten es die Terroristen wohl auf etwas anderes abgesehen – etwas, ohne das Amerika keine Supermacht wäre, das Fundament seines Machtanspruchs in der Welt – sein Nuklearpotenzial.

Es gibt dafür keinen eindeutigen Beweis. Aber das FBI und Nachrichtendienste westlicher Staaten halten es für wahrscheinlich, dass United Airlines Flug 93 den Kernreaktor von »Three Mile Island« im US-Bundesstaat Pennsylvania treffen sollte. Darauf deuten die Gespräche im Cockpit hin, die von der »Black Box«, dem Aufzeichnungsgerät im Heck des Flugzeuges, aufgezeichnet wurden. Wenn es so war, dann beabsichtigten die Terroristen womöglich einen Doppelschlag gegen das amerikanische Nuklearpotenzial, denn es gibt Hinweise auf ein fünftes Flugzeug[12], das an diesem Morgen entführt und als strategische Waffe eingesetzt werden sollte.

Dem Super-Gau entkommen

Der Alarm kam überraschend. Eigentlich sollte an diesem Vormittag eine neue Lieferung eintreffen. Atomsprengköpfe, auf einem Zug, der bis auf das Gelände der Fabrik rollen würde. Stattdessen mussten nun alle Mitarbeiter ins Freie. Stundenlang saßen sie dort und warteten. Die angekündigte Lieferung traf nicht ein, sie war umgeleitet worden. Und als sie nach Hause gehen durften, wurden sie aufgefordert, über die Ereignisse dieses Tages Stillschweigen zu bewahren.

Ein ungewöhnlicher Vorgang im Pantex-Werk in Amarillo im US-Bundesstaat Texas. Aber eine logische Reaktion auf die Attacken aus der Luft in New York und Washington – immerhin ist Pantex *die* Atomwaffenfabrik der USA. Tatsächlich gehört die Räumung des Werks im Ernstfall, bei einem Angriff durch eine fremde Macht, zu den Standardmaßnahmen. Sie wurde ausgelöst durch den landesweiten Alarm, der den Anschlägen an der Ostküste folgte.

Was die Beteiligten zu diesem Zeitpunkt nicht wussten: Die Bedrohung für die Pantex-Fabrik war tatsächlich viel größer als zunächst vermutet. Kurz nach dem Einschlag von American Airlines

Flug 77 im Pentagon hatte die amerikanische Flugaufsichtsbehörde FAA den Luftraum über Amerika geschlossen und alle Passagiermaschinen angewiesen, den nächstliegenden Flughafen anzusteuern. Auch TWA Flug 679 folgte den Anweisungen. Die Maschine, die um 6.10 Uhr in Newark, New Jersey, gestartet war, wich von ihrer Route nach San Antonio an der Golfküste von Texas ab und landete in St. Louis. Unter den Passagieren an Bord befanden sich die beiden Inder Mohammed Jaweed Azmath und Ayub Ali Khan, der in Wirklichkeit wohl Syed Gul Mohammed Shah heißt.[13]

Am darauf folgenden Tag, dem 12. September, lief eine Fahndung des FBI nach den beiden an. Sie wurden in der Nähe der texanischen Stadt Dallas in einem Zug verhaftet, mit dem sie nach der Notlandung in Kansas weiter nach Süden gefahren waren. Bei ihnen fand die Polizei neben falschen Papieren und einer größeren Menge Bargeld auch Teppichmesser, wie sie die Entführer am Vortag bei der Ausführung ihrer Tat verwendet hatten.

Wenn die beiden wirklich Terroristen waren, dann hätten sie und einige Helfer an Bord das Flugzeug ohne Probleme entführen können. Vielleicht warteten sie, weil der Jet noch nicht nah genug am Zielgebiet war, um die Pantex-Anlagen im Sichtflug zu finden. Die Umleitung ihres Flugzeugs machte offensichtlich den ganzen Plan zunichte. Vielleicht fehlte ihnen aber auch der Pilot. Bis heute ist ungeklärt, welche Rolle der in Minnesota verhaftete Flugschüler Zacarias Moussaoui an diesem 11. September wirklich spielen sollte.

Wäre das Flugzeug tatsächlich in die amerikanische Atomwaffenfabrik gestürzt, dann hätte es nach Einschätzung von Experten wohl keine atomare Kettenreaktion gegeben, aber die Explosion der Maschine hätte ausgereicht, um Chemikalien und strahlende Stoffe freizusetzen, die für den Bau der Raketen notwendig sind. Die 25 Kilometer entfernte Stadt Amarillo wäre mit hoher Wahrscheinlichkeit verseucht worden. Entscheidender aber wäre die psychologische Wirkung eines erfolgreichen Angriffs auf das Zentrum des amerikanischen Atomwaffenprogramms gewesen.

Solch eine Attacke wird den Terroristen seit dem 11. September offenbar zugetraut. Wohl auf Grund der möglichen Absicht der beiden Inder und auf Grund neuer Hinweise auf einen ähnlichen Plan, die sich aus internationalen Abhöraktionen ergaben, erließ die amerikanische Flugaufsichtsbehörde am 29. Oktober 2001 ein Flugverbot rund um die 103 nuklearen Einrichtungen der USA. Schon in der Nacht zum 16. September flogen amerikanische Kampfflugzeuge unangemeldete Patrouillen über Kernkraftwerken an der amerikanischen Ostküste. Da die örtlichen Behörden nicht informiert worden waren, lösten die Tiefflüge Alarm bei Polizei, FBI und Feuerwehr aus. Die nächtliche Operation wurde hinterher als unangekündigtes Manöver bezeichnet. Ob den Behörden in Washington eine konkrete Anschlagsdrohung vorlag, ist unklar.
Bis heute leugnen Syed Shah und Mohammed Azmath jede Verwicklung in die Terroranschläge vom 11. September 2001. Wegen Kreditkartenvergehens mussten sie sich vor Gericht verantworten, aber FBI-Ermittler halten ihre Beteiligung an terroristischen Aktivitäten weiterhin für möglich.[14] Dass sie vielleicht Mitglieder eines fünften Entführerteams waren, wird durch einen Abhörerfolg des deutschen Bundesnachrichtendienstes noch wahrscheinlicher. Unmittelbar nach den Attacken auf New York und Washington belauschten die Experten der Abteilung »Technische Beschaffung« Telefongespräche zwischen hochrangigen Anhängern der Al Qaida in Tschetschenien und Afghanistan. Darin war von insgesamt fünf Teams mit jeweils fünf Terroristen die Rede, insgesamt also 25 Attentätern, von denen 19 in den entführten Flugzeugen ums Leben kamen.
Wie auch immer die Wahrheit aussieht, die Terrortruppe um Mohammed Atta hatte das Undenkbare gedacht und in die Tat umgesetzt: einen Enthauptungsschlag. Die Verwendung dieses Ausdrucks mag gewagt erscheinen, schließlich ist er ein feststehender Begriff aus den Zeiten des Kalten Krieges. Er schließt ein, dass der Angreifer die Gunst einer erfolgreichen Attacke auf die Führungsfähigkeit eines Landes nutzt, um nachzusetzen. So etwas hatten die USA in ihren alten Krisenszenarien schlimmstenfalls nur dem

sowjetischen Feind zugetraut, und auch nur deshalb, weil seine Sabotagetrupps, die Spetsnaz, angeblich über transportable Atomsprengsätze, so genannte Kofferbomben, verfügten, die sich womöglich nach Amerika einschmuggeln ließen.

Aber Mohammed Atta und seine Gefährten sollten keine zweite Terrorwelle vorbereiten, sondern nur mit einem einzigen Schlag das Ausmaß der Macht der Terroristen demonstrieren. Ihre Tat würde bin Ladens Al Qaida in eine Kategorie hineinkatapultieren, die ihr die USA und der ganze Westen bis dahin nicht zugetraut hatten: eine existenzielle Bedrohung für die Supermacht zu sein.

Dabei benutzten die Islamisten gerade die Stärken der westlichen Demokratie – Freiheit und Offenheit – als Einfallstore für ihre Attacken. In einer offenen Gesellschaft liegen die notwendigen Informationen und Hilfsmittel zur Vorbereitung von Anschlägen geradezu auf der Straße: der Zugang zu Informationsquellen wie dem Internet, zu öffentlichen Archiven und Computerdatenbanken aller Art, die Bewegungsfreiheit im Land, die Abwesenheit von politischem Druck, Religionsfreiheit und das Recht auf freie Meinungsäußerung; das kapitalistische System, in dem große Geldmengen jederzeit an jedem Ort zur Verfügung stehen und auch problemlos in einem Dschungel von Transaktionen verborgen werden können; das Vorhandensein moderner Technologien, z.B. abhörsicherer Telekommunikation, und die problemlose Beschaffung von Waffen und anderen gefährlichen Kampfstoffen.

Die Täter mussten, anders als die sowjetischen Spetsnaz, nicht einmal Waffen einschmuggeln. Sie brauchten nur sich selbst, ihre Ausbildung und – aus den unerschöpflichen Finanzquellen einiger Ölmilliardäre, die den Heiligen Krieg wie eine Art Hobby weltweit unterstützen – das nötige Kleingeld. Mehr war es wirklich nicht. Gemessen an den Milliarden, die die USA für ihren Militärhaushalt ausgeben, eine Kleinigkeit.

Die gesamte Operation hat die Terroristen noch nicht einmal eine halbe Million Dollar gekostet.[15] Dies sind »Peanuts« mit optimaler Wertschöpfung, aus der Sicht des Finanziers Osama bin Laden allemal. Wie zum Hohn überwiesen die Attentäter nur Tage vor den Anschlägen nicht verbrauchte Mittel – rund 26 000 Dollar – mit mehreren Bankanweisungen zurück an Mustafa Ahmed alias Shayk Saiid, den Kassenwart der Al Qaida in Dubai, um zu demonstrieren, wie man mit möglichst wenig Geld eine Weltmacht in die Knie zwingt.

Und das ist den Terroristen gelungen. Für ein paar Stunden war die Supermacht nach den Anschlägen in weiten Teilen handlungsunfähig, sowohl nach innen als auch nach außen. Die Ministerien waren evakuiert, die Befehlskette der Armee durchbrochen, der Präsident auf der Flucht quer durch Amerika. Die Märkte befanden sich in Aufruhr, und die Bevölkerung war in Angst und Schrecken. US-Botschaften und Militärstäbe im Ausland waren abgeschnitten von Informationen aus der Heimat. Befreundete Regierungen hatten keinen Kontakt mehr zu ihren Ansprechpartnern in den USA.

Es wäre die Gelegenheit für die Feinde Amerikas in der Welt gewesen. Die jedoch waren genauso überrascht wie die USA selbst. Trotzdem haben die Ereignisse bleibende Wirkung. Die Welt konnte live zusehen, wie die große Selbsttäuschung unter Trümmern begraben wurde – die Illusion von der eigenen Unangreifbarkeit.

Verpasste Chancen und peinliche Pannen

Eine Fahndungspanne der besonderen Art wird Ermittler und Beteiligte sicher noch lange verfolgen. Möglicherweise hätten sie die Entführung von American Airlines Flug 77 verhindern können, wenn die CIA, die US-Einwanderungsbehörde INS und das FBI enger zusammengearbeitet hätten. Am 23. August schickte die CIA den Kollegen der Bundespolizei ein Telex über eine mögliche Einreise der mutmaßlichen Terroristen Khalid al-Midhar und Nawaf al-Hazmi in die USA. Eine Routinesache zwar, da der Geheimdienst in den Jahren zuvor bereits über hundert Namen von Mitgliedern des Al-Qaida-Netzwerks an die Inlandskollegen weitergereicht hatte. Diesmal hatte die CIA aber auf die besondere Brisanz der Information hingewiesen.

Nach Erkenntnissen der US-Behörden waren die Gesuchten in den Anschlag auf das amerikanische Kriegsschiff USS Cole verwickelt. Bei der Bombenattacke im Hafen des jemenitischen Aden waren im Oktober 2000 sieben Marinesoldaten getötet worden.

Khalid al-Midhar und Nawaf al-Hazmi hatten sich im Januar 2000 in Kuala Lumpur, Malaysia, mit Mitgliedern der Al-Qaida-Zelle getroffen, die den Anschlag auf die USS Cole vorbereiten sollte. Die Terroristen waren dabei von Überwachungskameras gefilmt worden, die Aufnahmen übergaben die malaysischen Behörden der CIA. Deren Agenten verfolgten wenige Tage danach den Flug von Nawaf al-Hazmi nach Los angeles, ohne zu merken, dass Khalid al-Midhar mit ihm zusammen in die USA einreiste. Danach geschah nichts mehr. Beide lebten 21 Monate in den USA und nahmen Flugunterricht. Hätte die CIA das FBI gebeten, ihre Aktivitäten zu prüfen, wären alle anderen späteren Attentäter während der Planungstreffen in das Visier der Ermittler geraten. Stattdessen verklängerte das amerikanische Außenministerium im Juli 2001 anstandslos das Visum von Herrn al-Midhar, obwohl er zu diesem Zeitpunkt von der CIA schon mit dem Attentat auf die USS Cole in Verbindung gebracht wurde. Aber der Geheimdienst hatte auch diese Information noch nicht an das FBI weitergereicht. Das geschah erst an eben jenem 23. August. Das FBI veranlasste eine bundesweite Fahndung nach den mutmaßlichen Terroristen, begann seine Suche aber bei den Adressen in New York und Los Angeles, die die beiden auf ihren Einreiseformularen angegeben hatten. Nach San Diego, wo sie sich in Wahrheit auf ihren Einsatz vorbereiteten, kamen die Fahnder nicht.

Dabei buchten al-Midhar und al-Hazmi die Tickets für den American Airlines Flug 77, der am 11. September ins Pentagon stürzte, unter ihren richtigen Namen. Eine Anfrage bei den Fluggesellschaften hätte das FBI vielleicht auf ihre Spur gebracht. Beide besaßen auch amerikanische Führerscheine. Ein Rundschreiben an die Führerscheinbehörden der jeweiligen Bundesstaaten (in den USA ist die Ausstellung Ländersache) hätte ebenfalls den Fahndungserfolg bringen können.

Versehen oder Absicht?

Aber seit wann hatten CIA und FBI Informationen über die beiden? Hätten ihre Namen nicht längst im Computersystem der Einwanderungsbehörde vermerkt sein müssen? Dann wären sie nämlich schon bei der Einreise festgenommen worden.[16] Wie ist so etwas möglich? Wie konnten die US-Behörden nur all die Spuren übersehen, die die Attentäter vom 11. September bei den Vorbereitungen für ihre Operation hinterließen? War es reine Schlamperei, Unvermögen oder Faulheit der Beteiligten, dass sie nicht jedes verfügbare Mittel zur Aufspürung der Gesuchten einsetzten?

Verschwörungstheorien haben Hochkonjunktur. So meinen manche, die Dienste hätten Gelegenheiten zum Eingreifen absichtlich nicht genutzt und die Anschläge geschehen lassen, um so das Augenmerk auf ihre chronische Unterfinanzierung und die Missachtung ihrer Lageberichte zu lenken. Einige gehen noch weiter: Die Anschläge vom 11. September seien das Werk konservativer Kräfte in westlichen Geheimdiensten und von Regierungen, die Osama bin Laden unwissentlich für ihre Zwecke eingespannt hätten. Ihr Ziel sei es, mit militärischen Mitteln eine neue Weltordnung zu errichten, um die Ölreserven der Welt z.B. im Kaspischen Meer unter westliche Kontrolle zu bekommen.

Wurden über 3000 unschuldige Menschen auf dem Altar geostrategischer Interessen geopfert? Eine mehr als gewagte Interpretation, auch wenn die US-Regierung, wie wir in Kapitel 12 sehen werden, die Gelegenheit für eine Neuordnung der Machtverhältnisse in der Welt nicht ungenutzt verstreichen lässt.

Zweifellos hinterließen die Terroristen keine Spuren wie Elefanten im Porzellanladen. Ihre vermeintlichen Fehler, wie zum Beispiel die Besuche in sündigen Etablissements in Las Vegas oder das auffällige Zurücklassen von Beweisen für ihre Täterschaft, belegen in keiner Weise eine Art Stillschweigeabkommen zwischen Terroristen und Fahndern, sondern entsprechen entweder den Charakteren der einzelnen Attentäter oder gehören bewusst zu ihrer Tarnung.

Tatsächlich waren sie sehr genau auf die Verschleierung ihrer wahren Ziele bedacht. In dem fünfseitigen Anweisungspapier für die letzte Nacht eines Selbstmordattentäters, das die Polizei in ihrem Gepäck fand, sind Vorsichtsmaßnahmen für den Fall enthalten, dass das Schriftstück den Verfolgern schon vorher in die Hände fallen sollte. Das mögliche Ziel des Anschlags wird mit keinem Wort erwähnt, und für verdächtige Worte wie Flughafen oder Flugzeug werden die Abkürzungen M. und T. eingesetzt.
Am 10. September 2001 gab es die vorletzte Chance für die amerikanischen Behörden, auf die drohende Gefahr aufmerksam zu werden. Die Computer der National Security Agency NSA zeichneten Telefongespräche zwischen Al-Qaida-Anhängern in den USA und führenden Mitgliedern der Terrororganisation in anderen Teilen der Welt auf. Von einer »big attack« war da die Rede.[17] Aber die Auswertung der Gespräche erfolgte erst Tage nach den Anschlägen vom 11. September.
Das war keine Schlamperei, sondern der normale Ablauf in der Abhörpraxis der Dienste. Die tägliche Informationsflut lässt sich auch mit den besten Computern nicht so schnell analysieren. Dass die strikte Geheimhaltung der Terroristen erst am Tag vor den Attacken bröckelte, zeigt, dass sie wohl nicht mit der rechtzeitigen Auswertung ihrer Gespräche rechneten. Sie waren sich ihrer Sache offenbar sehr sicher.
Selbst wenige Stunden vor den verheerenden Anschlägen hätte die Absicht der Terroristen noch vereitelt werden können. Neun der 19 Entführer wurden im Flughafengebäude zu einer zusätzlichen Sicherheitskontrolle gebeten, vermutlich wegen ihres arabischen Aussehens. Wenn in den Computern der Sicherheitsbehörden zumindest für die bereits auffällig gewordenen Terroristen, Khalid al-Midhar und Nawaf al-Hazmi, ein Warnzeichen gespeichert gewesen wäre, dann wäre wahrscheinlich wenigstens eine der vier Maschinen nicht entführt und zum Absturz gebracht worden.

Versagen ohne Konsequenzen

Es gibt Anzeichen dafür, dass Amerika bis heute nicht akzeptiert hat, dass es dreist ausgetrickst wurde. Im Oktober 2001 war Bundesinnenminister Otto Schily zu Besuch bei US-Justizminister John Ashcroft, um über die Zusammenarbeit zwischen den Sicherheitsbehörden beider Länder zu beraten.

Bei der abschließenden Pressekonferenz musste sich der Deutsche freundlich lächelnd anhören, wie sein amerikanischer Kollege Hamburg als Zentrale und Deutschland als Drehscheibe des Terrors anprangerte. Dabei hatten die Täter Monate, einige sogar Jahre, mitten in Amerika gelebt und sich in aller Seelenruhe auf ihr Unterfangen vorbereiten können.

Dafür hat in den USA bisher niemand Verantwortung übernommen, kein Minister und kein CIA-Chef. Noch bevor George Tenet beim jäh unterbrochenen Frühstück am 11. September der Name des Flugschülers Moussaoui in den Sinn kam, hatte er schon den Namen des Herren der Gotteskrieger ausgesprochen. »Das deutet alles auf bin Laden hin. Ich muss jetzt gehen.«[18]

Für Tenet war das Potenzial der Al Qaida für solch einen breit angelegten Angriff offenbar kaum überraschend. Er kannte die Warnungen der vorangegangenen Monate und die angespannte Bedrohungslage; er erahnte die Bedeutung des Falles Moussaoui, und er musste auch über die Details früherer Anschläge Bescheid wissen. Dass er, wie andere Experten in der Welt der Nachrichtendienste, nicht in der Lage war, die richtigen Schlüsse zu ziehen, das Undenkbare zu denken, das will man ihm persönlich kaum vorwerfen.[19] Aber er und viele andere Funktionsträger liefen in eine selbst gestellte Falle. Sie hatten den Gegner nicht ernst genug genommen, obwohl ihnen eine Vielzahl von Hinweisen gerade das Gegenteil nahe legten.

Der Öffentlichkeit waren diese Informationen nicht zugänglich, sie musste sich auf ihre Funktionsträger verlassen. Und diese haben versagt. Ihre Fehler einzugestehen und ein Umdenken der Gesellschaft zu fordern statt nur eine Verschärfung der bestehenden

Sicherheitsgesetze, dazu haben in Amerika nur wenige den Mut. Erst fünf Monate nach den Anschlägen beschloss der amerikanische Kongress, eine Untersuchung zu den Versäumnissen der Nachrichtendienste und anderer Regierungsbehörden einzuleiten. Und es dauerte nur wenige Wochen, bis die Memoranden der FBI-Agenten in Phoenix und Minnesota an die Öffentlichkeit gelangten und bis auch die Geheimniskrämerei der CIA in Bezug auf das Planungstreffen der Al-Qaida in Malaysia ins Kreuzfeuer der Kritik geriet.

Sieben Monate lang hatte die US-Regierung auch auf Nachfragen aus den Medien immer wieder beteuert, es habe keinerlei Hinweise auf drohende Anschläge mit Flugzeugen in den USA gegeben. Jetzt musste sie eben dies zugeben. Gleichzeitig bemühte sie sich, die Vorwürfe als reines Wahlkampfgeschrei der Opposition darzustellen, und Präsident Bush bestand darauf, die Aufarbeitung der Ereignisse aus Gründen der nationalen Sicherheit ausschließlich unter strengster Geheimhaltung hinter verschlossenen Türen durchzuführen. Selbst ein Jahr nach den Anschlägen ist offene Kritik noch immer unerwünscht.[20] Wer sie trotzdem wagt, gilt als unpatriotisch und muss mit Konsequenzen rechnen.

2.
Die verbotene Wahrheit

Bill Maher wurde dafür bezahlt, dass er gegen die Regeln des Anstands verstieß. Politisch inkorrekt bis zur Schmerzgrenze sollte seine Fernsehsendung sein, deshalb trug sie den Titel »Politically Incorrect«. In trauter Runde von Hollywoodstars, Musikern, Schriftstellern, Sportlern, Journalisten und Politikern zogen der Talkmaster und seine Gäste vor einem Millionenpublikum über die Schattenseiten Amerikas her. Es war die Runde der Narren, die viele unliebsame Wahrheiten aussprachen und so der Nation einen Spiegel vorhielten.

Auch an einem Abend im September 2001 machte Bill Maher eine Bemerkung, die ihm sonst nicht nur jeder nachgesehen, sondern sogar von ihm erwartet hätte. Mit einer Bemerkung über die amerikanischen Raketenangriffe auf die Ausbildungslager der Al Qaida nach den Bombenanschlägen von Kenia und Tansania widersprach er der allgemeinen Ansicht, dass Terroristen grundsätzlich feige Menschen seien: »Wir waren die Feiglinge, aus 2000 Meilen Entfernung ein paar Cruise Missiles abzuschießen. Das ist feige. In einem Flugzeug zu bleiben, das in ein Gebäude einschlägt, da kann man sagen was man will, aber das ist nicht feige.«[1] Die Strafe folgte auf dem Fuß. Amerikas Patrioten – und davon gibt es in Krisenzeiten besonders viele – fielen über Maher her. Der Sprecher des Präsidenten, Ari Fleischer, kritisierte, dies sei »nicht die Zeit für solche Bemerkungen«. Alle Amerikaner sollten darauf achten, »was sie sagen und was sie tun«. Kommentatoren überschlugen sich ebenfalls in harscher Kritik. Einige Stationen des Fernsehsenders ABC setzten daraufhin die Sendung vorübergehend ab, und Mahers Karriere hing an einem seidenen Faden. Seine Erfahrung war kein Einzelfall. Zwei Zeitungskolumnisten, die Präsident Bush Feigheit vorgeworfen hatten, weil er am Tag der Anschläge

nicht gleich nach Washington zurückgekehrt war, wurden kurzerhand entlassen.[2]
Dabei hatte Maher selten so Recht, wie an jenem Abend, als er unter anderem anmerkte, dass die Anschläge eine Folge der US-Außenpolitik sind. Wenn man es ehrlich ausspricht, dann waren die Attentäter tatsächlich Geschöpfe der amerikanischen Weltmachtpolitik der letzten dreißig Jahre. Die USA waren so sehr von ihrer Politik überzeugt, dass sie politische Warnungen in den Wind schlugen und blind blieben für ihr größtes Problem in der islamischen Welt: ihre fehlende Glaubwürdigkeit.
Aus geostrategischen Interessen unterstützte das Mutterland der Demokratie Diktatoren und Terrorregime im Nahen und Mittleren Osten und ließ einstige Verbündete immer dann fallen, wenn es politisch opportun war. Fruchtbarer Boden für Bauernfänger wie Osama bin Laden, der geschickt klassische Motive und Traditionen des Islam in seine Ideologie einpasst, so dass sie eine religiöse Rechtfertigung für die schlimmsten Terrorakte der Geschichte bieten.
Am deutlichsten wird das wohl in jenem fünfseitigen Dokument, das die Ermittler unmittelbar nach den Anschlägen vom 11. September in der Reisetasche Mohammed Attas fanden, die am Flughafen von Boston zurückgeblieben war. Dieser »Leitfaden für Selbstmordattentäter«, von dem weitere Kopien in einem Auto der Entführer am Dulles-Flughafen von Washington und in den Trümmern des in Pennsylvania abgestürzten Passagierjets entdeckt wurden, setzt die USA und ihre arabischen Verbündeten mit den gottlosen Stämmen der arabischen Halbinsel zu Zeiten des Propheten gleich.[3] In diesem Sinne erscheinen die Anschläge als Auflehnung gegen die korrupte und arrogante Hegemonialpolitik Amerikas, gegen die es den Islam zu verteidigen gilt.
Obwohl das Dokument keine konkreten Beispiele nennt, zieht es historische Parallelen zwischen den Ereignissen heute und der Zeit, die von islamistischen Fundamentalisten immer wieder als beispielhaft für die Errichtung eines Gottesstaates angeführt wird: der Kampf des Propheten Mohammed gegen die – aus seiner Sicht – Gottlosen in Mekka nach seiner Flucht nach Medina im

Jahr 622 nach Christus. Durch diese Auseinandersetzung konnte Mohammed seinen weltlichen und geistlichen Machtanspruch in der Region durchsetzen.
Die Attentate vom 11. September werden in dem Pamphlet als »Überfälle« oder »Beutezüge« bezeichnet. Im Text heißt es: »Die Überfälle auf dem Pfade Gottes sind wertvoller als diese Welt und als alle Dinge in ihr.« Dies ist eine Anspielung auf die Beutezüge, zu denen Mohammed seine Anhänger im 7. Jahrhundert aufforderte, nicht damit sie sich – wie sonst unter den arabischen Stämmen der Gegend üblich – persönlich bereichern konnten, sondern zur Verbesserung der Lebenssituation für die gesamte Gemeinschaft. In diesem Sinne sollen die Flugzeugentführer, wie die als Helden verehrten Gefährten des Propheten damals, eine heilige Pflicht im Kampf gegen Ungläubige erfüllen.
Die Passagiere an Bord der Flugzeuge und die Menschen im World Trade Center und Pentagon sind dabei Kriegsgegner und gleichzeitig von Gott auserwählte Opfer. Im Text heißt es: »Wenn Gott dir ein Schlachtopfer anbietet, dann solltest du es im Namen deiner Mutter und deines Vaters darbringen, weil du in ihrer Schuld stehst.« Vom Täter wird also nicht erwartet, dass er einen widerspenstigen Passagier mit einem Schuss oder Messerstich tötet, sondern dass er ihn in einer Art Ritualmord dem größeren Ziel opfert. Auch aus diesem Grund hatten die Flugzeugentführer Teppichmesser mitgenommen, mit denen sie Menschen wie Schafe am Opferfest töten konnten. Tatsächlich berichteten Passagiere von United Airlines Flug 93 kurz vor dem Absturz der Maschine in Pennsylvania über Funktelefon, dass einer Stewardess die Kehle durchschnitten worden war.
Das Dokument versucht weiter, die vorgesehenen Abläufe des Anschlags in einen religiösen Zusammenhang zu bringen, so als ob der Terrorakt ein Gottesdienst wäre, mit dem die Gläubigen Allah huldigen. Diese Entstellung und Verzerrung des islamischen Glaubens ist notwendig, um die ultimative Schlussfolgerung zu rechtfertigen, dass sich einer, der Unschuldige tötet, als heiliger Märtyrer im Auftrag Gottes sehen darf.[4]

Osama bin Ladens Organisation rechtfertigt die Tötung von Unschuldigen. Das widerspricht den gängigen Lehrmeinungen des Islam. Die höchste Autorität des sunnitischen Glaubens, der Islamische Rat an der Al-Ashar-Universität von Kairo, verwarf diese verdrehte Auslegung des Koran in seiner Erklärung vom 4. November 2001 ausdrücklich: »Der Islam setzt klare Regeln und ethische Normen, die die Tötung von Unbeteiligten, Frauen, Kindern und Alten verbietet. Ebenso wie die Verfolgung von Flüchtenden, die Exekution oder Schädigung von Kriegsgefangenen und die Zerstörung von Besitz, der für die Feindseligkeiten ohne Bedeutung ist.« Auch die Bezeichnung der Täter als Märtyrer ist nach Ansicht der sunnitischen Glaubenshüter höchst fragwürdig.[5] Im »Leitfaden für Selbstmordattentäter« wird das Opfer des eigenen Lebens durch den vermeintlichen Nutzen für die Wiedererrichtung eines islamischen Reiches gerechtfertigt. Der gezielte Absturz des Flugzeuges, bei dem unzählige Unschuldige sterben, geht weit über das hinaus, was selbst zur Rechtfertigung der Selbstmordattentate der Palästinenser in Israel angeführt wird. Es ist ein Nihilismus, eine Verpflichtung zur Selbstzerstörung, wie sie der Islam bisher nicht kannte. Und eben das macht die Terroristen aus der Schule von Osama bin Laden so gefährlich.
Aber welche Ereignisse, welche äußeren Umstände waren notwendig, damit junge Muslime, Intellektuelle und Männer aus einfachen Verhältnissen dieser mehr als halsbrecherischen Auslegung des Koran durch den gelernten Bauingenieur Osama bin Laden blinden Gehorsam leisten?

Es begann in Afghanistan

Das beste Beispiel dafür ist die Geschichte Osama bin Ladens selbst, wie sie einer seiner Mitstreiter schon vor eineinhalb Jahren Reportern der *New York Times* zu Protokoll gab.[6] Der moderne Dschihad, die Globalisierung des islamischen Terrorismus, erlebte seine Geburtsstunde im Jahr 1987. Bis zu diesem Zeitpunkt hatte

Osama bin Laden dabei geholfen, Tausende von Freiwilligen zu Glaubenskriegern im heiligen Kampf gegen die sowjetischen Besatzungstruppen in Afghanistan auszubilden.
Das Training erfolgte auf der Grundlage von Fatwas, Anordnungen islamischer Geistlicher, nach denen jeder Muslim die Pflicht hatte, Afghanistan gegen die ungläubigen Besatzer zu verteidigen. Die religiösen Motive griff Osama bin Laden auf und übertrug sie auf einen wesentlich weitergehenden Plan, von dem er seinen Freunden und Beratern damals erzählte. Er warb für die Gründung einer Art Islamistischen Internationale, die mit Gewalt die Einigung aller Muslime in der Auseinandersetzung mit den Gottlosen – dem Westen – betreiben sollte.
»Stell dir vor, wie der Kämpfer aus Malaysia nach fünf Jahren hier in seine Heimat zurückkehrt. Wie kannst du dafür sorgen, dass er dich weiter als Anführer anerkennt? Er wird heiraten, Kinder haben, arbeiten. Wie können wir sie für den weltweiten Dschihad gewinnen?«, so fragte bin Laden seinen Kampfgefährten Abdullah Anas. Die Antwort, so berichtet der Algerier Anas, war die Gründung von Al Qaida, dem Fundament und Ausgangspunkt (so die Bedeutung des arabischen Namens) des Terrornetzwerks.
Anas Karriere als Glaubenskrieger hat Ähnlichkeit mit dem Einstieg von Mohammed Atta und vielen anderen jungen Muslimen in den islamistischen Extremismus des Osama bin Laden. 1984 lebte Anas in Algerien. Der 25-Jährige erfuhr von den Aufrufen der Mullahs zum Heiligen Krieg in Afghanistan, und bei einer Pilgerreise nach Mekka machte er die Bekanntschaft eines Palästinensers, der die Gläubigen mit seinen radikalen Äußerungen und Schriften begeisterte. Abdallah Azzam war an den heiligsten Ort des Islam gekommen, um Nachwuchs für den Heiligen Krieg anzuwerben, und bis heute ist die Pilgerstätte ein Rekrutierungsgebiet für islamistische Extremisten. Weil der Besuch der heiligen Stätten Pilger aus aller Herren Ländern zum Kern ihrer Lehre zurückbringt, von dem sich nach Lesart der Extremisten die Regierungen vieler arabischer Staaten weit entfernt haben, lassen sich junge Menschen in Mekka für radikale Ideen begeistern. Auch ein

Teil der Attentäter vom 11. September wurde in Mekka für ihre Mission im Auftrag bin Ladens angeworben.
Azzam, der als Professor an der Universität von Islamabad lehrte, lud den Algerier Anas zu sich nach Pakistan ein. Dort traf Anas einen saudischen Millionär namens Abu Abdallah, besser bekannt unter dem Namen Osama bin Laden. Während der Algerier in den folgenden Jahren Seite an Seite mit den afghanischen Widerstandskämpfern um Ahmed Schah Massud kämpfte, wurde bin Laden der Finanzier und Organisator des Büros für Mudschaheddin-Dienste, das Azzam 1984 gegründet hatte, um weltweit Spenden und Personal für den Heiligen Krieg in Afghanistan zu werben. Der Saudi überzeugte vor allem durch die Glaubwürdigkeit seines Lebensstils. Obwohl er als Sohn reicher Eltern ein Millionenvermögen besaß, teilte er die kargen Mahlzeiten und dürftigen Unterkünfte mit den anderen, meist bettelarmen Anhängern des Dschihad, die in Trainingslagern in Pakistan und Afghanistan zu Glaubenskriegern ausgebildet wurden.
Viele von ihnen kamen aus arabischen Staaten, in denen ihrer Ansicht nach ebenfalls ein Heiliger Krieg nach dem Vorbild Afghanistans geführt werden musste. Herausragend unter ihnen waren Mitglieder des ägyptischen Islamischen Dschihad, einer Terrorgruppe, die 1981 an der Ermordung des ägyptischen Präsidenten Anwar as-Sadat beteiligt war. Weil Abdallah Azzam ihre Anliegen nicht weiter ernst nahm, wendeten sie sich an Osama bin Laden. Es war der Beginn der Zusammenarbeit zwischen bin Laden und dem Anführer des Dschihad, Ayman al Zawahiri. Während die beiden den Heiligen Krieg simultan in mehreren Ländern führen wollten, konzentrierte sich Abdallah Azzam auf die Errichtung eines Gottesstaates in Afghanistan. Es kam zu heftigen Diskussionen zwischen den Verbündeten. In der Folge errichteten Zawahiri und bin Laden 1986 das erste eigene Ausbildungslager für Gotteskrieger aus arabischen Staaten. Sie nannten es »Masadah« – Löwengrube. Es wurde zur Keimzelle des Al-Qaida-Netzwerks für den weltumspannenden Heiligen Krieg.
Damals erlebten CIA-Agenten die Spaltung der Bewegung aus

nächster Nähe mit. Sie hatten bei der Ausbildung und Ausrüstung der Mudschaheddin tatkräftig geholfen; aber auf Grund der Niederlage der Sowjetunion im Februar 1989, gefolgt vom Ende des Kalten Krieges, verloren die US-Regierung und die Geheimdienste das Interesse an den Vorgängen in Afghanistan.

Als Abdallah Azzam Ende 1989 unter ungeklärten Umständen ermordet wurde, übernahm der extremistische Flügel um bin Laden und Zawahiri auch das weltweite Filialnetz des Büros für Mudschaheddin-Dienste und machte es zum logistischen Rückgrat des globalen Dschihad. Sie glaubten fest daran, dass sich der Sieg über die Ungläubigen – in diesem Fall die Sowjets – an jedem Ort der Welt wiederholen ließ.

Es war die Zeit, in der neue regionale Terrorgruppen auftauchten, wie zum Beispiel die GIA in Algerien, zu deren Gründern zahlreiche Veteranen des Afghanistan-Krieges zählten. Das Startkapital für die Organisation kam mit hoher Wahrscheinlichkeit von Osama bin Laden. Bis dahin war der islamische Terrorismus keine internationale Bewegung mit globalen Zielen gewesen. Die einzelnen Gruppen, von der palästinensischen Hamas bis zum ägyptischen Dschihad, von der algerischen FIS bis zur iranisch-libanesischen Hisbollah, hatten regionale Interessen, für die sie nur selten auch überregional Anschläge verübten.

Hass auf Amerika

Vielleicht auch deshalb nahmen die westlichen Geheimdienste diese neue Bedrohung lange nicht ernst. Eine Zusammenarbeit der so unterschiedlichen Interessengruppen des islamischen Extremismus schien schlicht unvorstellbar. Aber Osama bin Laden hatte ein machtvolles, einendes Element für sich entdeckt: den gemeinsamen Hass auf Amerika, dem viele die Schuld an den sozialen und politischen Missständen in der Region gaben. Dieser Hass ließ sich problemlos auch auf jene Regierungen islamischer Staaten übertragen, die aus der Sicht der Extremisten nichts weiter als korrupte

und gottlose Marionetten der USA waren, weil sie die Werte des Koran an den ungläubigen Feind verraten hatten.
Das war der Funke, der auch Jahre nach der Ausbildung in den Herzen der Glaubenskrieger so stark glimmen sollte, dass sie für Einsätze aller Art zur Verfügung standen. Dabei vertraute bin Laden darauf, dass die amerikanische Weltpolitik immer neue Anlässe liefern würde, um das dezentral organisierte, lose Netzwerk zu motivieren und funktionsfähig zu halten. Und in diesem Punkt konnte sich der Terrorfürst in der Tat auf die jeweiligen US-Regierungen verlassen.
Beispiele dafür, dass die USA islamische Gruppen nur als Handlanger für ihre geostrategischen Interessen sahen, gibt es zahlreiche, angefangen in Afghanistan. Dort stand Amerika den Glaubenskriegern in ihrem Kampf gegen die sowjetischen Besatzungstruppen mit Ratschlägen, Waffen und Geld bei. Nach deren Vertreibung überließen die USA das völlig zerstörte Land einem blutigen Bürgerkrieg.
Ähnliches geschah in Algerien. Die Militärmachthaber sagten mit Unterstützung westlicher Regierungen die ersten ansatzweise freien Wahlen 1991 einfach ab, weil sonst wohl die radikale islamische Heilsfront FIS die Regierung übernommen hätte. Die Folgen waren katastrophal: Die FIS mutierte zu einer gewalttätigen Extremistenorganisation, und die brutale Terrorgruppe GIA wurde gegründet. Den blutigen Auseinandersetzungen zwischen den politischen Strömungen im Land fielen bis heute schätzungsweise 70 000 Menschen zum Opfer.
Der Golfkrieg zur Befreiung Kuwaits Anfang 1991 wurde für Osama bin Laden zum Paradebeispiel für das amerikanische Streben nach Beherrschung der arabischen Welt und für deren Bereitschaft, sich der einzigen verbleibenden Weltmacht bis zur Selbstverleugnung gefügig zu zeigen. Als größtes Sakrileg gilt bin Laden die Stationierung amerikanischer Streitkräfte auf heiligem Boden in Saudi-Arabien. Demnach ist die Anwesenheit der US-Soldaten, unter ihnen zahlreiche Frauen, eine Entweihung der heiligen Stätten. Aus diesem Vorgang entspringt die Idee von der Notwendig-

keit einer neuen Befreiung Mekkas und Medinas nach dem Vorbild des Propheten aus dem 7. Jahrhundert, wie sie sich im »Leitfaden für Selbstmordattentäter« widerspiegelt.

Obwohl sich der Krieg gegen das weitgehend areligiöse Regime von Saddam Hussein kaum als Beispiel für einen angeblichen Vernichtungsfeldzug des Westens gegen den Islam eignet, wertete bin Laden ihn als Beleg für die Unglaubwürdigkeit, ja sogar schamlose Doppelmoral der Amerikaner. Sie hatten den Diktator schließlich einst selbst aufgebaut und stark gemacht – mit Waffen für den Kampf gegen die islamische Republik Iran. Nachdem sie Saddam Hussein nun nicht mehr brauchten, sollte seine Macht zerstört werden, nicht um Kuwait zu befreien, sondern um die strategischen Interessen der USA, also die Ölreserven in der Region, zu sichern.

Mit diesen Argumenten sammelte Osama bin Laden seit 1987 Anhänger in aller Welt. 1991 siedelte er in den Sudan über, in dem Islamisten gerade die Macht übernommen hatten. Von Khartum aus betrieb er nicht nur ein weiteres Ausbildungscamp für Glaubenskrieger, sondern begann auch mit dem Aufbau einer internationalen Handelskette, die als Einnahmequelle wie auch als Tarnorganisation für terroristische Aktivitäten diente. Außerdem eröffnete er eine eigene Bank, die in den folgenden Jahren zum Kern der weltweiten Finanztransaktionen der Al Qaida wurde.

Bin Ladens Netzwerk mag seine Hauptziele – die Entmachtung korrupter Regierungen in arabischen Staaten, die Vertreibung der US-Truppen vom heiligen Boden Saudi-Arabiens und die Errichtung islamischer Gottesstaaten in der Region – nicht erreicht haben, aber die Ausbreitung seiner Ideologie in so kurzer Zeit ist ein geradezu furchterregender Erfolg, der eine große Anziehungskraft auf junge Muslime in aller Welt ausübt. Sie sahen und sehen in Osama bin Laden eine Art Helden, einen modernen Lawrence von Arabien, der das Selbstbewusstsein der islamischen Völker gegenüber den Mächten des Westens wieder herstellt. Dieser Faszination erliegen selbst moderate Verfechter der arabischen Sache. Bei einem Gespräch, das ich im Oktober 2001 in Berlin mit einem hochrangigen Diplomaten aus einem arabischen Land führte, war eine gewisse Hochachtung für die Anschläge vom 11. September unverkennbar. »Osama bin Laden ist für viele von uns der Erste, der es geschafft hat, die Amerikaner aufhorchen zu lassen, auch wenn das, was geschehen ist, schlimme Folgen haben wird.«

Globalisierte Terroristen werden aktiv

Wenn bin Laden aus den Erlebnissen in Afghanistan eines gelernt hatte, dann die Erkenntnis, dass eine moderne Kriegsführung nur dann zum Erfolg führt, wenn sie alte Guerillataktiken und modernste Technologie zu einem Konzept verbindet, gegen das die Maschinerien der Kombattanten des Kalten Krieges absolut machtlos sind. Der Einsatz von »Schläfern«, eingeschworen auf das gemeinsame Ziel, Hightech-Kommunikation und Anschlagswerkzeuge, die jeder Attentäter leicht in seinem Gastland bekommen konnte, ermöglichten es, dem Gegner empfindliche Niederlagen beizubringen.

Für das Konzept der Schläfer gibt es übrigens auch im Islam ein altes Vorbild. Die so genannten Assassini, Mitglieder einer ismailitischen Sekte, sickerten im Mittelalter, während der Kreuzzüge, als vermeintliche Überläufer in das christliche Heer ein, erwarben sich dort das Vertrauen der Befehlshaber und verübten auf Kommando Anschläge, bei denen sie oft selbst ums Leben kamen. Wie wirkungsvoll solche Attacken auch heute sein können, hatten nicht nur der Krieg in Afghanistan gezeigt, sondern auch Anschläge wie der auf die Unterkunft der US-Streitkräfte in Beirut 1983, bei dem 241 amerikanische Soldaten getötet wurden. Nach der Attacke zogen sich die USA aus der Region zurück.

Bin Laden sollte den plumpen Terrorismus der siebziger und achtziger Jahre auf eine neue Ebene heben, indem er seine Kämpfer genau in den Taktiken ausbilden ließ, die direkt aus den Lehrbüchern westlicher Armeen und Geheimdienste stammten. Ähnlich hatte die CIA ja auch die Mudschaheddin in Afghanistan auf ihren Kampf vorbereitet. In bin Ladens afghanischen und sudanesischen Trainingscamps lernten die Freiwilligen den Guerillakrieg, einschließlich Unterweisung im Bombenbau und Straßenkampf, in Kidnapping und Gegenspionage. Am wichtigsten war wohl der Unterricht in der Kunst des Schläferdaseins, der Fähigkeit, sich unauffällig in eine Gesellschaft zu integrieren, um in aller Ruhe Terroranschläge vorbereiten zu können.

Der erste Test für die Wirksamkeit der neuen Methode kam bald. Als US-Soldaten 1992 im Auftrag der Vereinten Nationen an der Küste Somalias landeten, sah Osama bin Laden darin keine Hilfsaktion für die somalische Bevölkerung, die unter Hunger und blutigem Bürgerkrieg litt. Für ihn war es der Versuch der USA, ihren Einfluss in der Region auszudehnen und die islamische Regierung im benachbarten Sudan zu destabilisieren. Also sickerten Al-Qaida-Kämpfer nach Kenia ein, um dort, getarnt als Händler für Fische oder Diamanten, zu leben. Auch ein islamischer Wohltätigkeitsverein diente den Terroristen als Tarnung. Von Nairobi aus lieferte der Verein Waffen an somalische Rebellen und trainierte Freiwillige, die den amerikanischen Special Forces am 3. Oktober 1993 in Mogadischu eine schwere Niederlage bereiteten. Achtzehn US-Soldaten starben bei dem Gefecht, und bald danach traten die USA den Rückzug aus Somalia an.

Eine Frage der Glaubwürdigkeit

Seit die Bilder von der Leiche eines amerikanischen GIs, die durch die Straßen von Mogadischu geschleift wurde, bei der US-Regierung ein Überdenken ihres Somalia-Engagements bewirkt hatten, wissen die Terroristen die Macht der Bilder zu schätzen. Es war ein weiteres bedeutsames Feld, auf dem Osama bin Laden die westliche Welt mit ihren eigenen Mitteln schlagen konnte.

Die Außenpolitik der USA, aber auch anderer westlicher Staaten ist verständlicherweise auf die Wahrung und Durchsetzung nationaler Interessen ausgerichtet. Begleitet werden die Maßnahmen von einer Öffentlichkeitsarbeit, die ebenfalls vornehmlich darauf abzielt, die eigene Bevölkerung von der Notwendigkeit bestimmter politischer Entscheidungen zu überzeugen und ihre Unterstützung über längere Zeit zu sichern. Auf die Akzeptanz im Ausland, insbesondere aber in den jeweiligen betroffenen Staaten, wird dabei weniger Rücksicht genommen.

Das mag in der Vergangenheit kein ernsthaftes Problem gewesen sein. Heute ist das anders. In vielen Ländern des Nahen und Fernen Ostens gibt es eine zunehmende Distanzierung der jeweiligen Bevölkerung von ihrer Regierung. An Verhandlungen sind meistens Eliten beteiligt, die für die Empfindungen der breiten Massen immer weniger Gespür zeigen. Im Golfkrieg konnten sich die westlichen Staaten noch auf Beschlüsse der Vereinten Nationen berufen, die die Militäraktion autorisierten, aber in einer Reihe von islamischen Staaten gab es nur deshalb Zustimmung, weil sich die oft diktatorischen Regierungen über die Volksmeinung hinwegsetzten.

Aber weder die eigenen Regierungen, noch die Ordnungsmächte erklärten den Unzufriedenen den Sinn bestimmter Maßnahmen. Warum waren die Sanktionen für den Irak so streng, dass Zehntausende, vielleicht sogar Hunderttausende von Menschen, darunter Frauen, Kinder und Greise, verhungern mussten? Warum richtete sich die Politik nicht ausschließlich gegen den Bösewicht Saddam Hussein statt gegen die Bevölkerung? Warum stachelten die USA die Kurden im Nordirak und die Schiiten im Süden erst zum Aufstand gegen den Diktator an, um sie dann im Stich zu lassen? Fragen wie diese lassen sich beliebig auf andere Länder und Konflikte übertragen. Weshalb dauerte es so lange, bis der Westen den Völkermord in Bosnien, Kroatien und im Kosovo stoppte? Warum schaute die Welt beim Massenmord in Ruanda tatenlos zu? Warum darf Russland den totalen Krieg nicht nur gegen die tschetschenischen Terroristen, sondern auch gegen die tschetschenische Bevölkerung führen? Warum darf die türkische Armee in Kurdistan Menschenrechte verletzen, obwohl die Regierung als NATO-Partner und EU-Aspirant das Gegenteil versprochen hat?

Und warum fordern die Weltmächte nicht druckvoller von Israelis und Palästinensern die Einhaltung des Osloer Friedensabkommens?
Die Politik hat darauf einfache Antworten parat, die aber ihren Kritikern wenig befriedigend erscheinen: Die Welt ist eben kompliziert, und alles hängt mit allem zusammen. Politik ist die Kunst des Machbaren. Wenn man es allen recht machen will, müssen Kompromisse geschlossen werden. Öl ist ein strategisches Gut. Nach der UN-Charta haben die Nationen kein Recht auf Einmischung in die inneren Angelegenheiten eines Landes. Natürlich sind auch das schwerwiegende Argumente. Aber niemand macht sich die Mühe, den Unzufriedenen diese Gründe genauer darzulegen und für weltpolitische Entscheidungen zu werben.
Verstärkt wird der Ärger der Straße noch durch die Auswirkungen der Globalisierung. In immer mehr Ländern dieser Welt haben die Menschen das Gefühl, dass in kleinen Zirkeln der großen Mächte über ihre Zukunft entschieden wird, ohne dass sie Einfluss auf die Entwicklung hätten. Sie fühlen sich mehr denn je degradiert zum Spielball der Mächte. Der Einfluss internationaler Einrichtungen, von der UNO über die Weltbank und den Weltwährungsfond bis zu NAFTA und EU, kommt ihnen verdächtig vor. Das ist einer der Gründe, weshalb die Protestbewegung der Globalisierungsgegner so großen Zulauf hat. Und was im Großen geschieht, gilt oft auch im Kleinen.
Wenn in Israel ein Premierminister, der von den Stimmen rechtskonservativer Parteien abhängig ist, mit einem Palästinenserführer verhandelt, der manchmal weder Herr seiner Sinne noch seiner eigenen Bevölkerung ist, dann müssen sich beide nicht wundern, wenn die gerade erzielte Einigung im nächsten Moment auf der Straße wieder obsolet ist. So geschah es nach dem Abkommen von Camp David im Jahr 2000, als die USA eine medienwirksame Einigung inszenierten, ohne den entsprechenden Druck auf beide Seiten auszuüben, damit das Abkommen auch eingehalten wurde.
Said Dudin, ein palästinensischer Journalist und Autor in Berlin, sieht in dieser fehlenden Glaubwürdigkeit der amerikanischen

Außenpolitik den Hauptgrund für die Ereignisse des 11. September. »Es gibt eine Politik, die Selbstmordattentäter produziert. Wie«, so fragt er, »erklären Sie einem Kurden in der Türkei, dass über seinen Kopf hinweg die amerikanischen Kampfjets in den Irak fliegen, um dort die Kurden zu schützen, während türkische Soldaten ungestraft sein Dorf zerstören dürfen?«[7]

Die Heimat ist ganz nah

Dudin macht auch auf den zweiten wichtigen Grund für die Notwendigkeit einer besseren Öffentlichkeitsarbeit aufmerksam. Unzufriedene, bei denen für die weltpolitischen Entscheidungen geworben werden muss, gibt es längst nicht mehr nur in den betroffenen Ländern. Sie finden sich zunehmend auch in der Bevölkerung der westlichen Staaten. In den USA und Europa leben Millionen von Muslime, die als politische Flüchtlinge, religiös Verfolgte oder als Wirtschaftsasylanten kamen, denen aber das Schicksal ihrer alten Heimat immer noch und meist sogar weit mehr am Herzen liegt als das ihrer neuen Heimat.

Sie leben vielfach in einer Art Parallelgesellschaft, die sich oft nicht den Werten und manchmal auch nicht den Gesetzen des Gastgeberlandes anpassen will. In vielen Ländern, darunter auch Deutschland, wird diese Integrationsfähigkeit nicht einmal eingefordert. Die Mehrheit der Muslime in Deutschland bezieht ihre Informationen über die Ereignisse in der islamischen Welt nicht aus deutschen Zeitungen und Fernsehnachrichten. Im Zeitalter modernster Kommunikationstechnologie empfangen sie die Fernsehkanäle ihrer Heimat über Satellit, lesen Zeitungen in ihrer Landessprache und surfen auf den Internetseiten ihrer Herkunftsländer. Da werden viele politische Entwicklungen ganz anders bewertet als in den deutschen Medien.

Unmittelbar nach den Anschlägen vom 11. September tummelten sich in den Sendern aus Ägypten, Marokko, Algerien, Syrien und den arabischen Emiraten neben unabhängigen Kommentatoren und zur Besonnenheit mahnenden Diplomaten auch religiöse Einpeitscher und glühende Verschwörungstheoretiker. Letztere verbreiteten die These, dass westliche Geheimdienste und der israelische Mossad die Attacken inszeniert hätten, um einen Vorwand für Militärschläge gegen islamische Staaten zu liefern. Angeblich seien am Morgen des Attentates auf das World Trade Center die dort beschäftigten Juden, wie auf einen geheimen Befehl hin, nicht zur Arbeit erschienen. Im Pentagon sei außerdem gar kein Flugzeug eingeschlagen, sondern eine Bombe der CIA explodiert. »Oder haben Sie in den Fernsehbildern das Wrack eines Passagierjets in den Trümmern gesehen?«, fragte ein ehemaliger General wenige Tage nach dem Anschlag im ägyptischen Fernsehen. Diese abstrusen Theorien werden auch heute noch über das Internet verbreitet. Eine Webseite zeigt Fotos des Einschlags der Maschine im Pentagon, auf denen allerdings nur der Feuerball der Explosion zu sehen ist.

Unter solchen Einflüssen stehen viele Muslime, auch oder gerade, wenn sie nicht mehr in ihren Heimatländern leben. Umso wichtiger ist es, dass außenpolitisches Handeln auch im eigenen Land im Hinblick auf die verschiedenen Sichtweisen und Interessen erläutert wird. Geschieht das nicht, reicht der Arm der islamistischen Extremisten um bin Laden bis in Wohnzimmer und Studentenbuden in Deutschland, den USA und anderswo.

Der Meister der Propaganda

Osama bin Laden hatte diese einmalige Chance längst erkannt und zum festen Bestandteil seiner PR-Strategie gemacht. Sympathisanten im Feindesland sollten seine Sache unterstützen – zumindest mit Spendengeldern, vielleicht aber auch unter Einsatz ihres Lebens als neue Rekruten für den Heiligen Krieg. Die Videobotschaften, die dem arabischen Sender Al Dschasira nach den Anschlägen des letzten Jahres zugeschickt wurden, sind nur die jüngsten Zeugnisse dieser Kampagne. Seit Jahren erschienen Mitschnitte von bin

Ladens Reden und Auftritten im arabischen Fernsehen, und Kopien zirkulierten weltweit. Wo immer die Ermittlungsbehörden seit Mitte der Neunzigerjahre Verdächtige festnahmen, fanden sie oft auch VHS-Bänder mit verwackelten Videobildern von Kampfeinsätzen der Glaubenskrieger in Afghanistan, Tschetschenien und Bosnien.

Auf einem Band, das mir während der Recherchen zur Vernetzung des Terrorismus in Deutschland zugespielt wurde, können die Zuschauer mitverfolgen, wie eine Gruppe von Mudschaheddin im Bosnienkrieg einen Hinterhalt für eine serbische Armeeeinheit legt: Dabei werden mehrere Gotteskämpfer verletzt, einer stirbt. Die Kamera zeigt seine Wunden und sein Gesicht in Großaufnahmen. Schnitt. Es folgen Bilder von einer Beerdigung nach islamischem Ritus und Interviews mit den Kameraden des Verstorbenen, die seine Tapferkeit preisen. Unter dem gesamten Werk läuft Musik mit einpeitschenden Kommentaren eines Sprechers, der für den Dschihad wirbt. Produziert ist das Ganze von der »Benevolence International Foundation«, einer islamischen Wohltätigkeitsorganisation in den Niederlanden und Belgien, die finanziell von reichen Gönnern in Saudi-Arabien unterstützt wird.

Gerade die Ereignisse auf dem Balkan und in Zentralasien bescherten der Bewegung um Osama bin Laden großen Zulauf. Die Bilder von ermordeten Frauen in Grosny, von hungernden und toten Kindern im Irak und ausgemergelten Gestalten in den Konzentrationslagern Serbiens waren Gelegenheit, den Muslimen rund um den Globus zu erklären, dass sie wegen ihres Glaubens verfolgt werden und die westlichen Staaten direkt oder indirekt eine Mitschuld an diesen Verbrechen tragen.

Einer von bin Ladens ersten Fernsehauftritten für die westliche Welt fand im Frühjahr 1998 statt. Damals lud er den Reporter des amerikanischen Fernsehsenders ABC, John Miller, in eines seiner Ausbildungslager nach Afghanistan ein. In Tarnjacke und mit einer Kalaschnikow empfing ihn der Terrorfürst, der offensichtlich mit sich zufrieden war. Osama bin Laden hatte gerade eine Vereinbarung mit anderen Terrororganisationen getroffen. Neben seinen eigenen Al-Qaida-Kämpfern sowie Tausenden von Schläfern weltweit, die die Trainingscamps in Afghanistan durchlaufen hatten, standen ihm nun auch die Mitglieder von Extremistengruppen in Pakistan, Bangladesh, auf den Philippinen, in Ägypten und verschiedenen anderen Staaten des Nahen Ostens zur Verfügung.

Bin Laden hielt den Zeitpunkt für gekommen, dem Feind öffentlich den Krieg zu erklären. Vor laufender Kamera kündigte er Anschläge auf Amerikaner an. Man werde dabei keinen Unterschied zwischen Soldaten und Zivilisten machen. Genauso stand es in der Fatwa, die bin Laden Wochen vorher an seine Anhänger herausgegeben hatte. In der religiösen Weisung heißt es: »Amerikaner und ihre Verbündeten zu töten, Zivilisten und Soldaten, ist die individuelle Pflicht für jeden Muslim, der dazu in der Lage ist, in jedem Land, in dem es möglich ist.«[8] Schon 1996 hatte bin Laden in einer Fatwa offiziell zum Dschihad gegen die Amerikaner aufgerufen, diesmal aber tat er es im Namen der »Internationalen Islamischen Front für den Heiligen Krieg gegen die Juden und die Kreuzzügler«, der die bereits erwähnten Terrororganisationen ebenfalls angehörten.

Das Netzwerk war etabliert, die Planungen liefen auf Hochtouren, ja, selbst der Wille zum Massenmord war öffentlich bekundet. In einer weiteren Fatwa Ende Mai 1998 bezeichnete bin Laden auch das Streben nach Massenvernichtungswaffen als Ziel seiner Bewegung.

Am 7. August 1998 bewies Al Qaida erstmals, dass sie zu breit angelegten Attacken auf den Westen in der Lage war. Beinah zeitgleich explodierten die Bomben an den US-Botschaften in Kenia und Tansania. Mit den Anschlägen wurde islamischen Sympathisanten vor Augen geführt, dass es möglich war, dem angeblich unbesiegbaren Amerika schwere Wunden zu schlagen.

Nach den verheerenden Anschlägen mit über 250 Todesopfern gab es erstmals einen nennenswerten Schub für die Ermittlungsarbeiten des FBI. Die Bundespolizei konnte die Ausgaben für ihre Anti-Terror-Abteilung bis zum Jahr 2001 auf 423 Millionen Dollar verdreifachen, die Zahl der Ermittler wurde verfünffacht. Allerdings reichten die Gelder offenbar nicht, um die wirklichen Mängel abzustellen. Während die Terroristen das Internet intensiv für ihre Zwecke nutzten, fehlten dem FBI immer noch ausreichend Laptops mit Zugang zum World Wide Web sowie Personal, das im Umgang mit neuesten Technologien geschult war. Ein Programm, das zeitweise jedem neuen Abgänger der FBI-Akademie einen Laptop bescherte, wurde 2001 wieder eingestellt. Die 13 000 Computer des Federal Bureau of Investigation sind zwischen fünf und neun Jahren alt. Erst jetzt sollen sie nach und nach durch neuere Modelle ersetzt werden, mit denen die Terroristen schon längst arbeiten.

Diese gingen nämlich mit den erfolgreichen Anschlägen in Afrika auf Nachwuchswerbung, und zwar mit einer Multimediakampagne und dem bislang technisch perfektesten Produkt der PR-Strategen um bin Laden. Diese CD-Rom ist seit mehr als einem Jahr auf den Basaren der islamischen Welt, aber auch in einschlägigen Gemischtwarenläden in Europa oder Amerika zu kaufen.

Das Video beginnt mit einer Hommage an den Terrorfürsten. Untermalt von orientalischer Musik mit den Worten »Wir widerstehen mit unserem Koran, mit Blut vertilgen wir Ehrlosigkeit und Schande« zeigt das Werk einen rasanten Zusammenschnitt im Stil eines MTV-Videoclips. Bilder vom Training der Gotteskrieger, Häuserkampf, Schießausbildung mit lebensgroßen Leinwandprojektionen der ehemaligen Präsidenten George Bush sr. und Bill Clinton sowie der Außenminister Colin Powell und Warren Christopher, Redeausschnitte bin Ladens, Amateurvideos von den Erfolgen der Al Qaida, von Somalia über die Simultanattacken von Daressalam und Nairobi bis hin zum Anschlag auf die USS Cole im Hafen von Aden im Oktober 2000. Die Terroristen hatten offenbar ihr eigenes Kamerateam an den Tatorten.

Wesentliches Element sind aber auch Bilder von den Gräueltaten russischer Soldaten in Tschetschenien, Kriegsszenen aus Bosnien und Aufnahmen der Opfer von israelischen Militäraktionen gegen die Palästinenser, einschließlich des kleinen Jungen, Mohammed

al-Durra, der 2001 im Kreuzfeuer in den Armen seines Vaters erschossen wurde.[9]
Die Botschaft dieser multimedialen Terrorwerbung ist: Wir tun etwas dagegen. Wenn die vielen Szenen mit den Äußerungen des Terrorfürsten nicht dabei wären, erinnerte das Video an Werbefilme der amerikanischen Armee, die mit dem Slogan »Be all you can be« zur Selbstverwirklichung im Tarnanzug aufrufen. Al Qaida präsentiert sich den jungen Muslimen als hypermodernes Projekt zur Lösung der sozialen und politischen Probleme weltweit. Zum einen wirft die Terrororganisation das ideologische Fangnetz einer islamistischen Internationalen aus, zum anderen stellt sie sich dar als Selbsthilfegruppe für orientierungslose Jugendliche, die ihrem Leben zwischen der sinnentleerten Spaßgesellschaft, der dumpfen Globalisierungsangst und der sozialen Ungerechtigkeit eine neue Richtung geben wollen.

Terrorbekämpfung auf die feine Art

Die Sicherheitsbehörden, aber mehr noch die Politiker haben diese politische Entwicklung einfach übersehen oder ignoriert und die wachsende Zahl von Terrorakten der letzten Jahre eher als isolierte Einzelfälle denn als Symptome einer zusammenhängenden Bedrohung angesehen. Kein Wunder, denn die Struktur und Arbeitsweise der amerikanischen Sicherheitsbehörden ist genau das Gegenteil der lose organisierten Terrortruppe um bin Laden: Sie ist unflexibel, träge, bürokratisch, selbstgefällig und arrogant.
Nach dem Ende des Kalten Krieges verharrte der Westen in dem Glauben, dass wirtschaftliche und technische Überlegenheit einen ausreichenden Schutz gegen jede nur denkbare Bedrohung lieferte. Immerhin hatte man mit dieser Strategie die große Sowjetunion und den Warschauer Pakt in die Knie gezwungen. Da es keine Stellvertreterkriege mehr auszufechten gab, verzichtete die CIA auf die Drecksarbeit im Geheimdienstgeschäft. Sie stellte die Rekrutierung von zweifelhaften Gestalten als Informationsquellen

weitgehend ein und setzte stattdessen auf elektronische Aufklärung mit Hilfe modernster Satelliten- und Abhörtechnik. Dabei sammelten die Ermittler zwar binnen kürzester Zeit tonnenweise Daten, die im Bereich der Wirtschaftsspionage sehr hilfreich sein mochten. Aber die Auswertung dauerte oft viel zu lange, um eine Bedrohung für die äußere oder innere Sicherheit der USA rechtzeitig zu erkennen. Die Fahnder ertränkten sich selbst in einer Datenflut.

Neunzig Prozent des 35-Milliarden-Dollar-Etats der US-Geheimdienste wird in die elektronische Aufklärung gesteckt.[10] Die lückenlose Satellitenüberwachung hat sicher eine große Bedeutung für die Früherkennung einer Bedrohung durch ABC-Waffen aus so genannten Schurkenstaaten. Auch der Einmarsch des Irak in Kuwait zeichnete sich im August 1990 auf den Satellitenbildern der Region ab, aber die CIA gab keine Warnung heraus, weil sie die Hintergründe der Truppenbewegungen nicht erforschen konnte. Sie verfügte eben kaum über zusätzliche Informationen aus menschlichen Quellen, aus denen die Absichten möglicher Gegner abzulesen waren.

Derweil wurde das Leben amerikanischer Geheimagenten einfacher. Sie mussten nicht mehr als Schläfer in fremde Länder einsickern, um über die Lage vor Ort Erkenntnisse aus erster Hand zu liefern. Deshalb ist ein CIA-Mitarbeiter heutzutage höchstens drei Jahre in einem Operationsgebiet – deutlich kürzer als die Schläfer der Al Qaida, die sich in aller Ruhe in die Anonymität der Gesellschaft ihres Gastlandes einfügen, um dort jahrelang an der Vorbereitung eines Anschlags zu arbeiten.

Auch bei der Auswertung haperte es. Unter den Experten im Hauptquartier von Langley gibt es viele Spezialisten für die ehemaligen Ostblockstaaten. Sie alle sprechen fließend Russisch, aber kaum andere Sprachen. In der Abschlussklasse des Jahres 2001 beherrschte gerade einmal ein Fünftel der Absolventen nichtromanische Sprachen. Zu Beginn des Kriegs gegen den Terrorismus in Afghanistan gab es einen einzigen Analysten, der der örtlichen Dialekte mächtig war. Aus der Not heraus aktivierte der Geheimdienst jene unter seinen Pensionären, die wenigstens einige Erfahrung mit den zentralasiatischen Staaten hatten. Infolge der fehlenden Kapazitäten mussten sich die USA bei ihrem Krieg gegen den Terrorismus in Afghanistan auf die örtlichen Verbündeten – obskure Warlords und unberechenbare Bandenführer – verlassen. Weil diese oft nur auf ihren persönlichen Vorteil bedacht waren, hatte das fatale Konsequenzen (vgl. Kapitel 10).

Die Lust am Geheimen

Aber das Hauptproblem der Ermittlungsbehörden weltweit, die eine Rolle bei der Prävention von Terrorismus hätten spielen können, lag in der Grundhaltung, die allen staatlichen Stellen zu Eigen ist, die sich mit der Aufdeckung von geheimen Aktivitäten beschäftigen. Es ist ihr unerschütterlicher Drang zur absoluten Geheimhaltung und zur Verteidigung ihres Herrschaftswissens. Sie gehen von der Annahme aus, dass alles wirklich Gefährliche für eine westliche Demokratie nur unter strengster Geheimhaltung und mit höchster Heimtücke und Arglist geplant werden kann.
Diese Theorie ist genauso falsch wie der schon erwähnte Irrglaube, hinter einer monströsen Tat steckten immer auch wahre Monster, die mit uns normalen Menschen nichts gemein haben. Die Attentäter waren durchschnittlich, teilweise auch überdurchschnittlich begabte junge Leute. Sie waren keine Übermenschen und auch keine Wahnsinnigen, sondern kühl und kühn planende Fanatiker. Genau deshalb wussten sie, dass bei normalem offenen Verhalten das Risiko einer Entdeckung viel geringer war als durch den krampfhaften Versuch, jede Spur zu verwischen. Täuschungsmanöver gab es nur da, wo sie unvermeidlich waren – zum Beispiel wenn Ramzi Binalshibh mit gefälschten Papieren nach Deutschland einreiste. Also stellten sie brav Visa-Anträge, lebten das Leben von jungen Muslimen in der Fremde und kauften sogar die Flugtickets in den USA unter ihren wirklichen Namen, stets in der Zuversicht, dass die Behörden ihnen eine solche Unvorsichtigkeit

nicht zutrauen würden. Niemand kam auf den Gedanken, dass die Offenheit der westlichen Gesellschaft das ideale Werkzeug war, um eben diese zu zerstören.

Die Nutzung offener Quellen ist ein unverzichtbares Instrument im Krieg gegen den Terrorismus; aber den Terrorismusexperten bei den US-Geheimdiensten waren die offenen Quellen offenbar der Mühe nicht wert. Dabei hätte ein Blick auf die finanziellen Transaktionen der Flugschüler oder die Weitergabe von Ermittlungserkenntnissen an die Einwanderungsbehörde einen Teil der Anschläge vom 11. September verhindern können. Aber FBI und CIA teilen ihr Herrschaftswissen nur sehr ungern, weder untereinander noch mit anderen. Die Fahndungserfolge der letzten Jahre basieren größtenteils auf der Bereitschaft anderer Geheimdienste und der Ermittlungsbehörden befreundeter Staaten, ihre Informationen an die USA weiterzugeben. Für die Verbündeten Amerikas war das meist eine frustrierende Erfahrung, denn nur selten kamen Rückmeldungen. Der Informationsfluss zwischen den USA und Europa bei der Bekämpfung des internationalen Terrorismus ist eine Einbahnstraße. Das bestätigen Fahnder in Deutschland, Frankreich, Großbritannien, Italien und Spanien.

Symptomatisch dafür sind auch die ersten Tage nach den Anschlägen. Das FBI schickte ein Ermittlungsteam nach Deutschland. Zwar hieß es dann nach außen immer, die Zusammenarbeit mit den amerikanischen Kollegen klappe hervorragend, aber intern ärgerte sich mancher Beteiligte über die »Hilfe« aus Amerika. Die FBI-Beamten waren unersättlich, was ihren Wissensdurst anlangte, dafür gleichzeitig aber wenig mitteilsam. Anfangs schien das den deutschen Beteiligten verständlich angesichts der Tatsache, dass die USA als Opfer einer verheerenden Terrorattacke Anspruch auf alle verfügbaren Informationen erhoben. Diese gingen an das Hauptquartier der Behörde in Washington und von dort kamen immer neue Aufträge zur Prüfung. Welche Hintergründe diese Anfragen hatten, und wie sie mit den Gesamtermittlungen zusammenhingen, darüber gab es keine Auskunft, obwohl genau das den Ermittlern in Deutschland erheblich weitergeholfen hätte.

Die Fahnder vom BKA und von der Polizei kannten das Problem schon von früher. Als 1998 auf Veranlassung der USA in der Nähe von München der mutmaßliche Finanzchef von Al Qaida, Mamdouh Mahmud Salim, verhaftet wurde, da reichten die deutschen Behörden nicht nur den Verdächtigen unbürokratisch an die Amerikaner weiter, sie lieferten auch jede verfügbare Hintergrundinformation. Niemals aber erhielten sie Einblick in die Aussagen Salims in den USA oder in die Inhalte der CD-ROMs, die Salim bei seinem Besuch in Deutschland dabeihatte. Beides hätte wertvolle Hinweise auf die Struktur des Terrornetzwerks in Deutschland geben können.[11]
Ein Tipp aus Deutschland führte später auch zur Vereitelung eines Bombenanschlags auf den Flughafen von Los Angeles Ende 1999. Das Verhör des Attentäters ist eine wahre Schatzkiste an Informationen über die Arbeitsweise von Al Qaida. Aber auf die Kopien der Verhörprotokolle wartete der Generalbundesanwalt auch Wochen nach den Anschlägen vom 11. September noch vergeblich.

Der Verlierer, der ein Sieger war

Es ist zynisch, dass ausgerechnet das Argument, das gerne gebraucht wird, um die Geheimhaltung zu rechtfertigen, nämlich der Schutz der nationalen Sicherheit, mit dafür verantwortlich ist, dass am 11. September eben jene Sicherheit durch fliegende Bomben schwer getroffen wurde.
Beim Einschlag der Flugzeuge in ihre Ziele prallten zwei Weltbilder und Gesellschaftskonzepte aufeinander, wie sie verschiedener kaum sein könnten. In den Gründerjahren der Vereinigten Staaten von Amerika war die Anwendung von Gewalt der Garant des Überlebens. Böse Zungen behaupten, Gewalt sei nicht nur damals, sondern auch heute noch das Grundprinzip der amerikanischen Gesellschaft. Gemeint ist damit wohl, dass das Recht des Stärkeren beinah jeden Aspekt des Alltags bestimmt, ähnlich wie in Afghanistan, wo sich machtgierige Kriegsfürsten gegenseitig die

Herrschaftsgebiete streitig machen. In den USA freilich setzt der Stärkere seine Interessen weniger mit physischer als vielmehr mit psychischer, wirtschaftlicher und finanzieller Gewalt durch. Demonstration von Stärke wird bewundert in einer Gesellschaft, in der die Leistung des Individuums alles ist. Das Wohl des Einzelnen und nicht eines gemeinsamen Ganzen ist der Zentralgewalt am wichtigsten.

Es entbehrt nicht einer gewissen Ironie, dass die Attentäter diese Voraussetzungen perfekt für ihre Zwecke ausnutzten. Für die Glaubenskämpfer ist es nämlich genau umgekehrt. Für sie zählt nur die Masse; das Individuum erlangt nur dann Bedeutung, wenn es sich selbst zum Wohl des Ganzen aufgibt. In diesem Konzept liegt das Geheimnis für die psychologische Wirkung der Anschläge vom 11. September. Für den Westen zählt der Attentäter zu den Verlierern, weil er seine Tat nicht überlebt. Aus unserer Sicht muss der Sieger am Ende seine Belohnung genießen können, bestehe sie nun aus einem Goldschatz, der Liebe einer Frau oder dem zufriedenen Ritt in den Sonnenuntergang.

Die Angriffe auf New York und Washington haben deshalb ein solches Trauma hinterlassen, weil sie unser Denken auf den Kopf stellen. Aber solange wir das Weltbild des Gegners nicht begreifen, können wir Al Qaida nicht besiegen, weil wir immer noch glauben, dass militärische Erfolge für die Terroristen empfindliche Niederlagen sind. In Wirklichkeit sehen die Glaubenskämpfer sie als Siege an.

Wer den Hass erklären will, der hinter all dem steckt, der muss auch akzeptieren, dass er das Ergebnis eines langen, schrittweisen Prozesses war. Es gab nicht den Vater Atta, der seinen Kindern vom ersten Augenblick an das Feindbild USA einimpfte. Und es gab auch nicht den übermächtigen Superterroristen Osama bin Laden, der mit einem Fingerschnippen aus einem harmlosen Studenten eine todbringende Waffe machte. Mohammed Attas Weg in den Terrorismus ähnelt der schon erwähnten Geschichte von Abdullah Anas, der etwa zehn Jahre vor Atta zu den Glaubenskriegern stieß.

Der Ruf des Hasses

Alles glitzert auf ihrem Körper. Sie wiegt sich im Takt der Musik, die Augen halb geschlossen wie in Trance. Ihre Musiker entfesseln einen wilden Trommelwirbel. Dann nimmt sie ihr goldbesticktes Tuch, schlingt es um den etwas beleibten Herrn in den viel zu engen Khakishorts und fordert ihn auf zum Tanz. Eine Szene, wie sie jeden Tag stattfindet, im Epcot-Center von Disneyworld in Florida. Hier dürfen sich die Spaßtouristen anschauen, wie es aussieht in der Welt von 1001 Nacht. Der Nahe Osten, romantisiert und verkitscht.

So etwas schwebte auch den Stadtplanern von Kairo vor. Das islamische Viertel sollte von Grund auf renoviert werden, aber nicht als soziale Maßnahme für die Bewohner. Eine Kulisse sollte es werden, mit antikem Marktleben dargestellt von Schauspielern, als Touristenattraktion im Herzen der Nilmetropole.

»Islamisches Disneyland« nannte Mohammed Atta das Vorhaben abfällig, einen Beweis für die Korruptheit der Regierung in Kairo, die ihr Land an die Vereinigten Staaten von Amerika und ihre verderblichen Einflüsse verkauft habe. Seine heftige Reaktion ist verständlich, und sie zeigt, dass zu diesem Zeitpunkt der Samen für den abgrundtiefen Hass auf die westliche Zivilisation und ihre Werte schon längst gelegt war. Es war im Sommer 1995, als Atta zusammen mit zwei weiteren Studenten eine Studie über das ambitionierte Projekt der Regierung Mubarak anfertigte. Den Auftrag dazu und ein Stipendium hatte ihm die deutsche Carl-Duisberg-Gesellschaft gegeben.

Mohammed war bis dahin kein brennender Antiamerikanist, und auch der Wutausbruch in Kairo markiert bestenfalls eine Zwischenstation auf seinem Weg zum ultimativen Akt des Krieges gegen den Feind Amerika. Der Lebensweg von Mohammed Atta, wie ihn Terry McDermott in der *Los Angeles Times* beschreibt, zeigt eine Entwicklung auf, die vor allem junge Intellektuelle in der

arabischen Welt durchmachen und die am Ende zu einer bewussten Entscheidung für den Tod als Märtyrer führen kann.[12]
Geboren wurde er 1968 als jüngstes von drei Kindern in der Nähe von Kafr el Sheik im Delta des Nil. Seine Mutter Bouthayna kam aus einer wohlhabenden Familie der Provinzhauptstadt. Sein Vater Mohammed el Amir Awad el Sayed Atta war Anwalt und ein resoluter, ernster und ehrgeiziger Mann, der hohe Anforderungen an seine Kinder stellte. Religion oder Politik spielten im Hause Atta kaum eine Rolle, ebenso wenig wie wirtschaftliche Ängste. Vater Atta verdiente genug, um mit seiner Familie nach Kairo umzusiedeln. Es war ein sozialer Aufstieg. Mohammed und seine zwei Schwestern bekamen jeweils eigene Zimmer in einer großen Wohnung in Abdin, einem der alten Stadtviertel mit vielen Gebäuden aus der Kolonialzeit.
Der Junge war erst zehn Jahre alt, führte aber ein Leben, das sich deutlich von dem seiner Altersgenossen unterschied. Sein Alltag war freudlos, geprägt von Lernen und Arbeiten. Die Kinder durften nie draußen spielen; ihr Schulweg war zeitlich so genau berechnet, dass sie für längeres Ausbleiben – eine Ablenkung am Wegesrand – bestraft werden konnten. Nur manchmal gelang es Mohammed, sich vom Fenster seines Zimmers aus mit den Nachbarskindern zu unterhalten.
Inmitten der Hektik von Kairo, in einem der am dichtesten besiedelten Viertel der Stadt, hatte der Vater für seine Familie eine Art seelische Einöde geschaffen. Die Attas blieben unter sich. Besucher kamen äußerst selten, weil sie sich unerwünscht fühlten. Selbst während des Fastenmonats Ramadan, in dem das abendliche Zusammensein mit Freunden und Nachbarn eigentlich eine gesellschaftliche Selbstverständlichkeit, ja beinahe eine Verpflichtung, ist, entzog sich die Familie dem bunten Treiben.
Die Isolation hatte zwei Folgen: Zum einen hatte Mohammed Hemmungen im sozialen Umgang mit anderen. Dies war ein Mangel, der ihm in späteren Jahren immer wieder Schwierigkeiten bereiten sollte, und Studienkollegen erzählen noch heute davon, wie wütend Mohammed werden konnte, wenn nicht alles nach seinen

Vorstellungen lief. Und dafür gab es nach seinem Schulabschluss reichlich Gelegenheit.

Alle drei Kinder, und das ist die zweite Folge der familiären Isolation, waren erstklassige und ehrgeizige Schüler. Sie absolvierten die Zulassungsprüfungen für die Universität von Kairo mit Bravour. Aber beim Studium dort gingen sie in der Masse von 155 000 Studenten unter. Mohammed wurde, wie in Ägypten üblich, einer Studienrichtung zugeteilt, ohne dass man ihn nach seinen eigenen Wünschen, Interessen und Fähigkeiten gefragt hätte. Mohammed sollte Ingenieurwissenschaften und Architektur studieren.

Für Zahlen und Mathematik hatte er eine Begabung, aber die kreative, erfinderische Seite des Berufes lag ihm überhaupt nicht. Atta gehörte nicht mehr zu den Besten seines Jahrgangs; seine Schwestern hatten in ihren Fächern (Botanik und Medizin) viel bessere Noten als er. Deshalb wurde er, anders als sie, nicht zum Hauptstudium zugelassen. Er war nur noch Mittelmaß, und es fiel ihm schwer, das zu akzeptieren. Vielleicht suchte er deshalb anderswo nach der für ihn so wichtigen Selbstbestätigung.

Er fand sie bei der Muslimbruderschaft – einer verbotenen Extremistenvereinigung, die gegen die Verwestlichung der ägyptischen Gesellschaft und für eine Rückkehr zu den Grundwerten des Islam eintritt und dabei Gewalt als legitimes Mittel ansieht. Eine Reihe von blutigen Terroranschlägen der achtziger und neunziger Jahre gehen auf das Konto der Muslimbruderschaft oder ihr nahe stehender Gruppierungen.

Mohammed studierte in einer Zeit, die gekennzeichnet war von der Unterdrückung jeder politischen Opposition in Ägypten. Staatspräsident Hosni Mubarak ließ nach der Ermordung seines Vorgängers Anwar as-Sadat und zahlreichen Attentatsversuchen, die ihm selbst galten, Andersdenkende systematisch verfolgen. Religiöse Gruppen waren von jeder politischen Betätigung ausgeschlossen. Wie viele seiner Kommilitonen sympathisierte Atta mit denen, die es wagten, gegen die strikte Regierungspolitik aufzubegehren. Er wurde Mitglied in einer Studentenvereinigung, die die Muslimbruderschaft aktiv unterstützte.

Es war für Mohammed wohl gleichzeitig auch ein persönliches Aufbegehren gegen den autoritären Erziehungsstil seines Vaters. Der hatte seine Kinder vor jedem politischen Engagement gewarnt. Sie sollten ihre Karrierechancen nicht gefährden. Auch wenn der Vater heute in Interviews gerne in Hasstiraden gegen Amerika ausbricht, hatte er damals wenig Vorbehalte gegen die westliche Welt. Er sorgte dafür, dass Mohammed neben Englisch auch die deutsche Sprache erlernte. Als er 1992 auf Einladung eines deutschen Lehrerehepaares nach Hamburg kam, war aus dem Sohn einer moderat-religiösen Familie bereits ein muslimischer Fundamentalist geworden.

Zwischen Isolation und Anerkennung

Mohammed Atta kapselte sich, ähnlich wie sein Vater, von jedem sozialen Umfeld im Studentenmilieu ab. Er hielt sich strikt an die Vorschriften des Koran, verzichtete auf Vergnügungen und Genussmittel aller Art, lebte sexuell enthaltsam und stritt immer wieder mit seinen deutschen Gastgebern über den Islam, der aus seiner Sicht die einzige wahre Religion war. Im Umgang war Atta meist freundlich und höflich, aber niemals herzlich. Er lebte als Einzelgänger, dessen religiöse Verbohrtheit jede Toleranz vermissen ließ. Zum eigentlichen Mittelpunkt seines Lebens wurde schon kurz nach seiner Ankunft in Hamburg die Quds-Moschee im Stadtkern der Hansestadt.

Für einen, der sich in seiner Heimat in einer verbotenen religiöspolitischen Bewegung engagiert hatte, gab sich Atta in Deutschland politisch äußerst zurückhaltend. Niemals fiel er bei Hochschullehrern oder Mitstudenten als politisch interessierter Mann auf. Seine einzige hervorstechende Eigenschaft war seine Unfähigkeit, auf andere Rücksicht zu nehmen und sich in eine soziale Struktur einzufügen. Während seiner Zeit im Studentenwohnheim, 1993 bis 1998, drückte er sich vor dem Geschirrspülen und Saubermachen. Angebrochene Lebensmittel ließ er über Wochen im Kühlschrank stehen. Manchmal kochte Atta sich einen Berg Kartoffeln, die er dann im Kühlschrank aufbewahrte und über die nächsten Wochen nach und nach verspeiste. Die Freundin seines Mitbewohners fühlte sich abgestoßen von Atta. Auf ihre Fragen antwortete er bestenfalls in kurzen schnippischen Sätzen, und er sah ihr dabei niemals ins Gesicht. Die Frau beschloss, es ihm heimzuzahlen. Sie ließ ihren Freund ein Poster mit Degas' »Nackter« über der Toilette aufhängen, das Atta nicht übersehen konnte. Erst drei Monaten später verlangte der Ägypter, das Bild endlich zu entfernen.

Während der junge Mann durch sein feindseliges Verhalten im Privatleben überall Ablehnung erntete, erfuhr er in seinem Studium Anerkennung und Unterstützung. Professor Dittmar Machule sah in ihm einen hochintelligenten, engagierten Städteplaner, der in seinem Heimatland eine wichtige Rolle bei der notwendigen, aber vorsichtigen Modernisierung der ägyptischen Gesellschaft spielen konnte. Doch ausgerechnet in seinem Fachgebiet entdeckte Mohammed Beispiele für den von ihm so verabscheuten Ausverkauf arabischer Traditionen.

So zum Beispiel bei der Recherchereise für seine Abschlussarbeit über die städtebaulichen Maßnahmen in der Altstadt von Aleppo, die den historischen Charakter der syrischen Stadt erheblich beeinträchtigen; und bei seiner schon erwähnten Teilnahme an der Projektreise im Auftrag der Carl-Duisberg-Gesellschaft, für die er die Modernisierung der Islamic City von Kairo bewerten sollte. Der Einblick in die korrupte und ignorante Bürokratie der ägyptischen Hauptstadt hinterließ einen bleibenden Eindruck bei dem wütenden Studenten.

Kurz danach nahm er an einer Pilgerreise nach Mekka teil, der heiligen Stätte des Islam, an der es gerade zu Zeiten der Hadsch von islamistischen Fundamentalisten nur so wimmelt. Unter ihnen sind seit vielen Jahren auch Anwerber für den Heiligen Krieg des Osama bin Laden. Vielleicht hat Atta dort die ersten Kontakte geknüpft, vielleicht bekam er sie auch erst durch seine Freunde im Umfeld der Al-Quds-Moschee in Hamburg.

Unter ihnen war einer, den die deutschen Behörden noch Wochen nach den Anschlägen vom 11. September in seiner Bedeutung unterschätzten. Heute halten sie ihn für eine zentrale Figur, wenn nicht sogar die Schlüsselfigur in der Wandlung des Mohammed Atta zum skrupellosen Terroristen. Mohammed el Zammar hatte in Tschetschenien und Bosnien im Heiligen Krieg gekämpft und vermittelte Atta mit hoher Wahrscheinlichkeit Anfang 1998 eine Trainingsreise nach Afghanistan.
Zammar war eine Kultfigur in der Hamburger Moschee, weil er sich nicht wie die Hassprediger in den Moscheen nur in Tiraden gegen die weltweite Unterdrückung der Muslime und gegen den amerikanischen Feind erging, sondern weil er selber tätig wurde. Seine Kriegserfahrung machte ihn zum glaubwürdigen Werber für den Dschihad, ohne dass ihm bisher eine direkte Verbindung zum Terrornetzwerk um Osama bin Laden nachgewiesen werden konnte.
Zammar, das darf nach den Recherchen zu diesem Buch als sicher gelten, empfahl Atta und seine Freunbde an die Führungsspitze von Al Qaida in Afghanistan. Schon bei ihrer Ankunft im Trainingslager der Organisation galten sie als ideale Anwärter für die Mitgliedschaft in der Elite der Gotteskrieger, den Gottesbrigaden, die von Emir Osama die Genehmigung für den Einsatz als Selbstmordattentäter bekamen.
Mit dem Einzug von Atta und seinem Freund Ramzi Binalshibh in die neue Wohnung in der Marienstraße 54 in Hamburg-Harburg begann die Planung für den brutalsten Terroranschlag der Geschichte.

3.
Terror ohne bin Laden

Er hat nur ein Auge, und sein Beruf ist Honighändler. Aber obwohl ihn die Nachrichtendienste nach Osama bin Laden und seinem engsten Vertrauten Ayman al Zawahiri für den gefährlichsten Mann von Al Qaida halten, erfuhr die Öffentlichkeit nur wenig über Zainul al-bideen Abu Zubaida. Im April 2002 wurde der 31-jährige Palästinenser bei einer Razzia in der pakistanischen Industriemetropole Faisalabad schwer verletzt und verhaftet.[1] Seitdem befindet sich der beste Kandidat für die Nachfolge bin Ladens in US-Gefangenschaft und erweist sich als wertvolle Quelle für die weiteren Ermittlungen weltweit.

Die Führungsriege der Terrororganisation saß im September 2001 alles andere als untätig in den Bergen Afghanistans herum, um auf ein paar Cruise Missiles, ein Kommandounternehmen oder gar einen breit angelegten Krieg der USA gegen den Terrorismus zu warten. Osama bin Laden plante detailliert seine Nachfolge, um sicherzustellen, dass die Logistik Al Qaidas den autonom operierenden Terrorzellen weiter zur Verfügung stand. Also begab sich eine kleine, handverlesene Schar von Terroristen mit eben jenem Abu Zubaida an der Spitze auf die Flucht. Das jedenfalls erfuhren CIA-Agenten beim Verhör von Ibn al-Shaykh al-Libi, dem Leiter eines der Trainingslager der Al Qaida in Afghanistan. Al-Libi ist das hochrangigste Mitglied von Al Qaida unter den Gefangenen der Militäroperation in Afghanistan. Der gebürtige Libyer war nach Ansicht westlicher Geheimdienste schon 1998 in die Bombenanschläge von Kenia und Tansania verwickelt und stand seitdem auf der Fahndungsliste der Behörden in Großbritannien, wo er eine Zeit lang sogar politisches Asyl genossen hatte.[2]

Bestätigt wurden al-Libis Angaben über Abu Zubaida durch Dokumente, die dem US-Geheimdienst nach der Einnahme von

Kabul in die Hände fielen. Der Palästinenser war ebenfalls Leiter eines Ausbildungscamps in Afghanistan. Bei seinen Reisen rund um die Welt warb er Nachwuchs für die Gotteskrieger an und war das Verbindungsglied zwischen bin Laden und den Terrorzellen in Europa und Afrika. Deutsche Sicherheitsbehörden halten es für möglich, dass er höchstpersönlich die Betreuung der Gruppe um Mohammed Atta übernommen hatte. Wo immer es in den letzten Jahren einen Ermittlungserfolg gegen mögliche Schläfer des Al-Qaida-Netzwerks gab, war auf irgendeine Weise auch der Name Abu Zubaida im Spiel.

Das hat einen einfachen Grund: Zubaida kennt einen Großteil der vielen tausend Rekruten der Ausbildungscamps in Afghanistan persönlich. Er war so etwas wie der Aufnahmeprüfer der Terrororganisation bin Ladens. Wer am Heiligen Krieg teilnehmen wollte, der erhielt über Kontakte im Netzwerk für gewöhnlich Zubaidas Telefonnummer. Von ihm wurden die Flugtickets der potenziellen Anhänger bin Ladens bestellt und bezahlt. Nach der Ankunft in Peshawar prüfte er die Aspiranten auf ihre Tauglichkeit für die harte Ausbildung und ihre Zuverlässigkeit für mögliche Einsätze im Auftrag bin Ladens. Die schlechteren nahmen lediglich an Schnellkursen für den Dschihad teil, die wirklich guten durften die kompletten Trainingsprogramme durchlaufen.

Später war es wieder Abu Zubaida, der den künftigen Schläfern ihre Zuständigkeitsgebiete in Europa und Nordamerika zuteilte. Er ist zweifellos eine der Schlüsselfiguren im Netzwerk des Terrors, denn er kann die verschiedenen Zellen aktivieren und steuern und hat auch Zugang zu den weiterhin versteckten Geldern der Organisation. Abu Zubaida soll der Koordinator der geplanten Bombenanschläge zur Jahrtausendwende in den USA und Jordanien gewesen sein. In Jordanien wurde er deshalb in Abwesenheit zum Tode verurteilt. Bei den Ermittlungen der Hintergründe des 11. September stießen die Fahnder ebenfalls mehrfach auf die Telefonnummern des Machers hinter den Al-Qaida-Anführern. Auch bei der Aufdeckung von Plänen für Terroranschläge auf zwei US-Botschaften in Europa im Herbst/Winter 2001 fanden die

Ermittler Hinweise auf Zubaida. Einer der Planer des Attentats auf die amerikanische Vertretung in Paris gab ihn als seinen Kontaktmann in Afghanistan an, und der Anführer einer Terrorzelle in Bosnien hatte die Satellitentelefonnummer Zubaidas in seinem Handy abgespeichert.
Zubaida wurde in den Siebzigerjahren in Saudi-Arabien geboren. Seine palästinensischen Eltern zogen später mit der Familie für kurze Zeit in den Gaza-Streifen, doch in der Intifada oder im Umfeld von Terrorgruppen zur Befreiung Palästinas ist Zubaida niemals aufgefallen. Er ist hoch gewachsen, schlank und wirkt eher wie ein Westeuropäer. Aber obwohl seine Festnahme ein großer Erfolg im Kampf gegen den Terrorismus ist, gilt für ihn das Gleiche wie für Osama bin Laden: Er ist nicht nur ersetzbar, sondern für die Fortsetzung des Heiligen Krieges gegen den Westen nicht einmal von großer Bedeutung.

Die Struktur des globalen Terrors

Der internationale Kampf gegen den Terrorismus ging lange Zeit von der Annahme aus, dass die operativen Zellen der Organisation von oben gesteuert werden und eine ungebrochene Kette von Befehl und Gehorsam bis zum letzten Glaubenskrieger existiert. Wäre dies so, dann würde das militärische, nachrichtendienstliche und polizeiliche Vorgehen gegen Al Qaida unweigerlich zur Zerstörung der Organisation führen. Aber die Islamistische Internationale ist von Anfang an mit den besten Voraussetzungen für ein Überleben unter widrigsten Umständen angelegt worden.
Al Qaida ist, wie bereits beschrieben, bestenfalls das Kernstück einer breiten Bewegung, die durch eine Zerschlagung der Führungsstrukturen der Bin-Laden-Gruppe nicht neutralisiert werden kann. Das Netzwerk, dem sowohl straff organisierte Terrorgruppen als auch ein loser Verbund von unabhängigen Gotteskriegern angehören, ist dezentral organisiert. Die einzelnen Einheiten operieren weitgehend autark. Das verbindende Element ist die gemeinsame

Ideologie und deren Kernstück ist wiederum der unversöhnliche Hass auf die Vereinigten Staaten von Amerika. Darin liegt, wie wir später noch zeigen werden (vgl. Kapitel 12), auch der Schlüssel zu möglichen Erfolgen im Kampf gegen den islamistischen Terrorismus.

Von Anfang an war Al Qaida nur als verbindendes Element einer Bewegung geplant, die über die Kernorganisation bin Ladens weit hinausreicht, aber nach denselben Grundprinzipien Nachwuchs rekrutiert und kleine oder große Anschläge verübt. Die ersten Anzeichen für diese Arbeitsweise registrierten Sicherheitsbehörden in Amerika und Europa schon Anfang und Mitte der neunziger Jahre. Am besten waren wohl die Terrorfahnder in Frankreich informiert, weil sie schon lange mit den Aktivitäten von islamischen Extremisten aus den ehemaligen Kolonien Nordafrikas zu tun hatten. Im Zusammenhang mit verschiedenen Anschlägen algerischer Terroristen entdeckte die Polizei in Orleans 1994 eine Anwerbestation für Glaubenskrieger.[3] Der islamische Gelehrte Mohammed Zinedine rekrutierte junge Muslime aus den Armenvierteln der Stadt, indem er ihnen einredete, jeder Gläubige müsse eine Art »bewaffneter Humanist« werden, der gegen das Unrecht in der Welt mit der Waffe kämpfen sollte.

In seinen Gebetsstunden zeigte er den jungen Männern Videos aus Bosnien, in denen Babys mit durchschnittenen Kehlen, schwangere Frauen mit aufgeschlitzten Bäuchen und gefolterte Männer zu sehen waren. Drei der von ihm angeworbenen Kämpfer für den Dschihad beteiligten sich später an einem Attentat auf Touristen in einem Hotel in Marrakesh, bei dem zwei spanische Urlauber getötet wurden. Ihr Lehrmeister Zinedine, der bis heute flüchtig ist, war ein Veteran des Afghanistan-Krieges. Seine Arbeitsweise entspricht der Methode, mit der in den vergangenen zehn Jahren Zehntausende von jungen Muslimen in aller Welt für den Heiligen Krieg begeistert wurden.

Die französischen Geheimdienste nahmen diese Bedrohung sehr ernst und warnten ihre Partnerdienste in den USA, Großbritannien und auch in Deutschland. Denn zunehmend kristallisierte sich in

den Äußerungen und Veröffentlichungen der islamischen Extremisten eine Konzentration des Hasses auf die Vereinigten Staaten von Amerika heraus. Aber die Warnungen der Franzosen verhallten ohne nennenswerte Wirkung. Erst durch die Anschläge von Kenia und Tansania 1998 sollte sich das ändern.
Seitdem schenkten die Behörden dem Treiben islamistischer Extremisten mehr Aufmerksamkeit und verfolgten Verbindungslinien quer durch Europa. Die dabei gesammelten Informationen waren auch die Grundlage für die schnellen Festnahmeaktionen in Großbritannien, Frankreich, Italien und Spanien unmittelbar nach den Anschlägen vom 11. September. In den meisten Fällen gibt es allerdings keine direkte Verbindung zu den Todespiloten um Mohammed Atta. Die Zellen sind voneinander weitgehend abgeschottet.
Wichtigster Kronzeuge für die terroristischen Bestrebungen der Festgenommenen ist ein 36-jähriger Geschäftsmann, der schon im Juli 2001 am Flughafen von Dubai verhaftet wurde, weil er einen gefälschten französischen Pass bei sich trug. Am Beispiel von Djamal Beghal lässt sich die Arbeitsweise des Terrornetzwerks hervorragend beschreiben. Es war nicht einfach, die Einzelheiten aus Beghal herauszubekommen, weil er, wie alle Anhänger der Al Qaida, absolutes Schweigen gelobt hatte. Aber intensive Gespräche mit moderaten islamischen Religionsgelehrten und möglicherweise auch Folter durch den Geheimdienst von Dubai veranlassten ihn zu plaudern.
Der Algerier befand sich zum Zeitpunkt seiner Verhaftung gerade mit einem konkreten Auftrag auf dem Rückweg von Pakistan nach Frankreich. Abu Zubaida, so erzählte er den Ermittlern, habe ihm befohlen, Terroranschläge auf verschiedene Ziele in Europa, darunter die US-Botschaft in Paris, zu organisieren. Dabei konnte Beghal auf eine schlagkräftige Truppe zurückgreifen, die er größtenteils selbst rekrutiert hatte. Beghal war auch Mitglied der Gruppe Takfir-wal-Hijra, deren Anhänger selbst vor der Ermordung von Muslimen nicht zurückschrecken, sofern diese die extremen Ansichten der Gruppe über den wahren Islam nicht teilen. Er hatte ein Jahr lang in den Ausbildungscamps in Afghanistan trainiert

und war danach von seinem eigentlichen Wohnort Paris nach London umgezogen, um von dort aus in ganz Europa Nachwuchs für den Heiligen Krieg anzuwerben.
Beghal gehörte offenbar zur mittleren von insgesamt drei Ebenen des internationalen Netzwerks des Terrors. An der Spitze stehen Osama bin Laden und seine engsten Berater, von denen ein Großteil nach Einschätzung westlicher Geheimdienste heute noch am Leben ist. Zur zweiten Ebene gehören all jene, die in den letzten Jahren die Trainingslager der Al Qaida in Afghanistan durchlaufen haben. Die Sicherheitsbehörden in den USA, Deutschland und Israel rechnen mit 10 000 bis 20 000 Absolventen der Ausbildung zum Gotteskrieger, und unter ihnen sind vermutlich rund 5000, die eine intensivere Einweisung in die Bildung von Terrorzellen in ihren Heimatländern bekamen.
Diese Auserwählten wurden von der Al-Qaida-Führung »Brigade Gottes« genannt. Sie waren nicht einfach gehorsame Soldaten, die auf Befehle von oben angewiesen waren, sondern unbeirrbare Idealisten, die ihren Eid nicht auf Osama bin Laden, sondern auf ihr Ziel, die Vernichtung der Ungläubigen, allen voran Amerikas, geleistet hatten. Dieses Ziel würden sie bis zur Selbstaufgabe verfolgen. Dabei zeichneten sie sich auch durch Führungsqualitäten aus, die ihnen bei der Rekrutierung einer eigenen Anhängerschaft, der dritten Ebene des Netzwerks, helfen sollten.
Männer wie Beghal wurden einst von Veteranen des Afghanistan-Krieges rekrutiert. Heute sind sie die Werber, die den Auftrag haben, weitere Interessenten für den Heiligen Krieg zu gewinnen. Die Triebfeder ihrer Aktivitäten ist in erster Linie ihr fanatischer Glaube an die Sache und nicht mehr die Ausstrahlung eines charismatischen Anführers wie Osama bin Laden, der allerdings nach seinem möglichen Tod oder durch seine erfolgreiche Flucht zum Mythos geworden ist. Beghal knüpfte bei seinen Werbefeldzügen für den Dschihad auftragsgemäß bei existierenden radikalen islamischen Gruppen an. Über diese Verbindung stieß er auf Nizar Trabelsi, den tunesischen Fußballer, der mit seiner Karriere beim deutschen Zweitligisten Fortuna Düsseldorf Anfang der neunziger Jahre

kläglich gescheitert war.[4] Trabelsi sollte mit einem umgeschnallten Sprengstoffgürtel ein Selbstmordattentat auf die US-Botschaft in Paris verüben, wurde aber rechtzeitig verhaftet.
Bei der Rekrutierung der dritten Ebene spielte es keine Rolle, wie intelligent oder charakterfest die Geworbenen waren. Ganz im Gegenteil, persönliche Probleme – Trabelsi war drogenabhängig – oder psychische Anfälligkeiten erleichterten den Werbern das Geschäft. Sie nutzten sie als Ansatzpunkte, um ihre Anhänger in eine totale Abhängigkeit und in die bedingungslose Gefolgschaft für die »heilige Sache« zu drängen. Es ist kaum möglich abzuschätzen, wie viele es von diesen Gotteskriegern der dritten Ebene noch gibt.
Den verschiedenen Ebenen ist ein Element gemeinsam, das ihnen die Arbeit erst ermöglicht: Teile der Netzwerke wissen möglicherweise gar nicht, wen oder was sie durch ihre Arbeit unterstützen. So mag es vorkommen, dass eine veritable Wohltätigkeitsorganisation für Not leidende Kinder in Afrika eifrig Geld sammelt, das dann letztendlich zur Finanzierung von Terroranschlägen genutzt wird. In solchen Fällen reicht es, wenn eine Person in einer Schlüsselposition zu den Eingeweihten zählt. Trotzdem hätten die Behörden schon früher die Strukturen, die Arbeitsweise und die Absichten des neuartigen Netzwerks durchschauen können. 1998 ging dem britischen MI-5 und Scotland Yard ein dicker Fisch durch die Lappen. Es war der schon erwähnte Ibn al-Shaykh al-Libi, der der CIA und ihren afghanischen Hilfssoldaten erst im Winter 2001 bei einem Angriff auf das Höhlensystem der Al Qaida in Afghanistan in die Hände fiel.

Das Handbuch der Gotteskrieger

Al-Libi war einer der engsten Berater bin Ladens – 25 Millionen Dollar Belohnung waren auf seine Ergreifung ausgesetzt. Der Libyer gilt als der Computerexperte des Terrornetzwerks, weil er immer mit seinen Laptops und anderen Hightech-Geräten unterwegs war. 1994 reiste er nach Kenia, um dort die amerikanische

Botschaft in Nairobi zu fotografieren. Die Bilder dienten Al Qaida zur Vorbereitung der Anschläge vom Juli 1998. Zu diesem Zeitpunkt lebte al-Libi noch in Großbritannien, wo ihm sogar politisches Asyl gewährt worden war. Erst im Zuge der Ermittlungen nach den Bomben von Nairobi und Daressalam kamen ihm die Fahnder auf die Schliche. Als sie seine Wohnung in Manchester stürmten, war der Gesuchte längst untergetaucht. Trotzdem machten die Ermittler eine wichtige Entdeckung. Auf dem Computer al-Libis befand sich die elektronische Kopie jener Bedienungsanleitung für den Heiligen Krieg, die in den verschiedensten Versionen schon seit beinah einem Jahrzehnt in islamistischen Kreisen kursierte. Diese Anleitung hatten die Fahnder vielfach bei Hausdurchsuchungen nach Festnahmen unter den beschlagnahmten Schriftstücken entdeckt. Aber diesmal wussten die Ermittler endlich etwas mit dem Handbuch anzufangen, das detailliert Aufschluss über die Arbeitsweise und Ziele der Al Qaida gibt. Es wurde zu einem wichtigen Beweisstück im Prozess gegen die Attentäter von Kenia und Tansania.

Das Deckblatt des 180-seitigen Pamphlets trägt das Emblem eines mit einem Schwert durchbohrten Globus, bei dem der Nahe Osten und Afrika herausgehoben sind, und die Überschrift »Declaration of Jihad (Holy War) against the Country's Tyrants. Military Series«. In der Einleitung heißt es:

»Im Namen Allahs, des Gnädigen und Mitfühlenden. Widmung an die Helden, die die Wahrheit Tag und Nacht verkünden und die diese Zeilen mit ihrem Blut und ihren Leiden geschrieben haben. Die Auseinandersetzung, die wir mit den gottlosen Regimes fordern, kennt keine sokratischen Debatten, platonischen Ideale oder aristotelische Diplomatie. Sie kennt den Dialog der Kugeln, die Ideale der Ermordungen, Bombenanschläge und Zerstörung und die Diplomatie der Kanone und des Maschinengewehrs. Islamische Regierungen wurden nie und werden niemals auf friedlichem Weg oder durch Kooperativräte errichtet. Sie werden errichtet wie immer durch Stift und Gewehr, durch Wort und Kugel, durch Zunge und Zähne.«

Es folgt eine Beschreibung der Situation in den arabischen Ländern mit Vorwürfen an die Machthaber, die die Jugend des Islam verdorben hätten. Jetzt aber komme die Zeit des Wiedererwachens durch den Heiligen Krieg, dessen wichtigste Mission der Sturz gottloser Regierungen sei. Dazu gehörten die Sammlung aller Informationen über den Feind, die Entführung und Ermordung gegnerischer Soldaten und Touristen (!), die Befreiung gefangener Brüder, Hetzpropaganda gegen den Feind, Bombenanschläge auf strategisch wichtige Ziele und die Zerstörung von strategisch wichtigen Brücken, Vergnügungseinrichtungen, Botschaften und Wirtschaftszentren.

Es klingt wie die Beschreibung eines Arbeitsplatzes in den Diensten Allahs, und gleich darauf listet die Anleitung tatsächlich all jene Eigenschaften auf, die ein Bewerber besitzen muss. Vierzehn Tugenden sind es insgesamt, darunter Rechtgläubigkeit, ideologische Standhaftigkeit, Reife, Opferbereitschaft, Gehorsam, Gesundheit, Geduld, Verschwiegenheit, Vorsicht, Beobachtungsgabe und die Fähigkeit zu schnellem Handeln. Einige Eigenschaften des Glaubenskriegers werden anhand historischer Beispiele veranschaulicht. So findet sich unter Punkt 10 »Intelligenz und Einblick« die Anekdote über Julius Seelber, einen deutschen Spion im Ersten Weltkrieg, der einer jungen Engländerin mit einem Trick Regierungsinformationen über eine geplante Kriegstaktik entlockte. Als ein wesentliches Kennzeichen des Mudschaheddin gilt auch die Ausgeglichenheit, mit Hilfe derer er »psychische Traumata wie Blutbäder, Mord, Festnahme und Haft« verkraften muss. Auch im Falle »der Tötung eines oder all seiner Kameraden« solle er »die Arbeit zu Ende führen können«.

Wer nach diesen Kriterien für die Ausbildung ausgewählt wurde, der darf die Anweisungen über den Umgang mit »Falschgeld und gefälschten Dokumenten« befolgen, nach denen zum Beispiel die Finanzmittel für eine Operation an verschiedenen Orten aufbewahrt werden sollen und denen zufolge »der Bruder mit besonderem Status als Befehlshaber oder Verbindungsmann immer mehrere Ausweise bei sich haben sollte«. Um im Dickicht der Alias-

Namen nicht den Überblick zu verlieren, soll ein Schläfer »in seinem Lebensumfeld nicht mehr als einen Namen benutzen«.
Die Wohnung eines Schläfers, so steht es im nächsten Kapitel, muss ebenfalls bestimmte Anforderungen erfüllen, zum Beispiel seien Apartments im Erdgeschoss vorzuziehen, weil man aus ihnen im Fall einer Razzia leichter fliehen kann. Die Wohnung sollte außerdem weit weg von Polizeistationen und am besten in Neubaugebieten liegen. »In älteren Stadtteilen«, so steht es unter Punkt 13, »kennen sich die Menschen gegenseitig gut, so dass Fremde eher auffallen würden.« Neue Gebäude hätten allerdings den Nachteil, dass die Wände sehr dünn seien. Deshalb empfiehlt Punkt 19: »Wenn das Apartment neu ist, dann vermeide lautes Reden.« Für den Akademiker unter den Schläfern liefert das Handbuch den wertvollen Tipp, »eine Arztpraxis in der Nähe einer Klinik aufzumachen«, weil dann die Tarnung besser sei.

Regeln der Geheimhaltung

Die nächste Lektion beschäftigt sich mit »Kommunikations- und Transportmitteln« und beginnt mit der Warnung, dass Kommunikation eine zweischneidige Angelegenheit sei. Sie könne zum Vorteil der Organisation eingesetzt werden, aber sich eben auch als »Messer in ihrem Rücken« entpuppen, falls die Mitglieder nicht die nötigen Sicherheitsmaßnahmen beachteten. Grundsätzlich solle jeglicher Austausch wichtiger Informationen nur im Geheimen erfolgen. Sobald der Verdacht besteht, dass der »Feind« auf Aktivitäten aufmerksam geworden ist, seien diese sofort einzustellen, jede Kommunikation sei zu beenden und alle Mitglieder müssten unverzüglich untertauchen. Diese Regel mag ein wesentlicher Grund dafür sein, dass die Sicherheitsbehörden in Europa und den USA bisher nur wenige Zellen des Terrornetzwerks entdecken konnten.
Die Mitglieder einer Zelle sollen sich »niemals an einem Ort gleichzeitig treffen und sollten sich gegenseitig auch nicht kennen«, eine Bestimmung, die bei den wenigen enttarnten Ortsgrup-

pen des Netzwerks nicht konsequent eingehalten wurde. Bei wichtigen Telefonaten seien grundsätzlich öffentliche Fernsprecher in belebten Straßen zu benutzen, weil so eine Entdeckung durch die Sicherheitsbehörden erschwert werde. Niemals dürfe der Anrufer sein Anliegen gleich vorbringen; durch ein wenig Smalltalk könne er herausfinden, »ob der Angerufene nur so tut, als sei er der gewünschte Gesprächspartner«.

Noch viel strenger sind die Sicherheitsmaßnahmen bei persönlichen Treffen, für die der Treffpunkt vorher genau ausgespäht werden muss. Der Treffpunkt sollte mehrere Zufahrtswege als mögliche Fluchtrouten haben und auf keinen Fall an einem belebten Ort sein, da sich dort mögliche Beobachter leichter verbergen könnten. Ein Café oder Geschäft, in dem ein Mitglied des Netzwerks arbeite, komme ebenfalls nicht in Frage, da dieses möglicherweise häufiger mit der Polizei zu tun habe. Die gewählte Kleidung soll der Umgebung entsprechen, ebenso die Tarnung, auf die sich die beiden Gesprächspartner schon vorher verständigt haben müssen. Wenn der eine zum Beispiel als Architekt kommt, »dann sollte der andere Dokumente dabeihaben, die beweisen, dass er ein Grundstück besitzt. Der Architekt könnte eine eigens angefertigte Konstruktionszeichnung mitbringen«.

Während des Treffens dürfe man sich auf keinen Fall Notizen machen, hinterher müssten die Beteiligten den Ort getrennt verlassen. Mit Kurieren der Organisation sollte unbedingt vorher ein Erkennungssignal vereinbart werden. Für die Kommunikation per Brief gilt vor allem, dass er keine Geheimnisse enthalten darf. Außerdem darf der »Brief nicht von einer Postfiliale in der Nähe der Wohnung des Absenders« abgeschickt werden und höchstens einige wenige Seiten enthalten, weil dickere Briefe Verdacht erwecken könnten.

Nach allem, was die Ermittler über die Attentäter des 11. September wissen, haben sie sich penibel an die Vorschriften des Handbuchs gehalten. Auch bei der Nutzung öffentlicher Verkehrsmittel folgten sie diesen Regeln genau. So begannen sie ihre Mission an jenem Morgen an kleineren Flughäfen, weil bei größeren Flughäfen, wie es in der Anleitung heißt, »die Sicherheitsmaßnahmen sorgfältiger sind«. Die Brüder, die sich »auf einer Sondermission befinden, sollten sich nicht in religiöse oder alltägliche Diskussionen, wie zum Beispiel über gut und böse oder die Sitzplatzreservierung, verwickeln lassen«.

In Kapitel 6 des Handbuches beschreibt der Autor das Training der Gotteskämpfer, angefangen mit den Anforderungen an das Trainingsgelände, das nach Möglichkeit nicht von außen einsehbar sein darf. Die Schüler müssen »sorgfältig ausgewählt« werden, sollten sich »untereinander nicht kennen« und höchstens »zu siebt eine Gruppe« bilden. Ihre Trainer dürften gegenüber den Auszubildenden »ihre Identität nicht enthüllen« und sich auch nicht untereinander kennen. Es folgen detaillierte Anweisungen für den Kauf, den Schmuggel und die Lagerung der Waffen, die für das Training oder auch für Operationen im Heiligen Krieg benötigt werden.

Besondere Aufmerksamkeit widmet das Handbuch den Sicherheitsanforderungen für die offenen oder verdeckten Mitglieder des Netzwerks. Gerade die Schläfer im Einsatz müssten wichtige Regeln beachten, damit ihre Tarnung nicht durchschaut werden könne. So dürfe ein Schläfer niemandem seinen wahren Namen preisgeben. Er solle in seinem Erscheinungsbild unislamisch wirken, also keinen Bart und kein langes Gewand tragen und auf keinen Fall einen Koran mit sich führen. Bei Begegnungen sei auf die religiösen Begrüßungs- und Abschiedsformeln zu verzichten. Ein Schläfer dürfe sich auch nicht im Gespräch ereifern, weder »für das Gute noch für das Böse«. Er »darf seine tägliche Routine oder seine Beziehung, die er schon vor der Beteiligung am Dschihad hatte, nicht plötzlich ändern«. Die Kontakte zu Familie und Freunden in der Heimat dürften nicht abgebrochen werden, damit diese »nicht versuchen, ihn aus der Organisation herauszuholen«. Das Auto solle niemals »im Parkverbot geparkt werden«. Und für verheiratete Brüder sei vor allem wichtig, dass sie »nicht mit ihren Frauen über ihre Arbeit reden«.

In der neunten Lektion erfahren die Leser von einem Sicherheitsplan, einem Katalog von »kreativen, flexiblen und geheimen« Maßnahmen, die »den Feind verwirren und überraschen sollen, und die, im Falle der Entdeckung, den Arbeitsverlust so weit wie möglich minimieren«. Wenn beispielsweise »ein Bruder, der mit einer Mission beauftragt ist, dabei verhaftet wird, dann muss es einen Sicherheitsplan geben, der es ihm ermöglicht, alle Vorwürfe zurückzuweisen«.

Jedes Mitglied sollte deshalb auf die Beantwortung bestimmter Fragen im Verhör trainiert sein, zum Beispiel auf die Frage, warum er in Afghanistan gewesen sei und ob er sich als Dschihad-Kämpfer ansehe.

Drehbuch zum Massenmord

Danach beschreibt der Leitfaden das Vorgehen im Falle einer Operation wie der Ermordung einer Person. Die dabei gestellten Anforderungen entsprechen offenbar bis ins Detail hinein der Planungsphase für die Anschläge vom 11. September 2001. Die Teilnehmer der Operation sollen aus verschiedenen Gruppen kommen, sich zu Beginn des Unternehmens nicht kennen und auf Zellen mit jeweils maximal drei Personen verteilt werden. Genau so hatten sich die neunzehn Flugzeugentführer um Mohammed Atta an verschiedenen Orten in den USA aufgeteilt. Über Bewaffnung und Finanzierung sollten nur die Gruppenführer informiert sein. Um diese Details kümmerten sich in den USA Mohammed Atta, Marwan al-Shehhi, Ziad Jarrah und Hani Hanjour, die vier Piloten der entführten Maschinen.

Das Ziel der Attacken sei immer gründlich auszuspähen, Probeläufe, so heißt es an einer früheren Stelle des Handbuchs, seien dabei unverzichtbar. Tatsächlich flogen die Attentäter vom 11. September beginnend im Mai 2001 mehrfach zur Probe mit First Class Tickets durch die USA, um einen Eindruck von der Situation im Flugzeug zu bekommen. Dabei nahmen sie aber niemals die gleichen Flüge, auf denen sie später die Anschläge verübten. Für den Fall einer Festnahme einiger oder aller Mitglieder der Terrorzelle sollte man sich vorher auf ein einheitliches Verhalten für die

Vernehmungen verständigt haben. Empfohlen wird die Behauptung, dass »ein Bruder die ganze Sache ausgedacht, geplant und geleitet« habe, der leider vor der Festnahme das Land verlassen hätte. Bei diesem »erfundenen« Bruder solle es sich um jemanden handeln, dessen Name beim Feind schon in anderen Fällen aufgetaucht sei.

In der elften Lektion beschäftigt sich das Handbuch mit der Spionage und erteilt dem gläubigen Muslim einige Ausnahmegenehmigungen, damit er im Feindesgebiet nicht so leicht auffällt. So sei ein Muslim in solch einer Mission nicht verpflichtet, sich »anders zu kleiden als seine Umgebung«, weil eine gute Tarnung notwendig sei, um die »Geheimnisse des Gegners« zum Wohle der eigenen Religion auszuforschen. Seine Verpflichtung zum Fasten könne der Gläubige einhalten, in dem er sich bei einer Mahlzeit entschuldige; die vorgeschriebenen drei Gebete am Tag dürfe er zusammenlegen, das habe schließlich auch der Prophet mitunter getan. Es wird aber angemerkt, »dass es weiter verboten ist, Ungesetzliches zu tun, wie beispielsweise das Trinken von Wein oder das Herumhuren. Unter keinen Umständen ist das erlaubt«.

Für die Informationssammlung nutzen die Spione offene und geheime Quellen, um Details über Persönlichkeiten des öffentlichen Lebens, über Regierungs- und Verwaltungsgebäude sowie über bevorstehende Veranstaltungen oder Reisen zu erfahren, die dann bei Anschlägen genutzt werden können. Die Verwendbarkeit offener Quellen hänge direkt mit dem Maß an Presse- und Meinungsfreiheit zusammen, die das jeweilige Land gewähre.

Aus dem Abschnitt über verdeckte Quellen wird deutlich, welche Ziele die Glaubenskämpfer ins Visier nehmen wollen. Neben bekannten Persönlichkeiten interessieren sie sich vor allem für »strategische Gebäude, wichtige Infrastruktur und Militärbasen. Beispiele dafür sind die Ministerien für Verteidigung und Innere Sicherheit, Flughäfen, Seehäfen, Grenzposten, Botschaften, Radio- und Fernsehstationen«. Es folgen die Methoden der Ausspähung, die zu Fuß oder per Auto erfolgen könne. Dabei habe der Spion »Fahrtrichtung und Breite der Straßen, mögliche Trans-

portwege, die Umgebung und das Erscheinungsbild des Zielortes, Verkehrsampeln, Fußgängerbereiche, Stauzeiten und Straßenbeleuchtung« zu erkunden. Fotos und Videos seien äußerst hilfreich.
Das Handbuch beschreibt schließlich auch die Rekrutierung von Informanten in anderen Ländern und gibt Maßregeln für das Verhalten während eines Gerichtsverfahrens, bei dem »mit lauten islamischen Ausrufen« die fortdauernde Unterstützung durch Sympathisanten im Gerichtssaal oder im Lande zu sichern sei. Abschließend folgt eine eindringliche Aufforderung an alle Glaubenskämpfer, immer im Team für die gemeinsame Sache zu kämpfen. Nur wer als Team, mit dem »Emir« an der Spitze und »dem richtigen Mann am richtigen Ort«, kämpfe und eben nicht auf seinen individuellen Vorteil bedacht sei, befolge den Befehl Gottes. Ein jeder habe zu verstehen, »dass wir den Sieg gegen unsere Feinde nicht durch unsere Aktionen und Sicherheitsmaßnahmen erreichen. Vielmehr wird der Sieg durch unseren Gehorsam gegenüber Gott und durch ihre Sünden erzielt«.
Dieser Satz macht deutlich, weshalb die Terroristen einen polizeilichen oder militärischen Erfolg des Gegners, zum Beispiel eine Verhaftungswelle oder ihre Vertreibung aus Afghanistan, nicht als vernichtende Niederlage ansehen. Sie haben eine andere Auffassung vom Sieg als westliche Staaten.

Der Millenniumsbomber

Das Handbuch des Dschihad ist die Theorie, aber nicht alle Glaubenskämpfer waren gefestigt genug, um sie bis ins kleinste Detail auch in die Praxis umzusetzen. Insbesondere Verstöße gegen die Regeln der Geheimhaltung führten dazu, dass immer mal wieder ein einzelner Terrorist oder eine ganze Zelle ins Visier der Fahnder geriet. Einer von ihnen war Ahmed Ressam.
Ende 1999 wurde er an der kanadisch-amerikanischen Grenze in der Nähe von Vancouver und Seattle festgenommen. In seinem Auto fanden die Ermittler eine hochexplosive Mischung verschie-

dener Chemikalien, mit denen der Algerier den Flughafen von Los Angeles in die Luft sprengen wollte.[5] Bei der Vorbereitung der Aktion nutzte Ressam die Unterstützung des weltweiten Terrornetzwerks, obwohl er den geplanten Anschlag allein durchführen wollte. Weil die Attacke aber mit weiteren Angriffen auf Ziele in den USA und in Jordanien synchronisiert werden sollte, waren dafür Kontakte zu Osama bin Ladens Al Qaida notwendig. Ressam war ursprünglich Teil einer algerischen Terrorzelle in Europa gewesen und als Vorhut für die so genannten Millennium-Anschläge nach Kanada gereist. Andere Mitglieder seiner Gruppe sollten folgen. In seiner Zeugenaussage vor Gericht schilderte er detailliert, wie die Rekrutierung, die Ausbildung und der Einsatz von Glaubenskämpfern ablaufen.

Ressam wurde von Freunden, die in den Ausbildungslagern in Afghanistan gewesen waren, für eine Teilnahme am Dschihad-Training in den Camps der Al Qaida begeistert. In Pakistan empfing ihn 1998 der bis zu seiner Festnahme im Frühjahr 2002 als Nachfolger bin Ladens gehandelte Abu Zubaida, der eine Art Ausleseprozess leitete: »Er ist zuständig für alle Camps«, erklärte Ressam vor Gericht. »Er empfängt junge Männer aus allen Ländern. Er akzeptiert dich oder weist dich ab. Und er übernimmt alle Kosten für die Camps. Er organisiert deine An- und Abreise.«

Ressam wurde in den Camps von Khalden und Derunta an verschiedenen Feuerwaffen und Sprengstoffen militärisch ausgebildet. Als Ziele galten »alle Einrichtungen des Feindes, Stromkraftwerke, Gaswerke, Flughäfen, Eisenbahnen, große Unternehmen, Ölraffinerien und Militäreinrichtungen«. Sonderkurse gab es im Umgang mit chemischen und biologischen Kampfstoffen sowie für Sabotage und Taktik. Gemeint waren damit die im Handbuch des Dschihad beschriebenen Geheimdiensttechniken, mit denen er dem Zugriff der Behörden entgehen könne. »Zum Beispiel solltest du deine Geheimnisse schützen. Wenn du in einer Gruppe arbeitest, dann weiß jeder nur, was er gerade tun soll, mehr nicht, wegen der Geheimhaltung. Vermeide auch alle Orte, die dich verdächtig machen könnten, zum Beispiel Moscheen. Vermeide verdächtige Kleidung.« »Zuerst

musst du den Tatort aufklären und dabei unverdächtige Kleidung tragen, zum Beispiel Touristenkleidung. Dann beobachtest du oder du machst Fotos.« »Für sensible Anrufe verwende nur öffentliche Fernsprecher oder Telefonkarten.«
In den Lagern seien junge Männer aus »Jordanien, Algerien, Jemen, Saudi-Arabien, Schweden, Deutschland, Frankreich, Türkei und Tschetschenien« gewesen. Am Ende der Ausbildung seien ihnen Zuständigkeitsbereiche zugewiesen worden: »Die Algerier waren eine große Gruppe, unterteilt in Zellen. Jede Zelle hatte ein bestimmtes Gebiet, zum Beispiel Europa. Jede Zelle hatte einen Emir, der die Kontrolle hatte. Er stand mit Pakistan und mit Abu Doha in Europa in Verbindung.« Abu Doha war der Londoner Verbindungsmann der Al Qaida.

Spuren im Netzwerk

Im Verlauf der letzten zwei Jahre, insbesondere aber nach den Anschlägen vom 11. September 2001, wurde für die Ermittler immer klarer, dass das Muster für die Ausdehnung des Terrornetzwerks, wie es im Handbuch für den Dschihad beschrieben ist, immer wieder angewendet wurde und wird. Wie im Fall des arabischen Geschäftsmannes Djamal Beghal schart einer der Top-Absolventen der Trainingslager neue Anhänger um sich, wird dann selbst aktiv oder widmet sich einem speziellen Auftrag, der zwar von den Anführern der Al Qaida kommt, dessen Ausführung aber allein dem Gefolgsmann überlassen ist.
Die gleichen Strukturen fanden die Ermittler bei vielen der bisher entdeckten Terrorzellen in ganz Europa. Die so genannte Meliani-Gruppe, die den Anschlag auf den Weihnachtsmarkt in Straßburg geplant hatte und Ende 2000 in Frankfurt verhaftet wurde, gehörte zum Netzwerk um Mohammed Bensakhria, der in Berlin lebte. In Italien hatte der Tunesier Essid Sami ben Khemais eine Terrorzelle aufgebaut. Auch die Struktur der Hamburger Zelle weist auf die gängige Al-Qaida-Praxis hin.

Mohammed Atta war zwar möglicherweise von dem Kriegsveteranen Mohammed Zammar geworben worden, aber spätestens seit seinem Besuch in den Trainingslagern von Afghanistan arbeitete Atta als Mitglied der Gottesbrigade aller Wahrscheinlichkeit nach weitgehend unabhängig von anderen Zellen am Aufbau seines eigenen kleinen Netzwerks. Vielleicht konnten deutsche Behörden deshalb bis heute keine direkte Verwicklung des syrischen Geschäftsmannes Mamoun Darkazanli in Hamburg und seines Bekannten Mohammed Zammar in die Anschläge in den USA nachweisen.

Obwohl die Abschottung der Zellen offenbar funktioniert, sind Querverbindungen zur gegenseitigen Unterstützung möglich. Zur Gruppe um Beghal gehörte auch Zacarias Moussaoui, der Flugschüler in den USA, der im August 2001 verhaftet wurde. Seine geplante Beteiligung an den Anschlägen vom 11. September zeigt, dass die Mitglieder einer Gruppe durchaus bei den Aktionen anderer Zellen mitwirken können. Die logistischen Absprachen dafür erfolgen allerdings nur über eine höhere Ebene des Netzwerks, da sich die Mitglieder verschiedener Zellen in der Regel nicht kennen. Beghal hatte einst auch einen Mann namens Richard Reid angeworben, der nach der Festnahme seines Anführers und den Ereignissen vom 11. September auf eigene Faust tätig wurde. Er folgte dabei einem Plan, der in den Kreisen islamischer Terroristen schon längst als Klassiker des Heiligen Krieges galt.

Teil II
Der Schlaf der Selbstgerechten

4. Operation Bojinka

Eigentlich sollte es nach Lachs riechen oder nach Truthahn, schließlich hatten die Passagiere gerade ihre Sandwiches verspeist. Aber es stank ganz erbärmlich nach faulen Eiern. So stark, dass die Passagiere von American Airlines Flug 63 sich umsahen. Hatte ein Kind sich einen schlechten Scherz erlaubt? In Reihe 29 wurde die Stewardess fündig. Sie hatte den Mann schon einmal ermahnt, als er beim Essen ein Streichholz anzündete. Rauchen sei an Bord strikt verboten. Aber diesmal versuchte der Fluggast, seine Turnschuhe anzuzünden. »Stopp! Machen Sie's aus!«, rief sie und forderte andere Passagiere auf: »So helfen Sie mir doch!« Eine zweite Stewardess eilte herbei. Der Mann biss ihr in den Finger. Der Passagier in der Reihe hinter ihm griff seinen Arm, andere fassten seine Beine, einige kippten Wasser über den Schreienden. »Ich bin verdrahtet!«, brüllte er. Aber andere Fluggäste konnten ihn mit Gürteln, Sitzgurten und Kopfhörerkabeln fesseln. Ein Arzt unter den Fluggästen spritzte ihm Betäubungsmittel aus der Bordapotheke.[1]

Beinah wäre Richard Colvin Reid die Tat geglückt. Ein Terroranschlag zwei Tage vor Weihnachten, nur etwas mehr als drei Monate nach den Attacken vom 11. September. In seinen Schuhen hatte der Fluggast Sprengstoff versteckt, um den American Airlines Jet, mit 185 Passagieren und 12 Besatzungsmitgliedern auf dem Weg von Paris nach Miami, über dem Atlantik explodieren zu lassen. Reid ist ein glühender Anhänger von Osama bin Laden, aber gleichzeitig auch nur ein kleiner Ganove aus London.[2] Wie, so fragten sich die Sicherheitsbehörden, kam er in den Besitz seiner hochkomplizierten Schuhbombe? Sie bestand aus Triaceton-Triperoxid vermengt mit Pentaerythritol-Tetranitrat – eine so gefährliche Mischung, dass sich eigentlich nur erfahrene Sprengstoffexperten an die Herstellung einer solchen Waffe wagen. Aber die Idee für den Bau einer solchen Bombe gehört zu den Klassikern unter den Projekten der Terrororganisation Al Qaida.[3] Sie stammt von einem Mann, der für die jüngsten Anschläge offenbar die Vorlagen lieferte, obwohl er seit Jahren in den USA eine lebenslange Haftstrafe verbüßt.

Der Vordenker des Terrors

Im Winter 1995 kombinierte Ramzi Yussef Nitroglycerin mit zwei Batterien und einer Digitalarmbanduhr und versteckte sie in seinen Schuhabsätzen, um die Bombe durch die Sicherheitsschleusen an Flughäfen schmuggeln zu können.[4] Die Sprengstoffmenge war so berechnet, dass die Explosion eine Kettenreaktion auslösen würde. Der Attentäter musste dafür nur einen Platz in der Sitzreihe über dem Tank des Flugzeugs einnehmen. Genau da, in Reihe 29 der Boeing von American Airlines, saß auch Richard Reid bei seinem Anschlagsversuch.

Bei einem Probelauf mit einem kleineren Sprengsatz, den Yussef auf diese Weise im Dezember 1994 an Bord einer Maschine der Philippine Airlines gebracht hatte, kam durch die Explosion ein Passagier ums Leben, fünf weitere wurden verletzt. Der Terrorist, der das Flugzeug zuvor bei einer Zwischenlandung verlassen hatte, plante, mit seiner Schuhbombe einen Anschlag bis dahin nicht gekannten Ausmaßes zu verüben. Der Codename der Operation war »Bojinka«, das serbokroatische Wort für »lauter Knall«: Beinah gleichzeitig sollten zehn Passagierflugzeuge auf internationalen Flugrouten entführt und in der Luft gesprengt werden. Mit einer elften Maschine würden sich die Terroristen in das Hauptquartier des US-Geheimdienstes CIA in der Nähe von Washington stürzen. Als weitere mögliche Ziele waren damals auch das World Trade Center in New York und der Sears Tower in Chicago genannt.

Simultane Entführungen, Einsatz von Flugzeugen als Waffen, die Verwendung von Schuhbomben – die Parallelen zu den Angriffen des Jahres 2001 sind unverkennbar. Seit dem 11. September beteuern Sicherheitsbehörden in den USA und anderswo immer wieder, dass niemand mit solch einer Eskalation der Terrorgewalt rechnen konnte. Das ist eine glatte Täuschung: Wie weit die Feinde Amerikas gehen wollten, war den Fachleuten seit mehr als fünf Jahren bekannt. Auch die Arbeitsweise, Struktur und weltweite Ausbreitung von Al Qaida spiegelten sich längst in den Ermittlungsakten über gelungene und fehlgeschlagene Terroroperationen wider, allen voran in den Erkenntnissen über den »Bojinka-Plan«.

»Es ist Bojinka. Wir haben den Amerikanern doch alles darüber erzählt. Warum haben sie nicht aufgepasst?«[5] Mit diesen Worten zitiert die *Washington Post* im September 2001 die Reaktion eines Ermittlers der philippinischen Polizei auf die Anschläge von New York und Washington. Der Fahnder war an der Aufklärung der Pläne von Ramzi Yussef beteiligt gewesen.

Am 6. Januar 1995 untersuchte die Polizei in Manila die Meldung über einen Wohnungsbrand. Als der Bewohner des Apartments, ein 26-jähriger Pakistani, zu fliehen versuchte, wurde er verhaftet. In einem Versteck fand die Polizei eine Reihe von Chemikalien für den Bau von Bomben, bei deren Kombination Abdul Hakim Murad offenbar ein Fehler unterlaufen war. Nicht einmal mit Foltermethoden schaffte es die philippinische Polizei, den Gefangenen zum Reden zu bringen. Erst nachdem sie ihm eine Überstellung an den israelischen Geheimdienst Mossad angedroht hatten, gestand Murad den Plan, den Ramzi Yussef mit ihm und weiteren Mitgliedern einer Terrorzelle auf den Philippinen und anderer Terrorzellen weltweit ausführen wollte. Auftakt sollte ein Bombenattentat auf Papst Johannes Paul II. sein, der im Januar 1995 die Philippinen besuchte. Danach wäre die Entführung der elf Passagierflugzeuge gefolgt.

In den Ermittlungsakten, die die philippinischen Behörden an CIA und FBI weitergaben, finden sich unzählige Hinweise auf all jene Elemente von Terroroperationen, die wesentlich zum Erfolg der

Anschläge vom 11. September beitrugen. Murad war in drei Flugschulen in den USA unter dem Decknamen Sayeed Ahmed zum Piloten für Linienmaschinen ausgebildet worden. In seinem Apartment fand die Polizei eine Vielzahl von gefälschten Pässen, Konstruktionspläne für Flugzeuge sowie Anweisungen für das präzise Timing von Entführungen. Die Ermittlungen ergaben, dass die Terroristen von Osama bin Ladens Al Qaida unterstützt wurden und in ständigem Kontakt mit der Abu-Sayyaf-Gruppe auf den Philippinen standen, die von einem Kampfgefährten bin Ladens aus dem Afghanistan-Krieg gegründet worden war. Dutzende von Helfern waren weltweit aktiv, darunter islamische Unternehmen und Verbände in Asien, Europa und den USA. Gelder flossen von Konten in den Vereinigten Arabischen Emiraten. Es war das gleiche globale Netzwerk, das Mohammed Atta und seine Gefährten bei der Ausführung ihrer Mission nutzten. Den philippinischen Ermittlern war klar, dass es sich nicht um die Aktivitäten fanatischer Einzeltäter handelte. Es steckte System dahinter, eine organisierte Bedrohung mit dem Ziel, die Vereinigten Staaten von Amerika und ihre Interessen zu treffen.

Ramzi Yussef war unmittelbar nach dem Wohnungsbrand untergetaucht, wurde aber später in Pakistan verhaftet und an die USA ausgeliefert. In seinem Prozess, an dessen Ende er zu lebenslänglicher Haft plus 240 Jahre Gefängnis verurteilt wurde, kamen viele Ermittlungsdetails zur Sprache. Trotzdem gab es nach der strafrechtlichen Verfolgung keine weiteren Ermittlungen zur Aufklärung der Hintergründe. Die Sicherheitsbehörden haben dafür eine Entschuldigung parat, die zunächst einmal plausibel klingt: Das Netzwerk des Terrors steckte damals gewissermaßen noch in den Kinderschuhen. Bis dahin waren islamistische Angriffe meist das Werk kleiner Gruppen mit regionalen Interessen. Es ging um die Durchsetzung eines unmittelbaren Ziels, z.B. die Vertreibung der USA aus dem Libanon, wie bei dem Anschlag der Hisbollah auf die amerikanischen Militärbaracken in Beirut 1993, bei dem 241 US-Soldaten ums Leben kamen.

Aber hinter den Kulissen war die Bündelung der fundamentalistischen Kräfte längst in vollem Gange – nicht unter dem Dach einer einzigen Organisation, sondern lose, im Verbund von Terrorzellen, deren gemeinsames Interesse die Vernichtung Amerikas war. Dass die USA viele Feinde hatten, war in den Neunzigerjahren allgemein bekannt, aber dass diese zusammenarbeiten könnten, galt bei Sicherheitsbehörden und Politik als unvorstellbar. Trotzdem gab es dafür überall Anzeichen.

Probelauf für den 11. September

Beinah hätten wir das, was jetzt geschieht, schon vor neun Jahren erlebt, wenn sich der Anführer der Terroristen damals nicht verrechnet hätte. Er hatte die Sprengladung falsch platziert an diesem kalten Wintermorgen, dem 26. Februar 1993, im Herzen von Manhattan. Die Bombe explodierte in einem Tiefgeschoss des World Trade Center. Die Säulen fingen die Wucht der Explosion ab, sonst wäre zumindest ein Turm der Twin Towers – anders als am 11. September ohne jede Vorwarnung – in sich zusammengestürzt und hätte Zehntausende von Menschen unter seinen Trümmern begraben.

Ohne Zweifel gehört Massenvernichtung spätestens seit diesem Tag zum Konzept der Terroristen. Chefplaner der Attacke war ebenfalls Ramzi Yussef, der sich persönlich an der Ausführung beteiligte, aber danach, noch am Tag des Anschlags, das Land unerkannt verlassen konnte. Nach seiner Festnahme in Pakistan 1995 machte er gegenüber dem FBI seinem Ärger darüber Luft, dass er nicht mit einer größeren Sprengladung die Türme zum Einsturz gebracht hatte.

Die Bombenleger handelten im Auftrag des »blinden Sheiks«. So wurde der islamische Geistliche Abd el Rahman von seinen Anhängern genannt. Er lebte in New York und leitete das Al-Kifah-Support-Center in Brooklyn – eine Zweigstelle des weltumspannenden Netzwerks zur Unterstützung des Heiligen Krieges, das seine Zentrale im pakistanischen Peshawar hatte. Gründer der

Organisation war, wie bereits beschrieben, der Palästinenser Abdallah Azzam, der auf diese Weise Geld sammeln und Nachwuchskräfte für den Dschihad gegen die sowjetische Besatzungsmacht in Afghanistan werben wollte. Azzam war dabei Vorbild und Mentor für den Ägypter Abd el Rahman und den saudi-arabischen Multimillionär Osama bin Laden.
Bin Laden spielte tatsächlich schon beim ersten Anschlag auf das World Trade Center eine wichtige Rolle im Hintergrund. Nach Informationen des US-Geheimdienstes CIA unterstützte bin Laden Ramzi Yussef und andere Planer der Attacke, indem er ihnen Unterschlupf in einem seiner Häuser gewährte und ihnen Geld zur Verfügung stellte. Nach der Verurteilung Rahmans als Drahtzieher des Anschlags auf das World Trade Center und nach der Ermordung Azzams machte bin Laden das Al-Kifah-Netzwerk zum Rückgrat seiner Al Qaida, um den Heiligen Krieg in internationalem Rahmen fortzusetzen. Diese Entwicklung registrierten die Beobachter des islamischen Fundamentalismus Anfang der neunziger Jahre, aber ihre Bedeutsamkeit erkannten sie nicht.

Die Ermittler sind überfordert

Ein ähnlicher Fehler war auf einer anderen Ebene auch den Ermittlungsbehörden in New York unterlaufen. 1990 ermordete ein Mann namens El Sayyid Nosair den jüdisch-orthodoxen Rabbi Meir Kahane. In Nosairs Wohnung fand die Polizei einen Stapel mit Notizen in arabischer Sprache. Statt sie sorgfältig zu übersetzen, blieben sie über Jahre in der Asservatenkammer liegen. Erst nach dem Anschlag auf das World Trade Center wurden die Papiere ins Englische übertragen. Mit Schaudern erkannten die Ermittler in ihnen die Blaupause für das Attentat in New York. Sie enthielten Handlungsanweisungen, Konstruktionspläne, Namenslisten, Telefonnummern und eine ideologische Begründung für die Anschläge auf amerikanische Ziele weltweit: »Wir müssen die Feinde Gottes vollständig demoralisieren, indem wir die Türme in

die Luft jagen, die die Säulen ihrer Zivilisation sind – z.B. die Touristenattraktionen und Hochhäuser, auf die sie so stolz sind.«
Beigefügt waren Fotos sowie Zeichnungen von Sprengsätzen und möglichen Zielen. Dass diese Notiz unentdeckt blieb, war eine peinliche Panne, erklärbar durch den Personalmangel, aber auch durch die Unwissenheit von Polizei und Staatsanwaltschaft in New York. Tatsächlich hatte die Ermittlungsbehörde damals nur einen Mitarbeiter, der Arabisch verstand, und er war durch viele andere Schriftstücke restlos überlastet. Dies ist ein immer wiederkehrendes Problem bei der Bekämpfung des islamistischen Terrors. So bettelte im Jahr 2000 der damalige FBI-Chef vor dem US-Kongress um fünf Millionen Dollar für Übersetzungsdienste. »Das FBI ist nicht in der Lage«, so Louis Freeh, »alle abgehörten Gespräche und alle bei Ermittlungen beschlagnahmten Dokumente zu übersetzen.« Deshalb hatten die Behörden bestenfalls eine dunkle Ahnung, dass sich in den USA unter ihren Augen ein extremistisches Netzwerk gebildet hatte, das für die Ausführung von Anschlägen bis heute von großer Bedeutung ist.

Der Umgang mit dem Propagandamaterial von Al Qaida ist symptomatisch für das Versagen der Behörden, die wachsende Bedrohung frühzeitig als eine zusammenhängende Strategie zu erkennen. 1995 nahm die Polizei in Belgien einen Algerier fest, der einige Monate in einem Trainingscamp in Afghanistan ausgebildet worden war und nun als Teil einer Zelle der algerischen GIA in Brüssel operierte. In seinem Auto fanden die Ermittler eine CD-ROM, die zunächst unbeachtet in die Asservatenkammer wanderte. Erst Monate später begann die Staatsanwaltschaft mit der Auswertung der gespeicherten Schriftstücke. Unter ihnen entdeckten die Ermittler verschiedene Versionen eines Handbuchs für den Dschihad mit Kapiteln über psychologische Kriegsführung, Bombenbau, die Herstellung von chemischen Kampfstoffen und die Rekrutierung von jungen Glaubenskriegern. Vorangestellt war dieser Bedienungsanleitung des Terrors eine ausführliche Widmung an Osama bin Laden – das Vorbild im Heiligen Krieg gegen die Ungläubigen.

Auf die Verbindung zwischen dem saudischen Multimillionär und selbst ernannten Anführer eines globalen Dschihad und islamistischen Terroristen in aller Welt hätten die Fahnder bereits viel früher stoßen können. Bei den Ermittlungen nach dem Anschlag auf das World Trade Center 1993 wurde bei einem der Bombenleger, Ahmed Ajaj, ebenfalls eine Anleitung für den Heiligen Krieg gefunden. Bei der Auswertung unterliefen dem FBI zwei entscheidende Fehler. Den Titel des Machwerks übersetzte man als »Die Grundregel«, als Erscheinungsort nahm man Amman in Jordanien an. In Wirklichkeit stand über dem Handbuch das Wort »Al Qaida« – das Fundament –, der Name der Terrororganisation bin Ladens. Der wirkliche Erscheinungsort war Afghanistan, das Erscheinungsdatum 1989. Kombiniert mit der Tatsache, dass mehrere Attentäter im Al-Kifah-Center in Brooklyn rekrutiert worden waren, das zum Netzwerk von Abdullah Azzam und Osama bin Laden gehörte, gab es also deutliche Spuren nach Afghanistan.

Der einsame Rufer

Umso bedeutungsvoller wird die Frage: Was hätten wir wissen können? Für die USA ist die Antwort geradezu niederschmetternd. Sie findet sich in einer Anhörung des amerikanischen Kongresses. Vor dem Rechtsausschuss des US-Senats trat der Journalist und Terrorismusexperte Steven Emerson auf, der über die Bedrohung durch islamische Terroristen Folgendes vortrug: »Die Vereinigten Staaten dienen zunehmend als Hassobjekt für internationale Terroristen, die Amerika als Feind sehen, der vernichtet werden muss, weil er das Böse in sich trägt. Gleichzeitig haben die Terroristen ihr Augenmerk verlagert, von gezielten Anschlägen auf Einzelpersonen hin zu Anschlägen mit Massenopfern. Amerikanische Ziele – in Übersee und auch hier – werden von immer mörderischeren Attacken getroffen werden, mit jeder verfügbaren Technologie.«[6] Das Gruselige an der Voraussage Emersons ist weniger, dass seine Worte wahr wurden, sondern dass er sie nicht erst vor wenigen

Monaten aussprach. Sein Auftritt vor dem Senat datiert vom 27. April 1995.

In mühevoller Kleinarbeit hatte er in den Jahren zuvor Dutzende von Ländern bereist und Hunderte von Interviews geführt, mit Politikern, Sicherheitsfachleuten und einfachen Menschen auf den Straßen islamischer Staaten. Sein Vortrag von damals liest sich wie ein detailgenauer Bericht über die Grundlagen, Hintergründe und Vorbereitungen der Anschläge vom 11. September 2001, obwohl Steven Emerson nicht den geringsten Hinweis auf konkrete Pläne der Terroristen hatte und der Name Osama bin Laden zu diesem Zeitpunkt bei seinen Recherchen nur hin und wieder auftauchte.

Emerson wies auf einen dramatischen Paradigmenwechsel hin, der sich seit etwa 1990 bemerkbar mache: Die Terrorgruppen seien nicht mehr auf staatliche Unterstützung angewiesen, um ihre Anschläge zu verüben. Was ein moderner Terrorist heute brauche, sei auf dem offenen Markt frei verfügbar. Damit meinte der Experte auch die Beschaffung von Massenvernichtungswaffen. Er sah Anhaltspunkte, dass eine »lose Konföderation von militanten heiligen Kriegern (Mudschaheddin) und Veteranen des Dschihad gegen die Sowjets (in Afghanistan), unterstützt von militanten Financiers am Persischen Golf«, ihre Kapazität für Attacken gegen die Vereinigten Staaten von Amerika ausdehnten. Paradebeispiel dafür sei der Anschlag auf das World Trade Center 1993. Man könne nur erahnen, was geschehen wäre, wenn Ramzi Yussef eine größere Bombe für die Twin Towers geplant hätte – vermutlich hätte es 50 000 Tote gegeben.

Nach diesem Anschlag habe das FBI durch seine Ermittlungen einen erschreckenden Einblick in das Netzwerk des islamischen Extremismus auf amerikanischem Boden bekommen. Emerson hatte die Erkenntnisse zuvor in einer Fernsehdokumentation für PBS, das öffentliche Fernsehen in den USA, einem breiten Publikum geschildert. Darin erfuhren die Zuschauer, dass zwölf islamische Terrororganisationen von Hamas bis Hisbollah, vom Islamischen Dschihad über Abu Sayyaf bis zur Al-Gama at al-Islamiya in verschiedenen amerikanischen Bundesstaaten Büros unterhielten, teilweise getarnt als Wohltätigkeitsvereine. Auch Osama bin Laden hatte einen Statthalter in Houston, Texas, der Heimat von US-Präsident George W. Bush, sowie enge Verbündete im Al-Kifah-Center von New York.

Von diesen Frontbüros aus verteilten die Gruppen Propaganda in Moscheen in ganz Amerika und luden Gastredner aus der Führung der Terrorgruppen zu Vortragsreisen in die USA ein.

Emerson konnte in seiner Dokumentation Videomaterial von islamischen Konferenzen mit Auftritten von Selbstmordattentätern und bewaffneten Hamas-Aktivisten zeigen. Tochterorganisationen wie die Muslimisch-Arabische Jugendvereinigung (MAYA) kümmerten sich um die Indoktrinierung junger Muslime. In den Publikationen von MAYA , die der Muslimbruderschaft zugeordnet wird, wurden die USA als »Zentrum des Bösen« diffamiert. Die Islamische Vereinigung für Palästina (IAP), die mit der Hamas verbunden ist, verbreitete Werbevideos für Nachwuchsterroristen. Auf einem Schießplatz in New Jersey konnten die Freiwilligen sich dann zu Guerilla-Kämpfern ausbilden lassen. Einer der Attentäter des ersten Anschlags auf das World Trade Center nahm an diesem Training teil.

Dass sich Mitglieder aller möglichen Terrorgruppen ungehindert auf amerikanischem Boden tummeln konnten, hängt auch mit dem grandiosen Versagen einer Behörde zusammen, die die Zuwanderung in das Land der unbegrenzten Möglichkeiten streng kontrollieren soll. Der »Immigration and Naturalization Service« muss nicht nur das Eindringen von Zehntausenden über die porösen Grenzen zu Kanada und Mexiko erdulden, die INS hat nicht einmal die Vergabe von Visa in den amerikanischen Botschaften und Konsulaten rund um die Erde im Griff. So fand bis zum 11. September keinerlei Prüfung statt, ob ein Antragsteller mit irgendeiner Terrororganisation zu tun hatte oder nicht. Und bei einer Einladung durch Dritte in die USA ließen die Visastellen offenbar alle Vorsicht fahren. Auf diesem Weg gelangten beinah alle der 19 Flugzeugentführer vom 11. September in den Besitz ihrer

Visa. Sie nutzten ein Schlupfloch, das den USA jährlich Hunderttausende von eigentlich unerwünschten Einwohnern beschert. Der Leiter der Einwanderungsbehörde James Ziglar schätzt, dass sich rund drei Millionen Ausländer illegal in den USA aufhalten, entweder ohne oder mit abgelaufenen Visa.[7]

Es gab in der Vergangenheit keinen Abgleich von Daten zwischen der INS und dem FBI. Sonst wären mutmaßliche Terroristen oder Anhänger von Terrororganisationen bei ihrer Einreise der Aufmerksamkeit der Behörden nicht entgangen. Ziglar kündigte im Januar 2002 an, die Namen von 314 000 Ausländern, die auf der Abschiebungsliste stehen, erstmals in die Kriminalitätsdatenbank des FBI eingeben zu lassen. Allein dieser Vorgang wird über ein Jahr dauern. Als wäre das alles nicht schon erschreckend genug, ermöglichte diese lasche Haltung der Behörden darüber hinaus einen besonders peinlichen Zwischenfall in Florida.

Der Terrorprofessor aus Florida

Die Männer beim Central Command trauten ihren Augen nicht. Im Fernsehen sahen sie Herrn Shallah beim Empfang der Leiche des ermordeten Anführers des Islamischen Dschihad. Ausgerechnet Professor Shallah, der zweimal Vorträge gehalten hatte beim Central Command, dem Oberkommando der amerikanischen Truppenverbände in der Golfregion.

So spektakulär enttarnte sich ein Terrorist, der fünf Jahre lang unerkannt und unbehelligt von den Sicherheitsbehörden als Teilzeitprofessor für Nahoststudien an der Universität von Südflorida (USF) gelehrt hatte. Und das, obwohl Ramadan Abdullah Shallah eigentlich Vizechef und Mitbegründer der palästinensischen Terrororganisation Islamischer Dschihad war.

Shallah kam 1991 mit Hilfe eines Hochschulvisums ins Land. Für ihn gebürgt hatte Sami al-Arian, Professor der Ingenieurswissenschaften an der USF, der dort auch eine islamische Wohltätigkeitsorganisation, das Internationale Komitee für Palästina, sowie ein wissenschaftliches Institut leitete, dessen Veranstaltungen von der Universität finanziell unterstützt wurden. Diese Konferenzen und Podiumsdiskussionen hatten es in sich. Sie dienten als Foren, um für den Heiligen Krieg gegen Israel zu werben, Spendengelder für die Angehörigen von Selbstmordattentätern zu sammeln und Nachwuchsterroristen zu rekrutieren. Bei ihnen traten führende Mitglieder von Terrorgruppen aus dem gesamten arabischen Raum auf. Die Tarnung als universitätsnahe Gruppe war perfekt. Durch sie bekamen die Vortragsredner die notwendigen Visa und damit die Gelegenheit, ungestraft ihre Hasstiraden gegen Israel, die Juden und ihre Schutzmacht, die Vereinigten Staaten von Amerika, zu verbreiten.

Dabei gaben sie sich nicht einmal Mühe, aus Angst vor Strafverfolgung ihre wahre Gesinnung zu verschleiern. Bei einer Tagung in Chicago bat der Redner die Anwesenden, doch einmal einen Selbstmordattentäter zu sponsern. »Hier ist eine Liste mit 16 Märtyrern. (...) Ihre Familien brauchen Ihre Unterstützung. Für jeden Märtyrer 1000 Dollar. Ist hier jemand, der zehn Märtyrer sponsern könnte?« In Tampa planten und koordinierten al-Arian, Shallah und weitere Akademiker Terroroperationen und Propaganda für den Islamischen Dschihad und wurden dabei gewissermaßen sogar staatlich gefördert: Als gemeinnützige Organisation war das Institut steuerbefreit und berechtigt, den Sponsoren für Selbstmordattentate auch noch Spendenquittungen auszustellen.

Die große Überraschung kam 1995, als der Anführer des Islamischen Dschihad auf Malta ermordet wurde. Bald danach zeigten Fernsehbilder die Überführung seines Leichnams nach Damaskus, wo ihn der angebliche Akademiker Shallah in Empfang nahm. Von diesem Tag an sollte Shallah als der neue Chef des Islamischen Dschihad tödliche Attacken auf Israel befehlen.

Spätestens seit diesem Fall war Behörden und Politik auch die Bedeutung von Universitäten als Einfallstor für islamistischen Terrorismus in die USA bekannt. Trotzdem geschah nichts.

Schlimmer noch, der einzige wirklich erfolgversprechende Versuch, die Grundlagen des islamistischen Terrorismus zumindest ein wenig zu erschüttern, wurde aus politischen Gründen vereitelt. Das amerikanische Justizministerium hatte 1995 mit Ermittlungen gegen vier islamische Wohltätigkeitsorganisationen in den USA begonnen, die im Verdacht standen, Millionenbeträge an Terrorgruppen im Nahen Osten zu überweisen.[8] Zu diesen wohltätigen Vereinen gehörte auch das erwähnte Internationale Komitee für Palästina in Florida. Die Ermittler hatten Beweise dafür, dass Schecks, ausgestellt durch den Chef des Vereins, Universitätsprofessor al-Arian, von Terrorverdächtigen im Nahen Osten eingelöst worden waren.

Das Geld stammte in erster Linie von großzügigen Spendern in Saudi-Arabien. Genau deshalb intervenierte das amerikanische Außenministerium, denn es befürchtete, dass eine Verwicklung hoch angesehener Familien, darunter der des saudischen Königs, nachgewiesen werden könnte. Um den Bündnispartner am Golf nicht zu verärgern, wurden die Ermittlungen eingestellt. Die milliardenschweren Vereine konnten ihre internationale Geldwaschanlage weiter betreiben und damit vermutlich zahllose Terroranschläge durch den Islamischen Dschihad und die Hamas-Bewegung finanzieren.

Begünstigt wurde der Aufbau solcher Netzwerke durch viele weitere Schwachstellen im amerikanischen Sicherheitssystem, die teilweise auf eine Liberalisierung der Rahmengesetze für die Arbeit der Strafverfolgungsbehörden zurückzuführen sind. Die Bestimmungen waren nach den schlechten Erfahrungen mit der Machtfülle der Bundespolizei in der Zeit der Anti-Kriegs-Proteste und im Gefolge des Watergate-Skandals in den siebziger und achtziger Jahren verändert worden. So durfte das FBI nur dann Informationen über radikal-islamistische Umtriebe verwerten, wenn sie konkrete Hinweise auf geplante Verbrechen enthielten. Eine Beobachtung von Großveranstaltungen war nur möglich, wenn vorher feststand, dass auf diesen Tagungen konkrete Straftaten besprochen würden. Solche Hinweise hätten die Behörden nur von

Informanten bekommen können, die vorher in verdächtige Organisationen eingeschleust worden waren. Weil dafür aber die juristischen Hürden sehr hoch waren, geschah es häufig, dass bekannte Terroristen aus dem Nahen Osten zu solchen Tagungen in die USA kamen, ohne dass das FBI die Möglichkeit hatte, ihr Treiben dort zu beobachten.

In den neunziger Jahren kamen so viele Anführer von extremistischen Organisationen in die USA, dass die Fehler im System offenbar wurden. Entweder waren die gefälschten Papiere der Reisenden in Sachen Terror so hervorragend – oder ihre Tarnung. Wer eine Einladung aus den USA vorweisen konnte, durfte ungehindert einreisen. Da die islamistischen Organisationen oder Kämpfer des Heiligen Krieges längst auf amerikanischem Boden etabliert waren, bereitete dies keine Schwierigkeiten. Dabei bedienten sich die Gruppen der schon erwähnten geschickten Tarnung. Als Wohltätigkeitsvereine oder wissenschaftliche Institute erweckten sie kaum Verdacht. Wie im Übrigen auch in Deutschland, waren die Sicherheitsbehörden gerade im religiösen, karitativen und wissenschaftlichen Umfeld besonders zurückhaltend, weil sie sich nicht dem Vorwurf aussetzen wollten, das Recht auf freie Meinungsäußerung, Religions- und Wissenschaftsfreiheit untergraben zu wollen. Hassrhetorik der schlimmsten Sorte ist in den USA verfassungsmäßig geschützt, darunter die Propagierung von Gewalt gegen Juden, Schwarze, Homosexuelle, Abtreibungsärzte und andere Minderheiten.

Steven Emerson kam bei seinem Auftritt vor dem amerikanischen Kongress zu einem Fazit, das von anderen Experten, auch innerhalb des FBI und der CIA, geteilt wurde: »Der Staat muss sich jetzt entscheiden, entweder drastische Maßnahmen zu ergreifen, die die Freiheit aller einschränken, oder gar nichts zu unternehmen. Letzteres wird unvermeidlich zur Anarchie führen. Wenn der fortgesetzte Terrorismus nicht effektiv bekämpft wird, könnte er außer Kontrolle geraten.« Damals, im April 1995, verhallte Emersons Warnung offenbar ungehört in den Fluren des amerikanischen Kongresses. Die neue Anti-Terror-Gesetzgebung der Clinton-Ad-

ministration brachte zwar leichte Verbesserungen für die Fahnder, aber die Grundprobleme bei der Einstiegsschwelle für die Beobachtung von religiösen Gruppen und deren Veranstaltungen blieben erhalten.
Emerson selbst wurde von amerikanischen Bürgerrechtsgruppen und islamischen Verbänden als »Muslimhasser« und »Rassist« attackiert, obwohl er immer wieder darauf hinwies, dass die überwältigende Mehrheit der Muslime in der Welt friedliebende Menschen seien. Er erhielt zahlreiche Morddrohungen. Ironischerweise sehen viele seiner Kritiker seine Warnungen nach dem 11. September in einem anderen Licht. Er zählt mit seinem Ermittlungsteam nun zu den Beratern des Weißen Hauses im Kampf gegen den islamistischen Terrorismus.

Eine unentschlossene Regierung

Auch der amerikanische Geheimdienst CIA hatte längst die neue islamistische Gefahr im Blick. Im April 1995 trat der damalige stellvertretende CIA-Direktor vor den amerikanischen Kongress und erklärte den Abgeordneten: »Eine neue islamische extremistische Bedrohung ist im Kommen. Diese Gruppen, viele von ihnen ad hoc entstanden, sind in mancherlei Hinsicht viel gefährlicher als die traditionellen Gruppen, weil sie keine etablierte, klar identifizierbare Organisationsstruktur haben, ihre Aktivitäten dezentralisieren und getrennt voneinander durchführen. Sie sind in der Lage, sehr komplizierte konventionelle Waffen, aber auch biologische und chemische Kampfstoffe herzustellen und einzusetzen. Sie sind weniger als die traditionellen Gruppen an staatliche Unterstützung oder Wohltäter gebunden. Diese neuen Gruppen scheinen nichts für Verhandlungen übrig zu haben. Sie sind eher auf Rache an den Vereinigten Staaten und anderen westlichen Ländern aus, indem sie ihnen schwere zivile Verluste beibringen wollen. Die Attentäter des Anschlags auf das World Trade Center sind Paradebeispiele für diese neue Art von radikalen, länderübergreifend operierenden, islami-

schen Terroristen.« Wenn das schon 1995 zur Standardeinschätzung der CIA gehörte und als Ratschlag an die Politik weitergereicht wurde, warum blieben die Warnungen ungehört?
Ganz ohne Resonanz blieben sie nicht, aber die tatsächlich eingeleiteten Maßnahmen zur Gefahrenabwehr waren aus politischen Erwägungen heraus halbherzig, gingen in die falsche Richtung und fanden im Geheimen statt. Unter dem Siegel der Verschwiegenheit sammelten Staatsanwälte seit 1996 belastendes Material gegen Osama bin Laden, um ihm vor einer Grand Jury, die ebenfalls im Geheimen tagen sollte, anzuklagen. Anlass für die Aktivitäten war die offizielle Kriegserklärung bin Ladens in seiner 60-seitigen Fatwa vom Frühjahr 1996. Aber in den ersten zwei Jahren der Untersuchung fiel es den Fahndern schwer, an hochkarätige Belastungszeugen oder entsprechendes Beweismaterial heranzukommen. Erst Anfang 1998 glaubten sie, genügend Indizien für einen Haftbefehl zu haben, der ebenfalls geheim gehalten werden musste, um den Terrorfürsten nicht vorzeitig zu warnen. Für seine Festnahme gab es verschiedene Optionen. Die US-Regierung unter Präsident Clinton entschied sich für diplomatischen Druck auf die Taliban bei gleichzeitiger Vorbereitung von Kommandounternehmen gegen den Unterschlupf bin Ladens in Afghanistan.
Der damalige UN-Botschafter der USA, Bill Richardson, bemühte sich daraufhin in Kabul vergeblich um die Auslieferung bin Ladens. Gleichzeitig standen auf amerikanischen Kriegsschiffen in der Region Spezialkommandos für eine Entführungsaktion bereit; Kundschafter von CIA und Streitkräften waren bereits im pakistanischen Peshawar stationiert.[9] Aber die Risiken einer nächtlichen Hubschrauberattacke waren der Regierung Clinton zu groß. Die Helikopter hätten 1500 Kilometer über gefährliches Gebiet fliegen und im Flug aufgetankt werden müssen. Es würde keine Überfluggenehmigung von Nachbarstaaten geben, amerikanische Verluste bei der Aktion könnten die Öffentlichkeit in den USA verärgern, und ein solcher militärischer Eingriff würde die ohnehin angespannte Lage in der Region zwischen den verfeindeten Atommächten Indien und Pakistan weiter destabilisieren.

Nach den Anschlägen von Kenia und Tansania im August 1998 feuerten die US-Streitkräfte stattdessen 66 Cruise Missiles auf Ausbildungslager in Afghanistan ab, verbunden mit der Hoffnung, Osama bin Laden würde unter den Opfern sein. Dabei hatten die Militärplaner Präsident Clinton eine viel umfangreichere Option angeboten, mit nächtlicher Hubschrauberattacke durch Special Forces und mit einer länger andauernden Bombardierung der Trainingscamps und der Taliban-Hochburg Kandahar. Aber Clinton und seine Berater scheuten – wie sie heute im Rückblick bedauern – erneut das Risiko, einerseits weil der damalige und heutige CIA-Direktor George Tenet die Zuverlässigkeit der vorliegenden Informationen über den Aufenthaltsort bin Ladens mehrfach anzweifelte, andererseits weil eine Attacke auch viele Zivilisten treffen konnte.

1999 erfuhren die USA bei zwei Gelegenheiten, dass sich der meistgesuchte Terrorist der Welt zu einer bestimmten Zeit in einem bestimmten Dorf aufhalten würde. Vor der Bombardierung der Siedlung schreckten die Planer jedoch zurück. Stattdessen trainierte die CIA im Auftrag des Präsidenten Agenten des pakistanischen Geheimdienstes für Attentate auf Osama bin Laden. Der damalige Regierungschef Pakistans, Nawaz Sharif, hatte der Ausbildung von 60 Killersoldaten zugestimmt, weil ihm die US-Regierung versprach, im Gegenzug Wirtschaftssanktionen gegen sein Land aufzuheben und umfangreiche Finanzhilfen zu gewähren. Der Plan kam wegen des Militärputsches vom 12. Oktober 1999 nicht mehr zur Ausführung. Der neue Machthaber und jetzige Premierminister General Musharraf wies das Ansinnen der Clinton-Regierung zurück.

Der Schwerpunkt der amerikanischen Planungen war also ganz eindeutig außenpolitisch-militärisch. Andere Optionen, etwa ein offensives Herangehen an die Wurzeln der Popularität von bin Laden, ein massives Vorgehen gegen die blühende Extremistenlandschaft in den USA und Reformen bei den US-Sicherheits- und Einwanderungsbehörden, hielten die Experten der US-Regierung offenbar für nicht durchführbar oder nicht sinnvoll.

Ursachen eines Versagens

Spätestens Ende 1998, nach den verheerenden Anschlägen von Kenia und Tansania hatten die Behörden also alle Elemente kennen gelernt, auf die auch die Attentäter vom 11. September bei der Planung und Vorbereitung ihrer Attacken zurückgreifen würden:

- Angriffe auf Ziele, bei denen auch Unschuldige zu Opfern werden konnten
- weltweite Unterstützung durch das islamistische Netzwerk
- Tarnung der Planer durch Frontfirmen und Wohltätigkeitsorganisationen
- Finanzierung über internationale Geldströme mit Zentrum in den Vereinigten Arabischen Emiraten
- lokale Vorbereitung der Attacke im Anschlagsland
- gleichzeitiger Angriff an mehreren Orten
- Ausführung durch junge Glaubenskrieger, die in Afghanistan trainiert wurden
- Einsatz von Geheimdiensttechniken, von der Benutzung falscher Identitäten über abhörsichere Kommunikation bis zur totalen Abschirmung der Zellen untereinander
- Betreuung durch erfahrene Mitglieder von Al Qaida
- Einsatz von Flugzeugen als Waffen

Besonders Letzteres hätte der entscheidende Ansatzpunkt zur Vereitelung der Attacken vom 11. September sein können. Seit der Festnahme von Abdul Hakim Murad auf den Philippinen kannten die Ermittler die Idee, Passagiermaschinen als Terrorwerkzeug zu benutzen. Und auch damals schon war der angeblich so unvorstellbare Gedanke nicht neu.

1991 wollten sich Selbstmordkommandos der algerischen Terrorgruppe GIA mit zwei Passagiermaschinen aus dem Sudan in den Königspalast von Madrid stürzen. Dort fand an jenem Tag der Nahostgipfel mit dem damaligen US-Präsidenten George Bush, dem russischen Staatschef Michail Gorbatschow und dem israeli-

schen Premierminister Schamir statt. Der Anschlag konnte vereitelt werden.
Weihnachten 1994 stürmte eine französische Spezialeinheit auf dem Flughafen Marseille einen entführten Linienjet der Air France. Terroristen der GIA hatten vor, mit dem Airbus den Eiffelturm zu zerstören.
Tatsächlich richtete das FBI sein Augenmerk danach auf Flugschulen in den USA, da Murad ja sein Pilotenhandwerk dort erlernt hatte. Umso unverständlicher ist es, dass bei den Hinweisen auf Zacarias Moussaoui und Hani Hanjour nicht die Alarmglocken schrillten. Die Verantwortlichen schliefen offenbar den Schlaf der Selbstgerechten.
Und wieder die Frage: Warum? Es gibt einen – psychologischen – Erklärungsversuch, der über die schon genannten Defizite der Strafverfolgungsorgane und der Geheimdienste hinausreicht. Demnach lag es am fehlenden Gedächtnis, durch das die amerikanische Bundespolizei im Kampf gegen den Terrorismus stets das Nachsehen hatte. Die Agenten sind schlicht nicht lange genug dabei. Die Hälfte von ihnen wurde erst nach 1993 eingestellt. Dadurch haben viele nicht genügend Erfahrung, um zu wissen, welche Details für eine Verhinderung von Terrorakten dieser neuen Art des islamistischen Terrors entscheidend sind. Und sie haben nicht den Überblick über die langfristige Entwicklung der Al-Qaida-Pläne. Während die Terroristen nach dem Prinzip des »trial and error« ihre Strategien verbessert und verfeinert haben, wurden bei neuen Anschlägen jeweils neue FBI-Agenten mit der Aufklärung beauftragt, die kaum die nötige Erfahrung mitbrachten.
Viel wichtiger als die Jagd nach erfolgreichen Tätern, wäre die Analyse ihrer Verhaltensweisen gewesen, und auch hier hat das FBI ernsthafte Probleme. Die meisten Auswerter sind, anders als die Ermittler, ältere Mitarbeiter, deren Arbeit nicht sonderlich angesehen ist. Die Tätigkeit im Feld bei aktiven Ermittlungen gilt als verdienstvoller und spannender als die hinter den Kulissen. Wenn nicht gerade wieder ein Anschlag geschehen ist, müssen die Analytiker obendrein auch die Lücken in den Dienstplänen füllen und

lästige Verwaltungsarbeiten erledigen. Darüber hinaus wurden viele Auswerter zu einer Zeit rekrutiert, in der die Einstellungsvoraussetzungen noch nicht so anspruchsvoll waren. Nach Angaben der »FBI Agents Association«, einer Gewerkschaft der FBI-Agenten, wurde dabei so manche Sekretärin zur Analytikerin befördert. Dabei ist es im Kampf gegen den Terrorismus unabdingbar, scharfsinnige Denker zu haben, die alle eingehenden Informationen sortieren und analysieren können. Sie hätten vielleicht in bestimmten Aktivitäten eine Art Muster für die Vorbereitung von Terrorakten erkannt, z.B. bei den Geldströmen, die in der Datenbank für verdächtige Finanztransaktionen festgehalten werden. Ihnen wäre vielleicht aufgefallen, welche Brisanz die Information über das Flugtraining von Zacarias Moussaoui und Hani Hanjour hatte. Vielleicht hätten sie einen Rundruf bei allen Flugschulen in den USA veranlasst.

In einem Artikel der *Washington Post* im September 2001 beschrieb die Terrorismus-Expertin und Staatsrechtlerin Martha Crenshaw das Problem: »Es ist, als müssten sie fünf miteinander vermischte, riesige Puzzles gleichzeitig lösen. Aber sie können keinerlei Muster entdecken, solange sie nicht wenigstens eine Grundstruktur ausgemacht haben. Und wie erkennen sie ein Muster, wenn sie damit keinerlei Erfahrung haben?«[10]

Weil sie gerade erst begonnen haben, die Muster zu erkennen, quält die Sicherheitsbehörden nun seit dem fehlgeschlagenen Anschlagsversuch von Richard Reid im Dezember 2001 eine Frage: War der Schuhbomber nur die Vorhut einer breiter angelegten Anschlagsserie? War Reid vielleicht nur ausersehen, die Wirkung der Bombe zu testen? Fest steht, dass er Kontakt zu dem bereits erwähnten Zacarias Moussaoui hatte, der nach Ansicht des FBI bekanntlich als zwanzigster Entführer für die Anschläge vom 11. September vorgesehen war.[11] Moussaoui, Reid und der Algerier Ahmed Ressam waren 1998/99 gemeinsam im Trainingslager Khalden in Afghanistan ausgebildet worden. Britische Behörden gehen Hinweisen nach, denen zufolge bis zu einem Dutzend weiterer Al-Qaida-Anhänger in Europa Bombenattentate auf Flugzeuge

planten, die gleichzeitig staffinden sollten. Haben sie ihr Vorhaben nach Reids fehlgeschlagener Attacke aufgegeben?
Die Erfahrung der vergangenen Jahre spricht dagegen. Aus Fehlern zu lernen und Ideen für Anschläge weiterzuverfolgen, ist Teil des Konzepts von Al Qaida, wie das Beispiel »Bojinka« zeigt. Die vielen Parallelen zwischen den Plänen eines Ramzi Yussef und den jüngsten Anschlägen sind überdeutlich. Die Ermittler glauben nicht an zufällige Übereinstimmungen. Im Gegenteil, sie glauben, dass ein Mann namens Khaled Shayk Mohammed das verbindende Element zwischen den Plänen von Ramzi Yussef und den Attacken des des Jahres 2001 ist. Shayk Mohammed war an den Attentaten auf das World Trade Center 1993, dem »Bojinka«-Vorhaben 1995 und den Anschlägen in Kenia und Tansania 1998 beteiligt. Er wurde vom militärischen Chefstrategen der Al Qaida, Mohammed Atif, mit der Betreuung der Hamburger Gruppe beauftragt.
Shayk Mohammed, der außerdem mit Attas Freund Ramzi Binalshibh verwandt ist, soll nach Medienberichten mindestens einmal, 1999, bei den künftigen Attentätern in Hamburg zu Besuch gewesen sein. Dabei könnte er die Studenten für jene Anschlagsidee begeistert haben, die eine Kombination aus den Taten darstellte, an denen er selbst einst mitgewirkt hatte. Bisher konnte der »Forrest Gump« der Al Qaida, wie ihn ein Ermittler nannte, weil er bei allen wichtigen Anschlägen eine Rolle spielte, nicht festgenommen werden.
Der Mann, der die komplizierte Schuhbombe herstellte, ist offenbar auch noch nicht gefasst. Er könnte ebenfalls Teil der Al-Qaida-Schläferzelle des schon erwähnten Djamal Beghal sein, der Reid und Moussaoui angeworben hatte. Aber wahrscheinlicher ist, dass auch er zu den Top-Absolventen der Terror-Universität in Afghanistan gehört und seine Dienste als Teil der mittleren Ebene des Terrornetzwerks anderen Gruppen zur Verfügung stellt – irgendwo in Europa, vielleicht sogar in Deutschland.

5.
Die deutsche Spur

Zwischen dem 29. Juli und dem 2. August 2001 klingelte irgendwo in Düsseldorf das Telefon. Wahrscheinlich war es Ramzi Binalshibh, der den Hörer abnahm. Am anderen Ende meldete sich Zacarias Moussaoui, der Mann, der wohl als zwanzigster Attentäter beim 11. September hätte mitfliegen sollen. Er rief diese Telefonnummer in Düsseldorf in jenen Tagen mehrfach an. Die Gespräche müssen von amerikanischen oder deutschen Nachrichtendiensten registriert worden sein, als Moussaoui noch in Norman, Oklahoma, seinen ersten Fluglehrgang absolvierte.

Sie sind einer von zwei Beweisen, die den Flugschüler mit der Hamburger Terrorzelle in Verbindung bringen. Der andere ist die Überweisung von insgesamt 14 000 Dollar von Bahnstationen in Düsseldorf und Hamburg durch Binalshibh, der den Decknamen Ahad Sabet benutzte, auf Moussaouis Konto in den USA. So steht es in der Anklageschrift für den Prozess, der im September 2002 im US-Bundesstaat Virginia beginnen sollte. Das Dokument listet eine Vielzahl von Verbindungen auf, die darauf hindeuten, dass die finanzielle Steuerung der Anschläge in den letzten Wochen vor dem 11. September von Hamburg aus erfolgte. Zu diesem Zweck stand Ramzi Binalshibh offenbar im Kontakt mit dem eigentlichen Geldgeber, Mustafa Ahmed alias Shayk Saiid, dem Kassenwart von Al Qaida. Nach den ersten Überweisungen von insgesamt 115 000 Dollar direkt an die Flugschüler um Mohammed Atta in den USA gingen weitere Beträge aus den Vereinigten Arabischen Emiraten auf dem Umweg über Binalshibh in Deutschland mehrfach an Marwan al-Shehhi und Zacarias Moussaoui.

Der 11. September war zweifellos der traurige Höhepunkt der Verwicklung Deutschlands in das Terrornetzwerk Osama bin Ladens. Aber die Überraschung, die deutsche Politiker und Sicherheitsfachleute angesichts der Informationen über die Hamburger Zelle an den Tag legten, war nicht im Mindesten gerechtfertigt. Schließlich hätten sie schon seit Jahren wissen können, wie wichtig Deutschland als Knotenpunkt im Netzwerk des Terrorismus war.

Die ersten deutschen Spuren der Globalisierung des Heiligen Krieges stammen aus der ersten Hälfte der Neunzigerjahre. Zugegeben, damals waren mögliche Verbindungen zwischen vereinzelten terroristischen Aktivitäten in Deutschland und der Zusammenarbeit verschiedener Terrorgruppen für die Behörden und die Öffentlichkeit nur schwer erkennbar. Die Bundesrepublik galt ausschließlich als Ruheraum für Terroristen, die hier unter Berufung auf politische Verfolgung in ihrem Heimatland Asyl gefunden hatten und nun weitgehend unbemerkt den bewaffneten Kampf in ihrer Heimat unterstützten.

Weil daraus keine direkte Bedrohung für die Sicherheit der Bundesrepublik erwuchs, konnte der islamische Extremismus in Deutschland ähnlich offen agieren wie in den Vereinigten Staaten, obwohl hin und wieder Anzeichen für die wachsende Gefahr registriert wurden. Einen Schub bekam diese Entwicklung insbesondere in den Jahren 1994/95. Damals machte die Islamische Bewaffnete Gruppe, *Groupe Islamique Armée*, an Weihnachten 1994 mit der spektakulären Flugzeugentführung einer Air-France-Maschine und mit verheerenden Anschlägen auf das Pariser Metrosystem verstärkt auf sich aufmerksam. Zu diesem Zeitpunkt wusste niemand, dass die GIA von Veteranen des Afghanistan-Krieges mit finanzieller Unterstützung durch Osama bin Laden gegründet worden war.

Aber erste Ansätze für eine Vernetzung der Terrororganisationen auch in Deutschland wurden bereits damals sehr deutlich. Mitte Januar 1994 wurde der Algerier Djamel Lounici in ein Aachener Krankenhaus eingeliefert. Er hatte sich beim Hantieren mit einer Pistole eine Schussverletzung zugezogen. Kurz nach seiner Entlassung tauchte der 32-Jährige unter. Die Polizei entdeckte aber bei ihren weiteren Ermittlungen, dass der Algerier, der in Deutschland politisches Asyl beantragt hatte, im Auftrag der Islamischen

Heilsfront (FIS) Waffen- und Sprengstoff für den Kampf seiner Organisation in Algerien und Frankreich besorgt hatte. Zu diesem Zweck hatte nicht nur die FIS, sondern auch die GIA ein Netzwerk von Unterstützern auf deutschem Boden aufgebaut, mit Stützpunkten in Bonn, Stuttgart, Mannheim, Kaiserslautern und Dresden[1]; der Bundesnachrichtendienst sprach in diesem Zusammenhang von einer »logistischen Basis«[2] mit Schwerpunkt im Südwesten der Republik.

Geheimdienst, Verfassungsschutz und Bundeskriminalamt sahen handfeste Beweise für die Nutzung der Bundesrepublik als Ruhe- und Vorbereitungsraum für terroristische Aktivitäten. Schon damals spielte der Missbrauch des politischen Asylrechts eine große Rolle. Die Söhne des FIS-Gründers Madani Abassi und der stellvertretende Vorsitzende der Extremistengruppe, Rabah Kebir, der die FIS heute leitet, fanden in Deutschland Zuflucht, obwohl sie angeblich in den Bombenanschlag auf den Flughafen von Algier im August 1992 verwickelt waren. Im Zuge der Fahndung nach den Helfern der GIA wurde 1995 erstmals auch ein Deutscher in Frankreich verhaftet.

Es ist aufschlussreich, die Reaktionen deutscher Sicherheitsbehörden und Politiker auf diese neue Bedrohung anhand eines einzelnen Monats einmal genauer zu betrachten. Im Januar 1995 hatte die GIA westlichen Botschaften in Algier ein Ultimatum gestellt. Die Vertretungen, unter ihnen auch die deutsche, sollten geräumt werden, sonst werde es Anschläge gegen die Interessen der genannten Länder geben. Deutsche Sicherheitsexperten hielten damals schon die islamischen Terroristen in Deutschland für gefährlicher als die Rote Armee Fraktion.[3] Der BND hatte Hinweise darauf, dass die Extremisten hier ihre Geheimtreffen abhielten. Dem Verfassungsschutz waren nach eigenen Angaben mehrere Dutzend FIS- und GIA-Aktivisten bekannt. Die Bundesanwaltschaft leitete auch tatsächlich ein Ermittlungsverfahren wegen des Verdachts auf Schmuggel von Waffen und technischem Gerät nach Algerien ein.[4] Im März 1995 wurden zwei Algerier festgenommen.

Eine Reihe von Beteiligten klagte damals schon, dass die gesetzlichen Hürden für die Einleitung eines Ermittlungsverfahrens zu hoch seien. Die notwendige Verschärfung von Gesetzen, die eine Verfolgung von Mitgliedern und Unterstützern internationaler Terrorgruppen ermöglicht hätte, war aber politisch nicht gewollt. Der damalige Außenminister Klaus Kinkel wollte die Entstehung eines »neuen Feindbildes des Islam«[5] verhindern. Der Fundamentalismus spiegele doch nur »die wirtschaftliche, politische und kulturelle Enttäuschung« der Menschen in ihren Heimatländern wider.

Im Rückblick erscheint diese Bewertung zwar weiterhin zutreffend, die Konsequenz daraus aber, die politische Gleichgültigkeit gegenüber dem Problem, war kurzsichtig. Angesichts von rund drei Millionen Muslimen in Deutschland war es naiv zu glauben, sie würden die Probleme ihrer Heimatländer mit dem Überschreiten der deutschen Grenze hinter sich lassen. Natürlich lehnt die überwältigende Mehrheit der Muslime hier Gewalt grundsätzlich ab – aber ein geringer Prozentsatz von Extremisten reichte aus, um Deutschland zu einem Finanzierungs-, Rekrutierungs- und Vorbereitungsraum für Terroranschläge zu machen.

Die Signale der deutschen Sicherheitsbehörden nach der Äußerung des damaligen Bundesaußenministers waren damals allerdings zu uneinheitlich, um bei den Innenpolitikern aller Fraktionen einen klaren Eindruck zu hinterlassen. Am 8. Januar 1995 sprach der Präsident des Bundeskriminalamtes, Hans-Ludwig Zachert, im ZDF von Hinweisen auf geplante Anschläge.[6] Deutschland müsse sich auf Schlimmes einstellen. Am 11. Januar 1995 ließ das Bundesamt für Verfassungsschutz dagegen wissen, es gebe keine konkreten Anhaltspunkte, dass Terroristen der GIA aus Algerien in Deutschland aktiv wären.[7] In der Zeitschrift *Die Woche* forderte der Leiter des Deutschen Orientinstituts, Udo Steinbach, die Politik zu einem Dialog mit gemäßigten fundamentalistischen Kräften auf, um den Extremisten den Wind aus den Segeln zu nehmen.[8] Der außenpolitische Sprecher der SPD-Bundestagsfraktion, Karsten Voigt, warf den deutschen Behörden vor, sie gingen zu tolerant mit den Anhängern des algerischen Extremismus um.

Tatsächlich konnte das ZDF in seiner Sendung »Bonn direkt« am 22. Januar 1995 auf die beginnende Internationalisierung des extremistischen Islamismus hinweisen.[9] Im Zuge der Recherchen war ich auf eine Information gestoßen, die westlichen Geheimdiensten schon seit Monaten vorgelegen hatte. Demnach hatte sich 1994 bei einem Geheimtreffen in Basel ein islamischer Europarat AIBM gegründet. An ihm waren 38 Organisationen beteiligt, von denen ein Teil auf der Terrorismusliste des US-Außenministeriums stand. Herausragend unter ihnen waren die nationalen Untergliederungen der Muslimbruderschaft, deren ägyptischer Abteilung, was damals niemand ahnte, auch Mohammed Atta angehörte. Die Kölner Vereinigung der neuen Weltsicht in Europa (AMGT), die als Ableger der islamistischen Wohlfahrtspartei in der Türkei in Deutschland vom Verfassungsschutz als extremistisch eingestuft wurde, sollte die Europazentrale des AIBM in Bonn aufbauen. Mitten im Regierungsviertel an der Rheinaue war dafür bereits ein Grundstück ausersehen worden.[10]

Es war ein kleiner Mosaikstein einer Entwicklung, die damals niemand – weder Sicherheitsbehörden, noch Politiker, noch Medien – in ihrem Ausmaß wirklich erfassen konnte. Nur wenige besser Informierte beschlich eine Ahnung. So zeigte der damalige Präsident des Bundesamtes für Verfassungsschutz, Eckart Werthebach, mit seiner Feststellung im Nachrichtenmagazin *Focus* Weitblick: »Wir müssen uns darauf einstellen, dass an die Stelle der früheren Ost-West-Konfrontation ein verschärfter Gegensatz zwischen dem christlich-abendländischen Kulturkreis und einem aggressiven Islamismus treten kann.«[11] Und der ehemalige Kanzleramtsminister Hans-Jürgen Wischnewski beschwerte sich: »Die Bundesrepublik wird in immer stärkerem Maße zu einer Basis des Fundamentalismus; und das Gewährenlassen hier geht viel weiter, als alle wissen.«[12]

Wie weit, das ließ damals kaum jemand durchblicken. In Hintergrundgesprächen trauten einige angesehene Verfassungsschützer den wachsenden islamistischen Kräften in Deutschland sogar Gewalt gegen das Gastgeberland zu. Nur wenige sprachen es offen aus. »Fundamentalistische Angriffspotenziale sind vorhanden«[13], bestätigte damals der Hamburger Verfassungsschutzpräsident Ernst Uhrlau dem Nachrichtenmagazin *Der Spiegel.*

Die Bedrohung ist Realität geworden

Heute ist Uhrlau Geheimdienstkoordinator der Bundesregierung und denkt viel darüber nach, was in den vergangenen Jahren schief gelaufen ist. Immerhin kamen die führenden Köpfe der Terrorkommandos vom 11. September aus seiner Heimatstadt Hamburg. Dort lebte lange Zeit auch Karsten Voigt, der 1995 die lasche Haltung der Bundesregierung kritisiert hatte. Zum Zeitpunkt der Anschläge von Mohammed Atta und seiner Terrortruppe war Voigt Koordinator für das deutsch-amerikanische Verhältnis im Auswärtigen Amt. Und auch er fragt sich nun, ob deutsche Politiker und Sicherheitsfachleute zu wenig unternommen haben.
Im April 2001 gab Ernst Uhrlau mir ein Interview. Nach meiner Rückkehr aus den USA hatte ich nach Hinweisen auf die Präsenz des Extremistennetzwerks mit den Recherchen in Deutschland begonnen. Ich wollte herausfinden, ob die Glaubenskrieger auch bei uns für den Heiligen Krieg Spenden sammeln und Nachwuchs werben. Als wir in Uhrlaus Büro im Kanzleramt die Kamera einschalteten, war ich bereits auf zahlreiche Spuren für die »German Connection« gestoßen. Aber was der Geheimdienstkoordinator im Interview sagte, bestätigte nicht nur meine Ergebnisse, sondern ging über sie sogar noch hinaus.
Zur Erinnerung: Im Dezember 2000 waren in Frankfurt vier Islamisten verhaftet worden, die einen Anschlag auf den Weihnachtsmarkt in Straßburg geplant hatten und mit weiteren Terrorzellen in Italien, Spanien und Großbritannien in Kontakt standen.
»Die Sicherheitsbehörden sehen«, so Uhrlau, »dass Deutschland nicht nur ein Ruheraum sein kann, sondern auch ein Vorberei-

tungsraum für Taten, Ausgangspunkt für Taten. Aber genauso wenig können wir für die Zukunft ausschließen, dass Deutschland auch ein Tatort ist.«[14] Im weiteren Verlauf sprachen wir über die Struktur der Bedrohung, die sich in so genannte »aligned« und »non-aligned mujaheddin« aufteile, also Gotteskämpfer, die – wie die Frankfurter Gruppe – mit einer Terrororganisation wie der algerischen GSPC (»Salafistische Gruppe für Mission und Kampf«) oder Al Qaida verbunden waren, oder andere, die sich ihren eigenen Weg suchten, um den Heiligen Krieg gegen den Westen zu befördern. Beide seien Teil des Gesamtnetzwerks, auf dessen Bestandteile jeder »Bruder« bei Bedarf zurückgreifen könne. Uhrlau schränkte aber ein: »Die Struktur ist uns nicht so transparent, wie es vor dem Hintergrund der weltweiten Bedrohung wünschenswert und erforderlich wäre.«

Einige Details kannten die Ermittlungsbehörden immerhin recht genau: »Die islamistischen Strukturen nutzen Geld, sie nutzen moderne Kommunikationsmittel«, so Uhrlau. »Sie waschen notfalls auch Geld. Sie haben allerdings auch kein Problem damit, Geld aus kriminellen Aktivitäten in die Unterhaltung der Struktur oder die Vorbereitung von Planungen mit einzubeziehen.« Hinter dieser Formulierung verbirgt sich die Erkenntnis, dass ein Teil der Gotteskrieger mit Drogen, Waffen und gefälschten Dokumenten handelte. Auch über die finanzielle Unterstützung durch islamische Wohltätigkeitsvereine gab es eine Menge Informationen, die Uhrlau in diesem Interview nicht ansprechen wollte. Das Thema war politisch zu sensibel. Immerhin hätte man über die Verwicklung des saudi-arabischen Königshauses in diese Praktiken reden müssen; und gerade das schien im Hinblick auf die enge Partnerschaft zwischen den USA und Saudi-Arabien wenig ratsam.

Natürlich sprachen wir auch über die Gründe für den Zulauf bei islamistischen Bewegungen in aller Welt und über die Möglichkeiten, diesen Zulauf einzudämmen. Dabei wies Uhrlau insbesondere auf die Erweiterung des G-10-Gesetzes für Abhörmaßnahmen durch die rot-grüne Regierungskoalition in Berlin hin, beklagte aber auch, dass gesetzliche Beschränkungen wie die enge Fas-

sung des Terrorismusparagrafen 129a den Sicherheitsbehörden die Hände binden würden.
Zum Abschluss des halbstündigen Interviews fragte ich den Geheimdienstkoordinator mit Blick auf den vereitelten Anschlag auf den Weihnachtsmarkt in Straßburg im Dezember 2000 noch einmal, ob auch Deutschland Ziel solcher Attacken werden könnte. »Wenn es darum geht, sich weltweit die Option offen zu halten, Feinde zu attackieren«, so Uhrlaus Antwort, »dann können derartige Anschläge mit dem bekannten Modus operandi – möglichst breiter Schaden – auch in Deutschland passieren.« Ein äußerst beunruhigender Gedanke, der aber leider der Wahrheit entspricht.
Im Nachhinein stimmt der Vergleich der Situation von Anfang 1995 und Anfang 2001 nachdenklich. Es gibt gegenwärtig erheblich mehr Informationen über den islamistischen Terrorismus als damals. Die Bedrohung auch für Deutschland wird – sicher auch unter dem Eindruck der Frankfurter Verhaftungen und der Ereignisse seit dem 11. September – deutlicher formuliert. Aber wirkliche Konzepte für ein Vorgehen gegen diese gefährlichen Tendenzen gibt es nicht.
Tatsächlich sind in Deutschland seit mehr als einem Jahrzehnt alle Elemente der explosiven Form des islamistischen Fundamentalismus vorhanden. Die Nutzung dieses Potenzials für Anschläge im Ausland war nur eine Frage der Zeit, und das Risiko von Attacken auch auf deutschem Boden steigt täglich mit dem zunehmenden militärischen Engagement Deutschlands im Krieg gegen den Terrorismus. Deutsche Muslimextremisten spielten schließlich schon vor den Anschlägen vom 11. September eine wichtige Rolle bei der Vorbereitung und Durchführung von Attentaten.
1993 hatte alles mit einer Telefonnummer begonnen. Nach dem ersten Anschlag auf das World Trade Center entdeckten amerikanische Fahnder die Nummer eines Anschlusses in Deutschland. Auch wenn zu diesem Zeitpunkt niemand die Verbindung zwischen der Bombenattacke in New York und Osama bin Laden kannte, mag der Fund als erster Hinweis auf eine Rolle deutscher Islamisten bei der Globalisierung des Dschihad dienen.

Die Information über die »German Connection« erhielt ich 1998 bei dem schon im Vorwort erwähnten geheimen Treffen mit dem amerikanischen Journalisten Steven Emerson. Die Anschläge von Kenia und Tansania in diesem Jahr hatten offenbar ebenfalls mit Kontaktleuten in Deutschland zu tun, denn im Zuge der Ermittlungen stießen die Fahnder auf das Büro einer Wohltätigkeitsorganisation in Kenia, die mit Geldern deutscher Muslime finanziert worden sein soll. So steht es in den Mitschriften des Prozesses gegen die Attentäter von Nairobi und Daressalam, die 2001 zu langjährigen Haftstrafen verurteilt wurden. Wer die vieltausendseitigen Protokolle aufmerksam durchgeht, der entdeckt in ihnen eine ganze Reihe von Hinweisen auf die Bedeutung, die Deutschland für Osama bin Ladens Al Qaida hatte. Hier seien nur einige Beispiele aus den Zeugenaussagen genannt.
Da ist von dem Satellitentelefon die Rede, das Vertraute des Terrorfürsten für 80 000 Dollar in Deutschland gekauft haben sollen (S. 455 und 3713 der Protokolle). Ein enger Verwandter bin Ladens habe in Deutschland eine schwere Beinverletzung behandeln lassen (S. 276). Immer wieder taucht der Name eines Mannes auf, der eine Art Reisender in Sachen Terror und Verbindungsmann von Al Qaida war: Abu Khadija al Iraqi besitze die deutsche und israelische Staatsbürgerschaft (S. 308) und lebe in Heidelberg (S. 854); er habe als Händler für eine Firma bin Ladens gearbeitet (S. 906), reise viel herum und besitze ein Haus im Sudan (S. 1374). Wer sich hinter diesem Mann verbirgt, ist den Behörden bis heute nicht ganz klar. Vieles deutet daraufhin, dass der mutmaßliche Finanzchef bin Ladens, Mamdouh Mahmud Salim, gemeint ist, der im September 1998 in der Nähe von München festgenommen wurde. Er könnte bei der Rekrutierung von Glaubenskämpfern wie Mohammed Atta eine Rolle gespielt haben.

Spenden für den Terroranschlag

Konkreter sind die Hinweise auf die deutsche Wohltätigkeitsorganisation. Demnach eröffnete Wadi el Hage, ein enger Vertrauter von Osama bin Laden, unter dem Namen »Help African People« ein Büro in Kenias Hauptstadt Nairobi (S. 61 der Protokolle). Von dort aus operierte auch der frühere Militärchef von Al Qaida, Abu Ubaidah al Banashiri, der Anfang der Neunzigerjahre jene somalischen Rebellen trainiert hatte, die den amerikanischen UN-Hilfstruppen in Mogadischu 1992 die bereits beschriebene, schwere Niederlage zufügten. Al Banashiri kam später ums Leben. Das Büro in Nairobi diente danach als logistische Anlaufstelle für die Vorbereitung der Bombenanschläge von 1998 in Kenia und Tansania. Den Beteiligten war nach eigenen Angaben bekannt, dass al Banashiri und el Hage für eine deutsche Hilfsorganisation arbeiteten (S. 586 und S. 1262) und dass die Gelder für das Büro von »großzügigen Muslimen in Deutschland« kamen.

Bei meinen Recherchen Anfang 2001 wurde in Geheimdienstkreisen die Nummer »1657« genannt, unter der die Spenden angeblich vermerkt wurden. Der Verein, hieß es, habe seinen Sitz in Heidelberg, dem Ort, an dem angeblich auch Abu Khadija al Iraqi lebte. Unter der Nummer »1657« fand sich im Vereinsregister von Heidelberg der entsprechende Eintrag. Es handelte sich um ein »Islamisches Kulturzentrum«, das sieben junge Muslime im Februar 1989 als eine Vereinigung gegründet hatten, »die die Interessen der Muslime in Deutschland und überall auf der Erde vertritt und deren kulturelle, soziale und religiöse Tätigkeiten unter Wahrung des Rechts der Glaubensfreiheit Andersdenkender fördert«. Zum ersten Vorsitzenden wurde ein Heidelberger Student, zu seinem Stellvertreter ein Gymnasiast aus Sandhausen gewählt.

Im April 2001 statteten wir der im Anmeldeformular angegebenen Adresse des Vorsitzenden einen Besuch ab. Herr U. war nicht zu Hause. Sein Vater gab mir aber eine Telefonnummer, unter der wir den Jungunternehmer kurze Zeit später erreichen konnten. Er erklärte uns, er habe nichts mit Terroristen zu tun. Sein Verein, der nur auf dem Papier existiere, habe lediglich einmal 10 000 DM an Spenden für Not leidende Kinder in Afghanistan an eine Adresse in Peshawar, Pakistan, geschickt. Dass damit möglicherweise ein Tarnunternehmen für Al Qaida in Kenia finanziert wurde, habe er nicht gewusst. Zweimal sei er schon vom Bundesnachrichtendienst in dieser Sache befragt worden.

Sollte der BND tatsächlich aktiv geworden sein, wäre das ein Gesetzesverstoß, denn innerhalb Deutschlands dürfen nur das Bundeskriminalamt oder die zuständigen Landesbehörden solche Befragungen durchführen. Das Landesamt für Verfassungsschutz Baden-Württemberg war jedoch nicht einmal informiert worden. Dabei hätte der zuständige Experte, Dr. Herbert Müller, gern weitere Informationen beigesteuert. Der Verein, so erzählte er mir, sei kein Einzelfall in der Region: »Ohne dass ich bestimmte Objekte nenne, kann ich bestätigen, dass wir in diesem Raum unseren Blick auf diverse Einrichtungen werfen, bei denen wir davon ausgehen, dass sie unterstützende Tätigkeit leisten.«

Zu dieser Art von Unterstützung gehörte auch die Anwerbung von Nachwuchs für den Heiligen Krieg. Wie in den USA reisten hochrangige Vertreter von extremistischen Gruppierungen und Kriegsveteranen aus Bosnien und Tschetschenien nach Deutschland ein, um in deutschen Moscheen und islamischen Zentren Brandreden gegen den gemeinsamen Feind Amerika zu halten. »Dass hier zum Teil Vertreter von diversen Organisationen – Hamas und Hisbollah oder sogar von den Tschetschenen –, dass also hier entsprechende Gesandte auftreten, das wissen wir mit Sicherheit«, so der Verfassungsschützer Müller im April 2001. Andere wussten es offenbar auch. So führte der Bundesnachrichtendienst seit mehreren Jahren eine schwarze Liste von Glaubenskriegern und Anführern terroristischer Vereinigungen, die nach Deutschland einreisen und in Moscheen und islamischen Zentren um Unterstützung für den Dschihad werben könnten.

Ein peinliches Beispiel für die Wirkungslosigkeit solcher Maßnahmen ist der Besuch des Gesundheitsministers der Taliban Anfang 2001 in Hamburg. Mullah Abbas hielt im Gemeindesaal der Billstedter Kreuzkirche vor 200 Landsleuten einen Vortrag und bat um Spenden für die Not leidende Bevölkerung in Afghanistan. In seiner Rede sagte er, Osama bin Laden habe »die Ehre der Afghanen gerettet«. Was er im engen Kreis zum Besten gab, ist nicht überliefert. Abbas hatte anstandslos ein Visum von der Deutschen Botschaft in Islamabad bekommen. Verfassungsschutz und Bundeskriminalamt waren vom Auswärtigen Amt über seine Reise informiert worden, die örtlichen Behörden in Hamburg aber nicht.

Hamburg im Visier der Fahnder

Noch einer muss den Behörden wohl durch die Lappen gegangen sein, vielleicht weil er nach den einschlägigen Praktiken von Al Qaida eine falsche Identität für seine Einreise benutzte. Wadi el Hage, so heißt es im Prozessprotokoll von New York, habe einmal ein islamisches Zentrum in Deutschland besucht (S. 3114). Über den Ort lässt sich nur spekulieren, aber mit einiger Wahrscheinlichkeit könnte es Hamburg gewesen sein. Hage gab nämlich auf seiner Visitenkarte die Adresse eines syrischen Geschäftsmanns in der Hansestadt an, der für ihn offenbar Geschäfte abwickelte. Auf der Karte ist el Hage als geschäftsführender Direktor der »Anhar Trading« mit Adressen in Texas und in Hamburg, Uhlenhorster Weg 34, genannt. Dort lebt seit Jahren eben jener Mamoun Darkazanli, der zum Umfeld der Attentäter vom 11. September gehört und dem die Behörden keine direkte Verwicklung in die Anschläge nachweisen konnten. El Hage hatte auch ein eigenes Konto bei der Deutschen Bank in Hamburg, über das Darkazanli höchstwahrscheinlich Verfügungsgewalt besaß.[15]

Der Syrer hatte mindestens ebenso gute Kontakte zu einem anderen wichtigen Mann im Terrornetzwerk bin Ladens. Mamdouh Mahmud Salim wurde, wie erwähnt, im September 1998 in Grüneck bei München verhaftet.[16] Der gebürtige Sudanese Salim, der als Sohn irakischer Einwanderer auch die irakische Staatsbürgerschaft besaß, war auf Grund von Zeugenaussagen nach den Bombenanschlägen von Kenia und Tansania in das Visier des FBI geraten. Die US-Behörde ließ ihn auf eine weltweite Fahndungsliste setzen. Als Salim im August 1998 bei der deutschen Botschaft in Dubai um ein Visum für die Bundesrepublik nachsuchte, informierte das Auswärtige Amt die Vereinigten Staaten. Die USA baten um lückenlose Beschattung des Verdächtigen in Deutschland, eine Bitte, der das Bundeskriminalamt und das Landeskriminalamt Bayern gerne nachkamen. Am 16. September 1998, am dritten Tag seiner Reise, die ihn über Stuttgart und Neu-Ulm in das Münchener Umland geführt hatte, griffen die deutschen Behörden zu. Salim wurde verhaftet und später an die USA ausgeliefert.

Der mutmaßliche Finanzchef von Al Qaida, der im Sudan zwei Tarnfirmen für Osama bin Laden leitete, reiste viel in der Welt herum, zum Beispiel nach Malaysia, Bosnien, Moskau und auch nach Deutschland, wo er sich insgesamt mindestens fünfmal aufgehalten hat, im März und Juli 1995, im Januar und September/Oktober 1997 sowie bei seiner Festnahme im September 1998. In der Folgezeit erstellte das Bundeskriminalamt umfangreiche Dossiers über alle Personen, die Salim bei seinen Besuchen in der Bundesrepublik getroffen hatte. Darunter war ein sudanesischer Arzt in Neu-Ulm, der immer nur monatsweise in Deutschland arbeitete und häufig nach Khartum reiste.[17] Mindestens zweimal war Salim in der bayerischen Stadt, und er verfügte dort sogar über ein eigenes Bankkonto. Ein anderer Kontaktmann war jener syrische Geschäftsmann in Hamburg, Mamoun Darkazanli, der Salim Termine bei Firmen wie ABB und Telefunken besorgt hatte. Darkazanli schien besonders interessant, da er eine Vollmacht für das deutsche Konto des Sudanesen besaß.

Zu diesem Zeitpunkt konnten die Behörden kaum erkennen, auf welche Spur sie gestoßen waren, aber es handelte sich bei Salim wohl um eine Schlüsselfigur des Terrornetzwerks. Durch einen seiner Kontakte würden die Ermittler später auf die algerische Terrorzelle in Frankfurt aufmerksam werden, die den Anschlag auf den Straßburger Weihnachtsmarkt geplant hatte. Durch Darkazanli gab es die erwähnte Spur zu Wadi el Hage und damit zu den Attentaten

von Kenia und Tansania. Und über Darkazanli lässt sich auch die Verbindung zu den Attentätern vom 11. September herstellen. Er besuchte die gleiche Moschee in Hamburg wie Mohammed Atta und seine Freunde, und er stand in engem Kontakt mit Said Bahaji, dem Logistiker der Hamburger Zelle. Darkanzali und Bahaji wurden im Zuge der Ermittlungen damals vom Hamburger Verfassungsschutz beobachtet. Ihre Kontakte in der islamistischen Szene der Hansestadt wurden als unauffällig eingestuft. Trotzdem setzten die Fahnder die Überwachung, bei der zeitweise auch Atta, al-Shehhi, Bahaji und Binalshibh ins Blickfeld gerieten, bis in den September 2001 hinein fort – ohne verwertbare Ergebnisse.
Vielleicht, so lässt sich heute spekulieren, wären die Ermittler auf Verwertbares gestoßen, wenn ihnen die internationalen Kontakte der Hamburger Zelle damals schon bekannt gewesen wären. Dabei hätte ihnen eine besondere Errungenschaft des Bundesnachrichtendienstes helfen können. Erstmals durfte der BND auch bei internationalen Telefongesprächen von und nach Deutschland mit Hilfe eines Computers nach verdächtigen Wörtern fahnden. Durch Schlüsselbegriffe wie »Dynamit«, »Bombe« oder »Stinger« sollten dabei die Gespräche herausgefiltert werden, die möglicherweise auf Straftaten hindeuten könnten. 1994 per Gesetz beschlossen, traten die Maßnahmen zu Beginn des Jahres 1996 in Kraft. Nur zwei Jahre später verzichtete der BND freiwillig auf die neue Überwachungsmethode. Die Abteilung »Technische Überwachung« löschte alle 500 Suchbegriffe aus ihrer Software. Als offizieller Grund wurde die geringe Ausbeute angegeben, in Wirklichkeit aber war das Personal überfordert, die Datenflut zu bearbeiten.[18]
Täglich erfasst der BND rund 15 000 Auslandsgespräche. 700 davon, so wird geschätzt, enthalten möglicherweise sicherheitsrelevante Äußerungen. Personell war der Dienst allerdings nur zur Detailauswertung von 15 Konversationen in der Lage. Seit Mai 2001 war die Suche wieder im Gange, auch dank des neuen G-10-Gesetzes der Bundesregierung, durch das der Etat für die Abhöraktionen aufgestockt wurde. Ob den Fahndern durch die Pause von 1998 bis 2001 möglicherweise entscheidende Telefongesprä-

che zwischen der Hamburger Terrorzelle und ihren Verbündeten in Pakistan und Afghanistan entgingen, darüber lässt sich nur spekulieren. Fest steht, dass Mohammed Atta und seine Freunde in dieser Zeit mit den Planungen für die Anschläge vom 11. September begannen. Es ist sehr wahrscheinlich, dass sich die Terroristen dabei strikt an die Kommunikationsvorschriften des Dschihad hielten und dadurch ohnehin nicht in das Abhörraster des BND geraten wären.

Die Ermittler ahnten 1998 offenbar nicht, dass sie in Hamburg auf die drei Ebenen von Al Qaida gestoßen waren: Salim, der nach eigenen Angaben Mitglied in der Schura, dem geistlichen Beirat der Al Qaida war, als Element der Führungsebene; Darkazanli, so glaubt das amerikanische FBI, als örtlicher Resident, der über sein Import-Export-Geschäft technisches Material für Al Qaida besorgt, Gelder geschleust und neue Glaubenskämpfer angeworben haben könnte; und schließlich die operative Zelle um Mohammed Atta und Marwan al-Shehhi. Salim war ausgerechnet in der Zeit zu Besuch in Hamburg, in der Mohammed Attas Ansichten radikaler wurden. Es ist allerdings bisher nicht geklärt, ob Atta den bin-Laden-Mann bei dessen Visite im März 1995 wirklich getroffen hat.[19]

Auf der Grundlage seiner Recherchen bat das Bundeskriminalamt Anfang 2000 den Generalbundesanwalt um die formelle Eröffnung eines so genannten Strukturverfahrens, mit Hilfe dessen die Fahnder die Strukturen des Terrornetzwerkes aufklären wollten. Sie saßen auf einem Berg von Einzelinformationen, die nur Sinn ergeben würden, wenn man den dahinterliegenden Aufbau und die Arbeitsweise der vermuteten Terrororganisation verstanden hatte. Generalbundesanwalt Kay Nehm lehnte aus Mangel an Beweisen ab.[20] Auch als das BKA weitere Informationen nachlieferte, blieb der Generalbundesanwalt bei seinem Nein, weil wichtige Merkmale für die Anwendung des Paragrafen 129a (Bildung einer kriminellen oder terroristischen Vereinigung) aus seiner Sicht nicht vorlagen. Das änderte sich nicht einmal nach den Festnahmen in Frankfurt im Dezember 2000, die letztlich erst durch eine Spur möglich wurden, die von einem Kontakt Salims in Deutschland ausging.

Die Ablehnung mag juristisch gerechtfertigt sein, obwohl der Generalbundesanwalt nach Ansicht von Ermittlungsbehörden bei seiner Entscheidung einen vorhandenen rechtlichen Spielraum nicht ausnutzte. Im Nachhinein betrachtet war dies nicht nur ein bedauernswertes Versäumnis, sondern ein schwerer Fehler. Der oberste Ermittler eines Landes sollte bei der Abwägung seiner Entscheidung auch die Bedrohungsanalyse deutscher Sicherheitsbehörden mit einbeziehen. Die Gefahr wurde etwa vom Bundesnachrichtendienst in den letzten Jahren eindringlich beschrieben. Aber die Warnungen blieben bei der Bundesanwaltschaft, wie übrigens auch in der Politik, weitgehend unbeachtet, zum Beispiel der Satz aus einem Bericht des Geheimdienstes aus dem Jahr 1999: »Die religiöse Legitimation und Überhöhung terroristischer Gewalt als ›gottgefälliges Werk‹ und der Täter als potenzieller Märtyrer bringt eine nicht zu unterschätzende Steigerung des Einsatz- und Opferwillens sowie der Bedenkenlosigkeit bei der Wahl der Mittel mit sich.« Man hätte es auch kürzer formulieren können: Religiöse Fanatiker schrecken vor Selbstmordattacken mit Massenvernichtungsmitteln nicht mehr zurück. Der 11. September verleiht diesen Worten ihre Glaubwürdigkeit.

Auch vor diesem Hintergrund ist völlig unverständlich, warum Mamoun Darkazanli nicht schon seit Monaten in Untersuchungshaft ist. Er arbeitete mit zwei Topleuten der Terrororganisation Al Qaida zusammen und verfügte über ihre Konten in Deutschland. Er hatte beste Kontakte zu den Hamburger Attentätern und war vielleicht sogar ihre Verbindungsstelle zu Gesinnungsgenossen in anderen Teilen Europas. Nach Angaben spanischer und amerikanischer Ermittler hatte er Mitglieder einer spanischen Terrorzelle, die nach dem 11. September verhaftet wurden, mehrfach in Spanien getroffen. Die Männer müssen sich jetzt vor Gericht verantworten, weil sie einen Anschlag auf die US-Botschaft in Paris geplant haben sollen.

Salim und el Hage arbeiteten zeitweise für die gleiche Firma, einen Baukonzern im Sudan, bei dem auch ein weiterer Verbindungsmann von Al Qaida in Deutschland angestellt war. Von diesem, dem Duisburger Studenten Mohamedou ould Slahi, wird im nächsten Kapitel noch ausführlicher die Rede sein.

Die Online-Spur der Gotteskrieger

Überhaupt ist das Studentenmilieu längst der beliebteste Rekrutierungsraum für Nachwuchsterroristen der Al Qaida. Bei unseren Recherchen im April 2001 führte eine weitere Spur an eine deutsche Hochschule. An der Universität Münster studierte Lars M., der unter der Adresse www.qoqaz.de die deutsche Version einer Dschihad-Werbeseite im Internet auf dem neuesten Stand hielt. Unsere Suche nach ihm blieb leider erfolglos. Aus dem Studentenwohnheim am Gescherweg, das er bei seinem Internetdienst als Adresse angegeben hatte, war er längst ausgezogen. Auf seiner Webseite, die bis dahin noch nicht in das Visier der Verfassungsschützer geraten war, veröffentlichte der junge Mann Frontberichte vom Kampf der Glaubenskrieger in Tschetschenien gegen die russischen Streitkräfte. Zu sehen waren Bilder von Gräueltaten russischer Soldaten, die zum Beispiel einem der Mudschaheddin die Kehle durchschnitten hatten. Für 10 bis 20 DM konnten sich interessierte Sympathisanten selbst gedrehte Frontvideos der »Helden« aus Tschetschenien und Bosnien bestellen.
Lars M. teilte seinen Lesern auch mit, dass die Vorbereitung auf den Heiligen Krieg die Pflicht eines jeden Muslimen ist. Zu diesem Zweck stellte er Hinweise auf die militärische Ausbildung in den jeweiligen Heimatländern zur Verfügung und verwies auf das »Field Manual of the U.S. Army«, also das Armeehandbuch der amerikanischen Streitkräfte. Wer allerdings den Original-Lehrgang für Mudschaheddin suche, der solle sich »an Leute wenden, denen er vertraut«.
Wir wandten uns an seinen Internetdienst, um Näheres über den eifrigen Werber des Heiligen Krieges zu erfahren. Die kleine Firma in der Nähe von Frankfurt war nach eigenen Angaben über die Inhalte der Webseite nicht informiert. Immerhin erfuhren wir, dass

die anfallenden Gebühren regelmäßig von einer Firma mit dem Namen Azzam Publications bezahlt wurden. Tatsächlich fand sich die englischsprachige Ausgabe der Dschihad-Werbung, die sogar in mehr als einem Dutzend Sprachen im World Wide Web kursierte, unter der Adresse www.azzam.com oder www.qoqaz.com. Ein Computerhacker verfolgte in unserem Auftrag die elektronische Spur der deutschen Version rund um den Globus. Demnach waren die Text- und Bildelemente der Internetseite auf Servern in Caracas, Mexiko City, Bedford (Texas), Dubai, Tokio und Canberra abgelegt worden. Die Fährte endete in London, wo nahezu jede Terrorgruppe der Welt ein Frontbüro unterhält. In diesem Fall ist es ein völlig legaler Verlag, eben Azzam Publications, der den Namen von Osama bin Ladens Mentor Abdallah Azzam trägt und dem saudischen Terrorfürsten nahe steht.

Unter den ständigen Kunden der deutschsprachigen Dschihad-Seite, das geht aus der »Mailing-Liste« mit über 550 Abonnenten des Newsletters von qoqaz.de hervor, finden sich E-Mail-Adressen an verschiedenen deutschen Hochschulen, zum Beispiel Münster, Tübingen, Berlin, Karlsruhe, Bremen, Bochum, Stuttgart, Göttingen, Neu-Ulm und Heidelberg. An der Universität Konstanz hatte sich sogar der Allgemeine Studenten Ausschuss (AstA) auf die Liste setzen lassen.

Ein ganz besonderer Kunde war über die Technische Universität Hamburg-Harburg angemeldet. Unter bahaji@tu-harburg.de bezog der mutmaßliche Logistiker der Terrorzelle um Mohammed Atta, Said Bahaji, neueste Informationen über den Heiligen Krieg. Der Kreis schließt sich.

Ernst Uhrlau weist in Hintergrundgesprächen gern auf den hohen Wert von Telefonnummern hin, die die Fahnder im Zuge ihrer Ermittlungen nach den Anschlägen vom September 2001 bei Durchsuchungsaktionen in verschiedenen Städten Deutschlands gefunden haben. Ebenso fand das FBI zwei Telefonnummern Ramzi Binalshibhs in der Wohnung von Zacarias Moussaoui in den USA. Sie wurden zu einem wesentlichen Beweisstück bei dem Versuch, die Verbindung Moussaouis mit der Hamburger Zelle und den Attentätern vom 11. September zu belegen. Ramzi Binalshibh war nach Einschätzung der Nachrichtendienste der Mann, der kurz vor dem 9. Dezember 2000 den Marschbefehl an Zacarias Moussaoui in London überbrachte, nachdem seine eigenen Anträge auf ein Visum für die USA viermal abgelehnt worden waren. Nach dem Treffen reiste Moussaoui für eine zweimonatige Einweisung nach Pakistan und von dort möglicherweise nach Afghanistan.

Die Rolle Binalshibhs als Auftragskurier gleicht der Funktion, die ein Duisburger Student namens Mohamedou ould Slahi 1999 bei der Vorbereitung eines anderen Anschlags übernommen hatte. Und die Fahnder waren nicht wenig überrascht, als sie nach den Anschlägen in den USA gleich mehrere Verbindungen zwischen der Gruppe um den Mauretanier Slahi und der Hamburger Terrorzelle um Mohammed Atta entdeckten.

6.
Schläfer mitten unter uns

»Schlaf, Kriegerlein, schlaf!«, so stand es am schwarzen Brett der Pressestelle der Gerhard-Mercator-Universität in Duisburg. Es war ein Zeitungsbericht über eine Podiumsdiskussion zu den Anschlägen des 11. September. Die Fachschaft des Politischen Seminars hatte ein paar Tage zuvor zu der Veranstaltung geladen, bei der offenbar von den Teilnehmern viel Betroffenheit, Hilflosigkeit und Nachdenklichkeit verbreitet worden waren. Der Titel war nach Angaben der Pressesprecherin der Universität bewusst gewählt, um in der Spannung zwischen einem Kinderlied und der ernsten Thematik die Brisanz des Vorgangs deutlich zu machen. Aber es wirkte wie eine Flucht in den Sarkasmus zur Bewältigung des Unfassbaren und passte ganz gut zu einer Bedrohung, die der Westen offenbar genauso wenig ernst genommen hatte.

Wie, so fragten sich die Studenten, sollte man ihn auch erkennen, den Schläfer mitten unter ihnen, der irgendwann nicht mehr im Hörsaal andachtsvoll lauschen oder in der Mensa Schlange stehen würde, weil er mit der Ausführung eines Terroranschlages beschäftigt war. Die Duisburger hatten einen besonderen Grund für diese Frage. Schließlich war auch in ihrer Mitte ein Schläfer gewesen. Als solchen betrachten jedenfalls deutsche und nordamerikanische Behörden den Mauretanier Mohamedou ould Slahi, der kurz vor Ende des Jahres 1999 nach Kanada gereist sein soll, als so genannter »trigger man«, also als derjenige, der einer operativen Zelle des Netzwerks den Marschbefehl überbringt.

Solche Kurierdienste gehören zu den wenigen Anzeichen, an denen die Fahnder die internationale Zusammenarbeit der Terroristen ablesen können. Normalerweise arbeiten die Zellen weitgehend losgelöst vom Ganzen. In der Fachsprache nennt man so etwas negative Kontrolle, weil der Führungskern von Al Qaida Kontakte

mit den Schläfern meidet, um ihre Tarnung nicht zu gefährden. Nur wenn Attacken synchronisiert werden sollen, gibt es wieder für einen kurzen Zeitraum positive Kontrolle. In diesem Fall war das notwendig, weil zu den Jahrtausendfeiern zeitgleich in Los Angeles, New York und Jordanien Bomben explodieren sollten.
Ahmed Ressam, der Millenniumsbomber, der den Sprengsatz am Flughafen von Los Angeles legen sollte, hatte in seinen Verhören Slahi schwer belastet. Der Mauretanier sei als Kurier im Auftrag bin Ladens aktiv gewesen und habe einem Gewährsmann des Algeriers in Montreal Geld und falsche Papiere überbracht. Kurz nach der Festnahme Ressams sei Slahi aus Kanada geflohen. Diese Informationen bekamen wir über Umwege vom kanadischen Geheimdienst, ebenso die E-Mail-Adresse Slahis auf dem Server der Universität Duisburg und die Kennung seiner Webpage im Internet, auf der der junge Mann einen Chat sowie religiöse Musik zum Herunterladen anbot.

Elektronische Post vom Schläfer

Weitere Recherchen führten uns im Frühjahr 2001 an die Mercator-Universität, an der Slahi 1989 ein Studium der Elektrotechnik begonnen hatte. Damals mag er noch nichts mit Islamismus oder Terrorismus zu tun gehabt haben. Aber im Laufe seines Aufenthalts muss sich das geändert haben. Nachdem wir in unserem Beitrag vom 8. Mai 2001 über die Vorwürfe gegen ihn berichtet hatten, meldete sich der Mauretanier per E-Mail bei uns. Nach diesem ersten Kontakt war er bereit, wiederum per E-Mail einige Fragen zu beantworten. In seinen Ausführungen vom 5. Juni 2001 bestritt er seine angebliche Rolle bei den Millenniums-Anschlagsplänen. Aber er gab zu, zweimal während seiner Semesterferien in Ausbildungslagern in Afghanistan gewesen zu sein.
Seine verwandtschaftlichen Beziehungen mögen dabei eine Rolle gespielt haben. Slahi ist mit der Schwester eines engen Vertrauten von Osama bin Laden verheiratet. Der Mauretanier Khaled al

Shanquiti war der Statthalter von Al Qaida im Sudan, wo er einen großen Baukonzern, eine Tarnfirma der Terrororganisation, leitete. Es ist dasselbe Unternehmen, für das auch Wadi el Hage damals arbeitete. Nach Auffassung des FBI war al Shanquiti in die Anschläge von Kenia und Tansania verwickelt.

In seiner E-Mail erklärte Slahi, er sei nach Afghanistan gegangen, »um dem afghanischen Volk in seiner Sache beizustehen. Als es sich aber herausstellte, dass es am Ende ein Machtkampf ist, zog ich mich wie viele andere zurück.« Danach hätten ihm die deutschen Behörden »das Leben zur Hölle gemacht«, weil sie von seinen Afghanistan-Aufenthalten erfahren hätten. Seine Papiere habe er erst wiedererhalten, nachdem sich Kanada bereit erklärt habe, ihn aufzunehmen. In Montreal lernte er nach Ermittlungen des kanadischen Geheimdienstes im Umfeld der Assunnahannabawiyah-Moschee auch Ahmed Ressam kennen. Slahi nimmt dazu in seiner E-Mail nur indirekt Stellung: »1. Es ist die größte Moschee in Montreal, vergleichbar mit der Mili-Gorus-Moschee in Köln, aber größer. 2. Ich führe jeden Tag die Gebete. 3. Ich halte jeden Tag die Reden. 4. Die Moschee ist intensiv besucht. 5. Die Moschee ist interessant für die Verfassungsschützer.«

Slahi berichtet auch, dass er nach seiner »Ausreise« aus Kanada in Dakar, Senegal, festgenommen und verhört wurde. Danach sei er nach Mauretanien ausgeliefert und für einen weiteren Monat in Untersuchungshaft gehalten worden. Zur Frage, wie er denn zum Dschihad stehe und ob er den bewaffneten Kampf befürworte, schreibt Slahi: »Zusammengefasst, es gibt Dschihad und Dschihad. Palästina, Libanon, Chechenya da bin ich voll und ganz mit (dabei) und werde immer weiter unterstützen mit allen Mitteln.« (sic!)

Das hatte er offenbar auch schon vorher getan. Lange nach seinem Studienabschluss 1995 lebte Slahi wieder in einem Studentenwohnheim an der Duisburger Straße in einer Wohngemeinschaft. Dabei war er zu diesem Zeitpunkt längst Chef einer eigenen Firma gewesen, die nach Ansicht von Fahndern des nordrhein-westfälischen Staatsschutzes als Geldwaschanlage diente. Das Startkapital für die »ould Slahi GmbH«, ein Import-Export-Geschäft für Textilien, Metalle und Elektrogeräte, kam wohl von Slahis Schwager al Shanquiti, der 1998 eine große Summe aus dem Sudan überwiesen hatte: 50 000 DM Ersteinlage. Als Firmensitz diente eine Zweieinhalb-Zimmer-Wohnung in einem kleinen Haus im Duisburger Stadtteil Hochfeld. Über das Konto des Unternehmens liefen immer wieder hohe Geldbeträge.

Nach den Ereignissen in Kanada kehrte Slahi im Frühjahr 2000 nach Deutschland zurück und musste sich dort wegen widerrechtlichen Bezugs von Arbeitslosengeld vor Gericht verantworten. Bei der Verhandlung wurde eine mögliche Terrorismus-Verbindung mit keinem Wort erwähnt. Offenbar hatten die nordamerikanischen Behörden die Einzelheiten seines Falles nicht an die zuständigen deutschen Stellen weitergegeben, ebenso wenig die wertvollen Aussagen von Ahmed Ressam, die den deutschen Ermittlern auch lange nach dem 11. September noch nicht vorlagen. Slahi wurde zu drei Jahren Haft auf Bewährung verurteilt und in seine Heimat Mauretanien abgeschoben.

Als wir dem Duisburger Studentenwohnheim, in dem Slahi in den Jahren 1998/99 gelebt hatte, nach den Anschlägen vom 11. September einen weiteren Besuch abstatten, treffen wir dort auf Landsleute von ihm, von denen sich einer auch an Slahi erinnert. Man habe sich verstanden, obwohl er nur wenig von sich und seinen Aktivitäten erzählt habe. Unser Gesprächspartner will Fragen zu den Anschlägen in den USA eigentlich nicht beantworten, schon gar nicht vor laufender Kamera, schließlich wolle er nur in Ruhe in Deutschland studieren. Aber dann erklärt er uns doch, dass der Angriff auf die Vereinigten Staaten mehr als verständlich gewesen sei. Die USA hätten durch ihre Politik gegenüber dem Irak, in Palästina, in Tschetschenien und Bosnien viel mehr Menschen umgebracht als die Attentäter vom 11. September.

Während er das sagt, sitzen wir bei einer Tasse Tee auf dem Boden eines Raums, der dem gleicht, in dem Mohamedou ould Slahi wohl einst gelebt hat. Das Zimmer ist nur wenige Quadratmeter groß, kärglich eingerichtet, aber ausgestattet mit einem Internetanschluss. Vielleicht geriet auch Slahi über seine Kontakte im World Wide Web in das Netzwerk des Terrors. Nach seiner Flucht aus Kanada und seinem kurzen Aufenthalt in Deutschland betrieb er ein Internetcafé in Mauretanien, bis er infolge der Anschläge in den USA erneut verhaftet wurde.

Hochschulen als Tummelplatz für Extremisten

Immer wieder stellte sich uns bei den Recherchen die Frage, wie die Rekrutierung an den Universitäten verhindert werden könnte. Dass Hochschulen ein fruchtbarer Boden für extreme Ansichten sind, war schon immer so, und wem sollten fundamentalistische Tendenzen auffallen an einem Ort, an dem Meinungsstreit zum Grundprinzip gehört. Auch ausländische Studienbewerber, so erklärte uns der Direktor der Mercator-Universität in Duisburg, Professor Ingo Wolff, könne man schließlich nicht nach politischer Gesinnung auswählen. »Wir brauchen Studierende aus dem Ausland, insbesondere in den Ingenieurwissenschaften«, so Wolff. »Da waren wir in der Vergangenheit immer sehr offen und müssen auch offen bleiben.«[1]

Auch deshalb stellt die Universität ihren islamischen Studenten einen Gebetsraum zur Verfügung. Gleiches hatte Mohammed Atta auch von der Technischen Universität in Hamburg-Harburg verlangt und bekommen. Ob bei den Treffen wirklich nur gebetet wird, ob jemand unter den Gläubigen für den Dschihad wirbt oder ob sich, wie in Hamburg geschehen, eine Islam-AG mit extremistischen Zielen bildet, prüft niemand. »Hier haben wir gar keine Chance etwas zu unternehmen«, meint Professor Wolff. »Wir können ein Auge darauf haben, was im Umfeld der Universität stattfindet. Wir können schauen, welche Einrichtungen der Universität zu welchen Zwecken gebraucht werden, aber grundsätzlich sind dies eigentlich Privatsachen unserer Studierenden, auf die wir fast keinen Einfluss haben.«

Den Verfassungsschützern geht es ähnlich. Obwohl ihnen seit Jahren konkrete Hinweise auf das Treiben von islamistischen Gruppierungen an Deutschlands Universitäten vorliegen, können sie dort aus politischen Gründen nicht tätig werden. Eine Anwerbung von V-Leuten an den Hochschulen würde, so meinen auch hochrangige Ermittler, als Eingriff in die Wissenschaftsfreiheit und als Diskriminierung religiöser Minderheiten bewertet werden. Einer der Experten erzählte in einem Hintergrundgespräch im Frühjahr 2001 von der Unterstützung terroristischer Gruppierungen durch islamische Wohltätigkeitsorganisationen, darunter die »Internationale Humanitäre Hilfe« und »Islamic Relief«. »Das hat uns nichts anzugehen«, so der Fahnder, eben weil es sich um religiöse Einrichtungen handele.

Auch das Einschleusen von Undercover-Ermittlern in die Szene erweist sich als äußerst schwierig, weil gerade islamistische Gruppen die Vertrauenswürdigkeit und Verlässlichkeit ihrer Mitglieder und Besucher genau überprüfen. Außerdem seien dabei natürlich auch die ethnischen Unterschiede ein unüberwindbares Hindernis, so meint der baden-württembergische Verfassungsschützer Herbert Müller: »Wir haben es hier ja mit Organisationen zu tun oder mit einer Struktur, in der sich ein deutscher Beamter in der Regel nicht gut bewegen kann. Da fehlt es an Sprachkenntnissen – mit Englisch kommen sie da nicht weiter; und selbst wenn man sich geschickt anstellt, wird man keine Antwort auf die Fragen bekommen.«

Also konzentrierten sich die Verfassungsschützer bisher vor allem darauf, die Zeitschriften, die von islamistischen Hochschulgruppen, Moscheen und Vereinen herausgegeben werden, zu analysieren. Dabei stoßen sie immer wieder auf antiisraelische und antijüdische Hetzpropaganda sowie Sympathiebekundungen für die Kämpfer des Heiligen Krieges. Aber weil viele der Pamphlete in fremden Sprachen, vor allem auch auf Arabisch, verfasst sind, entgehen den Fahndern dabei manchmal antisemitische Äußerungen, die bei rechtsextremen Gruppierungen in Deutschland sofort zu einem Verfahren führen würden.

Die Werbung über das Internet war und ist eben nicht die einzige Methode, mit der islamistische Extremisten in Deutschland ihre Propaganda verbreiten und für ihre Sache werben. Das bestätigte uns auch ein Informant in einem Interview, das wir im April 2001 in einem kleinen Ort in der Nähe von Frankfurt aufnehmen konnten. Der Mann war einmal ein hochrangiger Mitarbeiter des afghanischen Geheimdienstes gewesen, bevor die Taliban die Macht übernahmen. Er lebt – als politischer Flüchtling – in Deutschland. Aber weil er Angst um seine Familie hatte, durften wir seinen Namen nicht nennen und mussten sein Gesicht verfremden. Auch heute muss er Repressalien von Sympathisanten der Islamistenbewegung befürchten. Damals erzählte er von dem Bündnis zwischen Osama bin Laden, dem Talibanführer Mullah Omar und ihrem früheren Kampfgefährten Gulbuddin Hekmatyar, der für kurze Zeit einmal die Herrschaft in Kabul an sich gerissen hatte. Diese drei, so der Informant, »haben nach dem Krieg ihre Leute für den Aufbau von Infrastrukturen nach Europa, USA und Mittelasien geschickt. Sie sollten bei Terror- und Sabotageakten eingesetzt werden und leben in Ländern wie England, Holland, Deutschland, Frankreich und den USA.« Heute gehört dieses Schläfersystem schon fast zum Allgemeinwissen. Unser Informant von damals hatte Recht.
Der Sohn Hekmatyars, der im niederländischen Utrecht mit einem konspirativen Propagandabüro Werbung für den Heiligen Krieg in ganz Europa gemacht hatte, setzte sich wenige Wochen vor den Anschlägen am 11. September nach Kanada ab. In Amsterdam und Rotterdam konnte die Polizei aber mehrere seiner Gesinnungsgenossen verhaften. An der Verfügbarkeit von Propagandamaterial hat sich dadurch nichts geändert. Einige Terrororganisationen verbreiten ihre neuesten Frontberichte durch Zeitschriften im Miniformat von 10x15 Zentimetern, die sich leicht in jeder Hemd- und Hosentasche verstecken lassen. Solche Pamphlete sowie die üblichen Hetzvideos können weiterhin in einschlägigen Geschäften erworben werden. So gibt es im Raum Frankfurt/Offenbach eine Ladenkette, die neben Kolonialwaren aller

Art auch islamistische Propaganda feilbietet. Der Verfassungsschutz hat sie unter Beobachtung.

Eine Terrorzelle in Duisburg?

Eben weil die Schläfer sich so perfekt in den Alltag ihres jeweiligen Gastlandes einpassen, gibt es viele Beispiele dafür, wie frei sie diese Tarnung für die Vorbereitung und Durchführung von terroristischen Aktivitäten nutzen konnten und wie schwierig es ist, ihnen genau dies nachzuweisen.

Als Mohamedou ould Slahi sein Import-Export-Geschäft in Duisburg betrieb, war er bei der Moschee um die Ecke als armer Student bekannt. Er kam unregelmäßig und nahm, wie alle anderen, Anteil am Schicksal der Tschetschenen, für die er auch schon mal Geld spendete, erklärte uns der Vorsitzende der Moschee. Aber war Slahi ein Extremist? »Ich habe Slahi nicht als Extremisten kennen gelernt«, meint der Gemeindevorsitzende, ein marokkanischer Arzt, der anonym bleiben möchte. »Wir können auch nicht in das Hirn oder das Herz eines Menschen hereingucken. So wie ich ihn kennen gelernt habe, kann ich ihn mir als Extremisten gar nicht vorstellen. Sonst wären alle unsere Gemeindemitglieder zu so etwas fähig.« Ganz Unrecht mag er damit nicht gehabt haben, denn ein halbes Jahr später sollte sich herausstellen, dass die Al-Taqwa-Moschee nach Erkenntnissen des Bundeskriminalamtes mit hoher Wahrscheinlichkeit der Treffpunkt für eine weitere Terrorzelle der Al Qaida auf deutschem Boden war.
Am 11. April 2002 explodiert neben der »Al Ghriba«, der berühmten Synagoge von Djerba, eine Autobombe. Unter den 16 Todesopfern sind elf Deutsche. Wie aus dem Nichts taucht auf einmal eine deutsche Spur auf, als die tunesischen Behörden an deutsche Stellen eine Telefonnummer übermitteln, über die der mutmaßliche Attentäter knapp zwei Stunden vor dem Anschlag mit einem deutschen Kontaktmann geredet hatte. Die Tunesier

wissen nicht, dass das kurze Telefonat komplett aufgezeichnet wurde. Kurz nach dem 11. September hatte das Bundesamt für Verfassungsschutz mit der elektronischen Überwachung des Anschlusses in Mülheim an der Ruhr begonnen.
Hier die wichtigsten Auszüge aus dem kurzen Gespräch, das genauso ablief, wie es nach dem Handbuch des Dschihad ablaufen sollte.

Naouar: Kennst du mich?
G.: Nein, ich kenne Sie nicht.
Naouar: Ich bin der Saif, ich bin der Saif.
G.: Wer?
Naouar: Saif, Saif.
G.: Ach so. Willkommen. Wie geht es dir?
(…)
G.: Aha, so Gott will. Benötigst du irgendwas?
Naouar: Nein, danke. Ich habe dich angerufen. Ich brauche nur Daa'wa.
G.: So Gott will.
Naouar: Danke
G.: Okay.
Naouar: Auf Wiedersehen. Gehe mit Frieden.
G.: Gehe mit Frieden, Gottes Gnade und Segen sei mit dir.

In der Anleitung für den Heiligen Krieg wird den Schläfern vorgeschrieben, Telefonate mit Unverfänglichem zu beginnen, um sich der Identität ihres Gesprächspartners zu vergewissern. Erst als der mutmaßliche Attentäter seinen Kampfnamen »Saif« nennt, weiß sein Gegenüber, Christian G., mit wem er redet. Sie sollen Codewörter benutzen, wie zum Beispiel »Daa'wa«, das nichts anderes ist als die Genehmigung oder der Einsatzbefehl für den Attentäter. In seinen Aussagen vor Gericht in den USA hatte auch der Algerier Ahmed Ressam bestätigt, dass insbesondere für den Einsatz als »Shahid«, also Selbstmordattentäter, der Segen oder Befehl des »Emirs« erforderlich ist. Den Beamten des Bundesamtes

für Verfassungsschutz erschien der Inhalt des Gesprächs unverdächtig, erst Tage nach dem Attentat, nach dem Tipp aus Tunesien, wurde den Fahndern die Brisanz der Konversation klar.
Bei Christian G. handelt es sich um einen 35-jährigen Spätaussiedler aus Polen, der zum Islam übergetreten ist und nun in Islamistenkreisen in Duisburg den Namen »Ibrahim der Deutsche« führt. Wenige Tage nach dem Anschlag von Djerba durchsuchten Beamte des Bundeskriminalamtes in Duisburg, Mühlheim und Haan die Wohnungen von G., seinem Freund Uwe D., der ebenfalls zum Islam konvertiert war, Karim M., einem 32-jährigen Marokkaner, und Musah el Fatih A. Nach Angaben aus Behördenkreisen war Christian G. erst nach den Anschlägen vom 11. September im Zuge der Rasterfahndung aufgefallen. Das ist nicht die ganze Wahrheit. In Wirklichkeit kannten die Fahnder die vier Verdächtigen und ihre genauen Adressen längst, denn sie waren alle bei den Ermittlungen im Fall Slahi 1998/99 ins Visier des nordrhein-westfälischen Staatschutzes geraten. Im Nachhinein entpuppen sich die Duisburger Freunde, die häufig die Al-Taqwa-Moschee in Hochfeld besuchten, als mutmaßliche Terrorzelle um den Mauretanier und bin-Laden-Gefolgsmann Mohamedou ould Slahi.
Das Muster dabei entspricht ziemlich genau dem Bild, das sich die Fahnder von der Hamburger Terrorzelle um Mohammed Atta machen konnten. Wie der Syrer Mamoun Darkazanli betrieb Slahi ein Import-Export-Geschäft, das eine ideale Tarnung für die Beschaffung von technischem Gerät und für Geldwäsche-Aktivitäten war. Um ihn herum gab es einen kleinen Kreis von Vertrauten, die ebenfalls in den Heiligen Krieg ziehen wollten. Die Herren, einige von ihnen Sozialhilfeempfänger, reisten auffallend viel, darunter mehrfach nach Pakistan und Afghanistan, um sich in Trainingslagern der Al Qaida zu Glaubenskämpfern ausbilden zu lassen. Slahi und Musah el Fatih A. wendeten das Gelernte bei Kurzeinsätzen im Bosnienkrieg an.
In Pakistan hatte Christian G., der erst kurz vor dem 11. September 2001 vom Hindukusch wieder nach Deutschland zurückkehrte, den mutmaßlichen Attentäter von Djerba, Nizar ben Moham-

med Naouar, getroffen. Vor diesem Hintergrund ergibt das seltsame Telefongespräch aus Tunesien auf einmal einen Sinn. G. könnte die Bitte um den »Befehl«, auf den der Tunesier wartete, mit einer schon in Pakistan vereinbarten Formulierung – z.B. »so Gott will« – beantwortet haben. Vielleicht hat er das Anliegen Naouars auch nur entgegengenommen und dann weitergeleitet. Dazu hätte G. nach den Regeln des Dschihad-Handbuches einen öffentlichen Fernsprecher in einiger Entfernung von seiner Wohnung oder eine Telefonkarte benutzen können. Tatsächlich hatten die Ermittler schon in den Jahren zuvor festgestellt, dass sich die Gruppe um Slahi solcher Methoden bediente und vorbezahlte Telefonkarten besaß. Da G. nur abgehört, aber nicht ständig observiert wurde, lassen sich seine Aktivitäten nach dem Anruf aus Djerba im Nachhinein kaum klären.

Wieder führt die Spur nach Hamburg

G. war mit dem Bin-Laden-Mann Mohamedou ould Slahi eng befreundet, in der Al-Taqwa-Moschee steckten sie oft die Köpfe zusammen. Slahi wurde von seinen Vertrauten häufig »Emir« genannt. Auch Karim M., der ebenfalls in einem afghanischen Trainingscamp ausgebildet wurde, gehörte zu der kleinen Clique. Bei ihm wohnte Slahi, der einmal ein Studienkollege gewesen war, im Frühjahr 2000 für einige Zeit nach seiner Rückkehr nach Deutschland, bevor er nach Mauretanien abgeschoben wurde. Auch deshalb fanden die Ermittler des BKA besonders spannend, was sie bei der Durchsuchung der Wohnung von Karim M. am 15. April 2002 in einer Kladde mit handschriftlichen Notizen entdeckten. Dort war die Telefonnummer von Ramzi Binalshibh in Hamburg vermerkt.

Es war die zweite konkrete Spur, dass die Terrorzelle, die den Anschlag vom 11. September vorbereitet hatte, in direktem Kontakt mit den Glaubensbrüdern an Rhein und Ruhr stand.

Die erste war eben jener Telefonanruf von Zacarias Moussaoui, der als zwanzigster Attentäter an den Anschlägen vom 11. September teilnehmen sollte. Zwei Wochen vor seiner Festnahme hatte Moussaoui im Sommer 2001 mehrfach eine Telefonnummer in Düsseldorf angewählt. In der Anklageschrift gegen ihn heißt es: »Um den 29. Juli bis 2. August 2001 herum machte Zacarias Moussaoui von Norman, Oklahoma, aus verschiedene Telefonate. Von öffentlichen Telefonen wählte er eine Nummer in Düsseldorf Deutschland (Deutsche Telefonnummer 2).« Unter der Nummer meldete sich Ramzi Binalshibh, der wenige Tage danach vom Düsseldorfer Hauptbahnhof aus einen hohen Geldbetrag an Moussaoui in die USA überwies.

Binalshibh hielt sich offenbar wiederholt in der nordrhein-westfälischen Landeshauptstadt auf. Hat er sich bei dieser Gelegenheit, wie amerikanische Ermittler glauben, mit Glaubensbrüdern an Rhein und Ruhr getroffen? Nach den Recherchen für dieses Buch traf sich Ramzi Binalshibh tatsächlich mit mindestens einer Person, die der Duisburger Gruppe zugerechnet werden kann, obwohl es keiner von den bisher öffentlich Genannten um Christian G. war. Alles deutet darauf hin, dass es eine enge Verbindung zwischen der Hamburger Zelle und Einzelpersonen in Nordrhein-Westfalen gab. Die Fahnder fanden nämlich nicht nur die Notiz mit Binalshibhs Telefonnummer in der Wohnung von Karim M., sie entdeckten auch ein Konto, auf dem wohl Gelder für die Hinterbliebenen der Hamburger Attentäter bereitstanden.

M. hatte sich, wie einst Slahi, Jahre nach seinem Studienabschluss erneut als Student eingeschrieben. Es ist gut möglich, dass er und seine Freunde andachtsvoll zuhörten, als sich Professoren und Studenten an der Duisburger Gerhard-Mercator-Universität die Köpfe heiß redeten bei der Podiumsdiskussion mit dem Titel »Schlaf, Kriegerlein, schlaf«.

Teil III
Die Welt am Abgrund

7.
Tod aus dem Schnellkochtopf

Sie fanden genau das, was sie am wenigsten finden wollten. Es waren Hunderte von kleinen und großen Gläsern, Fässern und Metallkisten. Die Flaschen waren beschriftet, in Englisch, Arabisch, Russisch und Chinesisch. Anlass genug für Haji Gullalai, den neuen Geheimdienstchef von Kandahar, die Finger von dem Fund zu lassen und Hilfe zu holen. Seine Kämpfer hatten das unterirdische Lager unweit des Flughafens von Kandahar entdeckt, unmittelbar unter einem ehemaligen Ausbildungscamp der Al Qaida.[1]
Amerikanische Spezialisten in ABC-Schutzanzügen untersuchten die gefundenen Substanzen vor dem Abtransport an einen unbekannten Ort. Ihr schlimmster Verdacht wurde bestätigt. Neben chemischen Kampfstoffen wie Blausäure fanden sie leicht angereichertes Uran-238 – nicht atomwaffentauglich und auch nicht in rauen Mengen, aber genug, um daraus eine »schmutzige Bombe« zu bauen[2], einen konventionellen Sprengsatz mit einem Paket Nuklearmaterial, das bei einer Explosion genügend Radioaktivität freisetzen würde, um eine Großstadt zu verstrahlen.
Die Verfügbarkeit dieser Waffen ist für Al Qaida von unschätzbarem Wert, weil der Westen der Terrorgruppe den Besitz und den Einsatz solcher Massenvernichtungsmittel nicht oder noch nicht zutraute. Wohl deshalb leisteten die Al-Qaida-Kämpfer in ihrem Ausbildungslager bei Kandahar den vorrückenden Kräften der Anti-Terror-Allianz solch erbitterten Widerstand. Es war das heftigste Gefecht dieses Krieges, einige Hundert Terroristen fanden dabei den Tod.
Wenn es wirklich so gewesen wäre, wo waren dann die großen Schlagzeilen wie »bin Ladens Nukleararsenal«, »Atommacht Al Qaida«? Die Meldung beruht auf guten Quellen. Das amerikanische Nachrichtenmagazin *Newsweek* beruft sich ausdrücklich auf

Mitarbeiter des US-Geheimdienstes CIA. Sie hätten bestätigt, dass genug radioaktives Material vorhanden war, um solch eine »dirty bomb« zu bauen. Als weitere Quelle wird eben jener Haji Gullalai, der Geheimdienstchef von Kandahar, genannt, dessen Gefolgsleute das Sammelsurium von Gläsern, Büchsen und Fässern in den unterirdischen Gewölben gefunden hatten. Nach seinen Angaben hätten ihm ausländische Experten (damit sind die Amerikaner gemeint) gesagt, dass es sich um Uran handelte.

Zwei Monate später soll alles nur ein Irrtum gewesen sein. Ende Februar meldete die britische Tageszeitung *Daily Telegraph*, dass Osama bin Laden offenbar das Opfer eines Betruges gewesen sei.[3] In mehreren Fässern, die im Landwirtschaftsministerium von Kabul und in den Tunneln von Kandahar gefunden worden waren, sei keinerlei radioaktives Material zu entdecken. Die Behälter seien möglicherweise mit leicht strahlenden Stoffen behandelt worden, um bei einem möglichen Test Geigerzähler ausschlagen zu lassen. Damit liege der Verdacht nahe, dass bin Ladens Terroristen geschickten Waffenhändlern auf den Leim gingen. So jedenfalls mutmaßt ein nicht näher genannter Berater des Pentagons: »Wir haben keinerlei ernsthaft radiologisches Material gefunden. Was wir in Afghanistan entdeckt haben, war kein echtes Nuklearmaterial. Man hat sie betrogen, wie viele andere auch.«[4]

Also Entwarnung? Das wäre ein großer Fehler. Es ist möglich, dass sich die amerikanischen Waffenexperten vor Ort bei der Erstuntersuchung der Funde von Kandahar täuschen ließen und einen Fehlalarm auslösten. Es mag sogar sein, dass bin Laden sich angeblich von dubiosen Lieferanten hereinlegen ließ, obwohl die Fässer doch, so das Pentagon, Verdacht erwecken mussten, da sie aus viel zu dünnem Metall gemacht waren, um wirksam vor Strahlung zu schützen. Und man mag auch außer Acht lassen, dass das amerikanische Verteidigungsministerium bis Ende Februar 2002 das Büro für strategische Information unterhielt, das den Auftrag hatte, die öffentliche Meinung in feindlichen, aber auch befreundeten Staaten zu beeinflussen.[5]

Trotzdem gibt es genügend Anlass zur Sorge. Dazu genügt schon der Blick auf eben jene Woche im Februar dieses Jahres, in der der angebliche Uranfund von offizieller Seite dementiert wurde. Gleichzeitig legte die CIA dem amerikanischen Kongress einen neuen Bericht über den Schmuggel mit radioaktivem Material vor, an dem auch Al Qaida interessiert war. In der Studie werden eine Reihe von Nukleardiebstählen aufgezählt, die bis zu diesem Zeitpunkt nicht veröffentlicht worden waren. 1992 verschwanden 1,5 Kilogramm angereichertes Uran bei der Luch-Production-Association in Russland. 1994 wurden 3 Kilogramm angereichertes Uran in Moskau gestohlen, und 1998 entwendeten Unbekannte Strahlenmaterial aus dem Atomkraftwerk Tscheljabinsk.

Ebenfalls Ende Februar wurde auf Weisung von US-Präsident Bush eine dauerhafte »Schattenverwaltung« eingesetzt, ein Stab von hohen Beamten aus amerikanischen Ministerien, Sicherheitsbehörden und Militär, die unterirdisch an einem geheimen Ort leben. Sie halten sich für den Fall bereit, dass die US-Hauptstadt Washington Ziel einer Attacke mit Massenvernichtungswaffen wird. Hat die Bush-Administration doch Informationen, die sie der Öffentlichkeit vorenthält?[6]

Das Thema Massenvernichtungswaffen ist längst nicht erledigt, nur weil in Afghanistan keine ausreichenden Beweise für die Fähigkeiten von Al Qaida gefunden wurden. Im Gegenteil: Das Tabu ist gebrochen. Zum ersten Mal, so belegen die Funde und eine Vielzahl anderer Hinweise, haben Terroristen das Wissen, die Motivation, den Willen und ausreichend Rohstoffe, um Massenvernichtungsmittel auch tatsächlich einzusetzen.

Am 29. Mai 1998 wandte sich Osama bin Laden in einer Fatwa mit dem Titel »Die Nuklearbombe des Islam« an seine Anhänger. In der Erklärung fordert er alle Muslime zur Beschaffung von Massenvernichtungswaffen auf, weil es »die Pflicht jedes Muslimen ist, so viel Schlagkraft wie möglich zu entwickeln, um die Feinde Gottes zu terrorisieren«. Zu diesem Zeitpunkt hatte Al Qaida längst Schritte in diese Richtung unternommen. Nach Einschätzung westlicher Geheimdienste bemühte sich die Organisa-

tion seit 1992, atomares, chemisches und biologisches Material für die Herstellung solcher Waffen zu erhalten.
Seit Jahren machte die CIA die Politiker immer wieder auf die erklärte Absicht der Terroristen aufmerksam. Aber der Geheimdienst fügte stets hinzu, von der Umsetzung in die Tat, also der Anwendung bei Anschlägen, sei Al Qaida noch weit entfernt. In Wirklichkeit aber sind die Terroristen in allen Kategorien der Massenvernichtung der tatsächlichen Anwendung viel näher, als die meisten Beobachter glauben wollen.

Tod durch Blausäure

Beginnen wir mit dem letzten Buchstaben des ABC der Vernichtung. Chemische Waffen gehören schon seit längerem zur Grundausstattung der Al Qaida. Sicher auch, weil sich ihre Zutaten am einfachsten beschaffen lassen. Vor dem 11. September traute die amerikanische CIA den Terroristen ansatzweise Fähigkeiten bei der Herstellung von chemischen Kampfstoffen zu. Es gab Hinweise auf Experimente mit Blausäure, Phosgenen und Chlorinen, insbesondere in einem Labor in Derunta, einem kleinen Dorf in der Nähe von Jalalabad.[7]
Bei der Einschätzung der Gefährlichkeit legte der amerikanische Geheimdienst die Latte allerdings immer recht hoch. Die »Weaponization Capability«, also die Fähigkeit, daraus eine Waffe mit großer Wirkung zu bauen, galt als das entscheidende Kriterium. Diese Annahme aber ist in Bezug auf eine Terrororganisation wie Al Qaida ein fataler Fehler, schließlich können schon kleinste Mengen dieser Stoffe genügend Menschen töten, um den Anschlag zu einem Erfolg zu machen.
Genau dafür trainierte Al Qaida; und die Behörden kennen die Details seit mehr als zwei Jahren, seit der schon erwähnte Ahmed Ressam vor Gericht von seiner Ausbildung in Afghanistan berichtet hatte. Seine Kameraden und er, so Ressam, seien in Sonderkursen in die Herstellung und Anwendung von chemischen

Kampfstoffen eingewiesen worden. Hier ein Auszug aus dem Protokoll eines Prozesses, in dem Ressam als Zeuge gegen einen seiner früheren Helfer aussagte und dabei erschreckende Details des Chemiewaffentrainings der Terroristen preisgab:

Frage: »Sie haben zugesehen, als Ihr Ausbilder den Hund in den Karton setzte?«
Ressam: »Ja.«
Frage: »Dann schüttete der Ausbilder Zyanid[8] in die Box, korrekt?«
Ressam: »Ja.«
Frage: »Er fügte Schwefelsäure hinzu?«
Ressam: »Ja.«
Frage: »Und kurz danach ist der Hund gestorben?«
Ressam: »Ja.«
(...)
Frage: »Sie haben diese Techniken an Hunden ausprobiert, um sie später dann bei Ihren Anschlägen auf Menschen anzuwenden, ist das korrekt?«
Ressam: »Ja, wir wollten die Wirkung des Gases kennen lernen.«
Frage: »Als mögliche Ziele galten amerikanische Staatsbürger, ist das korrekt?«
Ressam: »In Bezug auf die Ziele haben wir von Amerika gesprochen, als dem Feind des Islam.«
(...)
Frage: »Einer der Gründe für die Ausbildung war die Absicht, das Zyanid in das Lüftungssystem großer Gebäude einzubringen?«
Ressam: »Ja, das stimmt.«
Frage: »Und Sie wurden trainiert, das Zyanid neben dem Lüftungssystem zu deponieren, um möglichst viele Menschen zu töten, ohne sich selbst zu gefährden oder entdeckt zu werden?«
Ressam: »Ja, dafür wird Gas verwendet.«

Die Gotteskrieger nahmen ihr Wissen mit in ihre künftigen Einsatzgebiete. Im Kofferraum von Ahmed Ressams Auto fanden die Behörden neben herkömmlichen Komponenten für Bomben auch zwei pulverisierte Substanzen (RDX und Hexamethylentriperoxiddiamin), deren Herstellung und Mischung selbst für erfahrene Chemiker höchst gefährlich ist.[9] Entweder hatte der Algerier in Afghanistan eine erstklassige Ausbildung bekommen oder ein Spezialist hatte ihm geholfen.
Ähnlich fortgeschrittene Kenntnisse müssen auch Mitglieder der Meliani-Gruppe in Frankfurt gehabt haben. Nach ihrer Festnahme im Dezember 2000 fand die Polizei in deren Wohnung drei Anleitungen für den Eigenbau von Bomben. Die ebenfalls entdeckten Chemikalien hätten nach der Analyse des Bundeskriminalamtes die Herstellung von drei verschiedenen Sprengstoffen ermöglicht, darunter auch die Fertigung einer binären Bombe, bei der zwei verschiedene Substanzen zusammenkommen müssen, um die Explosion auszulösen.
Außerdem fand das BKA in Frankfurt einen Schnellkochtopf, der bereits für einen Anschlag mit Sprengstoff und Metallteilen gefüllt worden war. Trotz der tödlichen Wirkung solch einer Bombe im Umkreis von rund 150 Metern stellt sie wohl eher das untere Ende des Leistungsspektrums der Terroristen dar, die geplant hatten, einen Anschlag auf den Weihnachtsmarkt in Straßburg zu verüben.
Bei der Durchsuchungsaktion fiel den Fahndern auch eine giftige Substanz in die Hände, zu der sich in den Berichten des Bundeskriminalamtes keine näheren Angaben finden. Darüber hinaus fanden die Beamten Hinweise auf eine Terrorzelle in Mailand, die die italienische Polizei im Frühjahr 2001 ausheben konnte. Vor der Verhaftungsaktion hatte der italienische Sicherheitsdienst DIGOS die verdächtigen Tunesier über mehrere Monate abgehört. Dabei wurden die Ermittler besonders hellhörig, als in den Telefongesprächen mehrfach von mysteriösen Gasen und Giftstoffen die Rede war.
Am 22. März 2001 redeten zwei der Zellenmitglieder über eine Attacke mit Gas, das »sie nur aussetzen müssen. Dann können sie

verschwinden, so als wäre nichts geschehen«. Kurz danach diskutierten mehrere Verdächtige über einen Gastank, der als Bombe präpariert und mit Hilfe einer »quick ignition«, einer Schnellzündung, zur Explosion gebracht werden kann. Sie beziehen sich in ihrem Gespräch auf einen Mann, der in Tunesien von der tunesischen Polizei festgenommen worden war, ohne dass diese besondere Art von Gas in seiner Wohnung entdeckt wurde. »Glücklicherweise«, so einer der Beteiligten, »haben sie das Gas nicht gesehen, das wirklich sehr gefährlich ist.« Das Gespräch hat vielleicht eine brisante Bedeutung. Es könnte von einer Flüssiggasbombe die Rede gewesen sein, wie sie im April 2002 an der Synagoge von Djerba deutsche Touristen in den Tod riss. Hatte die tunesische Polizei möglicherweise wichtige Hinweise auf einen solchen Anschlag übersehen?

In einem Gespräch am 8. März 2001 reden ein Verdächtiger in Mailand und ein Tunesier in Deutschland über »Gasbomben« und »Batterien«. Am 14. März erwähnt der Anführer der Mailänder Zelle, Essid Sami ben Khemais, »eine besonders wirksame Flüssigkeit, durch die Menschen ersticken« können. Dieser Stoff lasse sich problemlos in »Tomatendosen« abfüllen. Am 22. März sprechen die Abgehörten über die internationale Ausbreitung von Al Qaida, die ihre Unterabteilungen unter anderem in Marokko, Algerien, Deutschland, Frankreich, Spanien und Großbritannien habe. »Al Qaida gibt es von Algerien bis zu den Philippinen«, merkt der Chef der Zelle an. Ein Mann namens Mohammed, hinter dem sich offenbar der damals in Deutschland lebende Lasid ben Heni verbirgt, erklärt den anderen detailgenau, wie der Schnellkochtopf, den die Frankfurter Zelle für ihren Anschlag präpariert hatte, zusammengesetzt ist.

Erst acht Monate später, im Februar 2002, konnten die Fahnder eine weitere Terrorzelle der Al Qaida in Rom enttarnen.[10] Bei den vier Marokkanern fand man nicht nur Stadtpläne, auf denen die amerikanische Botschaft markiert war, sondern auch rund vier Kilogramm Potassiumferrocyanid. Nach Angaben der Behörden hatten die mutmaßlichen Terroristen geplant, die Wasserversorgung des römischen Stadtteils zu vergiften, in dem die US-Botschaft liegt. Dazu hätten sie das Zyanid aus der Eisenverbindung herauslösen müssen. In seiner reinen Form wäre in Kombination mit anderen Stoffen auch ein Gasangriff auf öffentliche Gebäude möglich gewesen.

Bakterien und Viren als Terrorwaffe

Die idealste Waffe der Terroristen einer neuen Generation sind biologische Kampfstoffe. Sie sind leicht zu transportieren und zu verstecken; eine Viren- oder Bakterienkultur könnte unter einer Briefmarke verborgen in ein Land geschmuggelt werden. Sie sind unkompliziert in der Anwendung, vorausgesetzt, der Täter ist bereit, sein eigenes Leben bei dem Attentat aufs Spiel zu setzen. Allerdings könnte er sich auch mit dem richtigen Impfstoff vor einer Ansteckung schützen. Krankheitserreger können darüber hinaus schon in kleinsten Mengen größtmögliche Wirkung erzielen. Die Anthraxattacken in den USA im vergangenen Jahr haben das bewiesen. Wenn das Ziel der Terroristen ist, das öffentliche Leben lahm zu legen und psychische Wirkung in der breiten Masse zu erzeugen, dann waren die immer noch ungeklärten Anschläge mit fünf Toten aus der Sicht des Täters oder der Täter ein großer Erfolg.[11]

Nach den neuesten Erkenntnissen muss das Anthraxpulver in den Briefen wohl von einem wissenschaftlichen Genie hergestellt worden sein.[12] Nach monatelangen Analysen steht nun fest, dass die Waffenfähigkeit des benutzten Stoffes weit über das hinausgeht, was bisher aus allen staatlichen oder nichtstaatlichen Forschungsprogrammen bekannt war, wenn auch nur wenigen Eingeweihten.[13] Die Milzbrandsporen waren so fein gemahlen, dass sogar einzelne Sporen unter dem Mikroskop identifiziert werden konnten, ummantelt mit einem chemischen Stoff, der bislang von keinem Labor, sei es in den USA, in der ehemaligen Sowjetunion oder im Irak für diesen Zweck benutzt worden war. Das macht die An-

nahme, dass Al Qaida hinter den Anschlägen steckt, nicht wahrscheinlicher als die Theorie, dass ein verärgerter Forscher in den USA für die Attacken verantwortlich sein könnte.
Trotzdem gibt es eine Reihe von Anhaltspunkten, dass sich Anhänger von Al Qaida biologische Kampfstoffe beschafft oder hergestellt und Erfahrung im Umgang mit ihnen gesammelt haben. Hier seien allerdings nur die Hinweise genannt, die auf einigermaßen seriösen Quellen beruhen. In der Nähe von Kandahar fanden Soldaten der U.S. Special Forces ein im Bau befindliches Labor für biologische Kampfstoffe.[14] Aus den dabei entdeckten Dokumenten und Geräten schloss das Oberkommando des Afghanistan-Einsatzes, dass es sich um eine Einrichtung zur Produktion von Anthrax handelte, obwohl keinerlei Spuren von Milzbranderregern festgestellt werden konnten.
Ungeklärt ist weiterhin, aus welchem Grund sich Mohammed Atta mindestens einmal, vermutlich aber sogar mehrfach mit einem irakischen Agenten in Prag traf. Atta kam am Morgen des 2. Juni 2000 zum ersten Mal in die tschechische Hauptstadt. Über seine Aktivitäten dort ist nichts Näheres bekannt. Am darauf folgenden Tag flog er von Prag in die USA. Bei seinem zweiten Aufenthalt im April 2001 traf sich Atta mit dem irakischen Diplomaten Ahmad Khalil Ibrahim Samir al-Ani, der die Kopfstelle des irakischen Geheimdienstes in Tschechien leitete.[15] Bei dem Treffen ging es nach Angaben tschechischer Behörden um einen möglichen Anschlag auf den Hörfunksender »Radio Free Europe/Radio Liberty«, der in Prag ansässig ist.[16] Ob al-Ani, der kurz danach wegen Spionage aus der Tschechischen Republik ausgewiesen wurde, Atta Milzbranderreger übergab, ist bisher ungewiss, aber nach Informationen des ehemaligen UN-Waffeninspektors im Irak, Richard Butler, hat die ägyptische Regierung konkrete Hinweise auf eine Übergabe von Anthrax in Prag.[17] Das deckt sich mit einer Aussage von zwei Islamisten, die nach den Anschlägen in Ägypten festgenommen und verhört wurden. Nach einer Meldung des Online-Dienstes Middle-East-Newsline behaupten sie, in der Tschechischen Republik ein Reagenzglas mit Milzbranderregern in Emp-

fang genommen und dann an Mitglieder ihrer Organisation weitergegeben zu haben. Diese Angaben ließen sich bis heute aus unabhängigen Quellen nicht bestätigen.

In Florida besichtigten Mohammed Atta und seine Freunde einen Flughafen mit landwirtschaftlichen Sprühflugzeugen. Sie ließen sich Einzelheiten zu den mechanischen Vorrichtungen der Maschinen erklären und informierten sich genau über die Flughöhen, in denen eine optimale Ausbringung von Insektiziden über einer größtmöglichen Fläche zu erzielen war. Hatten sie vor, chemische oder biologische Kampfstoffe zu versprühen? Bei dem mutmaßlichen zwanzigsten Attentäter für den 11. September, Zacarias Moussaoui, fanden die Ermittler Unterlagen über Sprühflugzeuge und Mischverhältnisse von toxischen Substanzen.

Im Juni 2001 kam ein neuer Patient in die Notaufnahme des Holy-Cross-Krankenhauses in Fort Lauderdale, Florida. Ahmed Ibrahim al-Haznawi ließ sich wegen eines Wundmals an seinem Bein vom Dienst habenden Arzt untersuchen.[18] Dr. Christos Tsonas säuberte die entzündete Stelle und verschrieb dem Mann ein Antibiotikum. Al-Haznawi war am 11. September einer der Entführer von United Airlines Flug 93, der vor Erreichen seines eigentlichen Ziels in Pennsylvania abstürzte. Bei seinem Besuch im Krankenhaus begleitete ihn Ziad Jarrah, ein weiterer Attentäter.

Nach den Anschlägen sah Dr. Tsonas auf Bitte des FBI, das die Medikamente im Gepäck des Attentäters gefunden hatte, die Behandlungsunterlagen noch einmal durch und kam zu dem Schluss, dass die Entzündung höchstwahrscheinlich durch den Kontakt mit Milzbranderregern verursacht wurde. Der Verdacht wurde anschließend im Rahmen einer Untersuchung durch das Johns Hopkins Center for Civil Biodefense Strategies, einer angesehenen Forschungseinrichtung für biologische Kampfstoffe, ausdrücklich bekräftigt. Die Ermittlungsbehörden aber hielten es weiterhin für höchst unwahrscheinlich, dass die Attentäter vom 11. September irgendetwas mit den Anthrax-Attacken in den Wochen danach zu tun hatten.[19]

Dabei gibt es weitere merkwürdige Zufälle. Zwei der Milzbrandopfer in den USA lebten nur wenige Kilometer von der Flugschule in Florida entfernt, an der Mohammed Atta und seine Freunde für ihr Attentat trainierten. Nicht weit von ihren Apartments lag das Redaktionsgebäude der Skandalzeitung *The Sun*, deren Fotoredakteur das erste Opfer der Anthrax-Anschläge wurde. Die Terroristen hatten Abonnements für das Sensationsblatt, das häufiger negative Schlagzeilen über Osama bin Laden brachte.[20] Die Frau des Herausgebers war die Besitzerin zweier Wohnungen, in denen Marwan al-Shehhi und Hamza al-Ghamdi lebten. Waren all das nur reine Zufälle? Bis heute sind viele Details dieser Gegebenheiten nicht geklärt.

Auf Grund zahlreicher Hinweise durchsuchten amerikanische Forscherteams in Afghanistan bis Mitte März 2002 rund sechzig Gebäude, Lagerräume und Tunnel, die für die Produktion von biologischen und chemischen Kampfstoffen in Frage kamen. Selbst durch ausführliche Tests mit Bodenproben konnten jedoch keinerlei solche Substanzen nachgewiesen werden, obwohl die Ermittler in den Wochen und Monaten zuvor immer wieder Schriftmaterial und Zeugenaussagen ausgewertet hatten, die auf eine Ausbildung von Al-Qaida-Kämpfern an nichtkonventionellen Waffen schließen ließen.[21] Bei einer Anhörung des amerikanischen Senats im März 2002 wies der Chef des amerikanischen Geheimdienstes CIA, George Tenet, dennoch darauf hin, dass »Dokumente aus Al-Qaida-Einrichtungen in Afghanistan zeigen, dass bin Laden ein anspruchsvolles Forschungsprogramm für Biowaffen anstrebte. Wir glauben auch, dass bin Laden einen nuklearen Sprengsatz kaufen oder entwickeln wollte und dass Al Qaida ein Gerät zur Verbreitung radioaktiven Materials, eine so genannte ›schmutzige Bombe‹, herstellen möchte.«[22] Nähere Angaben über die Beweise machte Tenet nicht.

Das nukleare Restrisiko

Im Bereich der nuklearen Waffen hat Al Qaida offenbar große Anstrengungen unternommen. Nach einer vertraulichen Studie der Anti-Terror-Abteilung der Vereinten Nationen aus dem Frühjahr 2001 hatte sich der Schmuggel von Nuklearmaterial in den letzten fünf Jahren verdoppelt. Hauptinteressent war Osama bin Laden. »Es ist klar«, so heißt es in dem vertraulichen Papier »dass bin Laden aktiv versucht, sich Massenvernichtungsmittel zu verschaffen.«[23] Die größte Sorge der Vereinten Nationen ist, dass radioaktives Material, zum Beispiel aus der russischen Atomanlage Tscheljabinsk, mit Hilfe der russischen Mafia in die Hände von Al Qaida gelangt sein könnte. Die Atomeinrichtungen seien völlig unzureichend gesichert. Zitat: »Der größte Teil des waffenfähigen Nuklearmaterials ist in 400 Gebäuden untergebracht, die nicht so bewacht sind, wie sie bewacht werden müssten.«
Das bestätigt auch der Physikprofessor und Rüstungsfachmann an der amerikanischen Stanford University, Friedrich Steinhäusler, der einst Mitglied der Internationalen Strahlenschutzkommission war.[24] Er verweist auf mehrere dokumentierte Versuche von Al Qaida, an radioaktives Material heranzukommen. In einem Fall habe die Terrororganisation über Mitglieder der russischen Mafia hochangereichertes Uran aufkaufen wollen. In Prag seien mehrere Kilogramm des gefährlichen Stoffes sichergestellt worden.
Aus dem New Yorker Prozess gegen die Attentäter von Kenia und Tansania ist bekannt, dass der Kronzeuge des Verfahrens, Jamal al-Fadl, nach eigenen Angaben eine Erfolgsprämie in Höhe von 10 000 Dollar kassierte, nachdem er den Ankauf von angereichertem Uran aus Südafrika eingefädelt hatte.[25] Der Vertraute bin Ladens im Sudan, dem der Behälter mit dem angeblichen Uran gezeigt worden war, konnte allerdings nicht mit Bestimmtheit sagen, ob der Deal im Wert von 1,5 Millionen Dollar am Ende zu Stande kam. Nach Informationen aus amerikanischen Sicherheitskreisen, die auch der Bundesnachrichtendienst bestätigt, war

der 1998 in Deutschland verhaftete Finanzchef bin Ladens, Mamdouh Mahmud Salim, ebenfalls als Aufkäufer für Nuklearmaterial tätig.

In einem Versteck der Terrororganisation in Kabul fanden CIA-Agenten handschriftliche Dokumente mit der Bauanleitung für wesentliche Bestandteile von nuklearen Waffen. So steht es in einem vertraulichen Bericht des amerikanischen Geheimdienstes an den US-Kongress.[26] Demnach handelte es sich um Beschreibungen für die Herstellung einer schmutzigen Bombe mit einer bestimmten Menge von Uran und hochexplosiven Sprengstoffen. Kombiniert mit anderen Hinweisen über die Verfügbarkeit solcher Materialien via Internet und aus ehemaligen Sowjetrepubliken zieht die CIA den Schluss, dass nach den Attacken vom 11. September nun auch mit nuklearen, biologischen und chemischen Anschlägen gerechnet werden müsse.

Für seine nuklearen Pläne hatte Osama bin Laden möglicherweise Hilfe von Topwissenschaftlern. Die beiden ehemaligen Direktoren der pakistanischen Atomenergiekommission, die an der Entwicklung der Atomraketen des Landes beteiligt waren, wurden im Oktober 2001 unter dem Verdacht der Unterstützung von Al Qaida verhaftet.[27] Bashir Uddin Mahmud und Chaudry Abdul Majid sind für ihre fundamentalistischen Ansichten bekannt. Mahmud, der die Taliban für die »Bewahrer der Wiedergeburt des Islam« hielt, hatte nach seinem Rückzug aus der Atombehörde 1998 eine Hilfsorganisation gegründet, die eng mit den Taliban zusammenarbeitete. Sein Haus in Kabul, in dem die Ermittler auch Dokumente über biologische Kampfstoffe fanden, lag in unmittelbarer Nähe eines Gästehauses von Osama bin Ladens Terrororganisation.[28]

Schon deshalb kann die Entdeckung im Tunnelsystem bei Kandahar keine Erleichterung hervorrufen. Auch wenn die Nachrichtendienste glauben, dass dort kein angereichertes Uran lagerte, sehen sie die umfangreichen Bestände aller möglichen gefährlichen Substanzen sowie die angeblichen Nuklearbehälter als Beweis an, dass Al Qaida mit aller Macht nach dem Besitz von Massenvernich-

tungswaffen strebt. Niemand weiß, ob die Terrororganisation nicht an anderen Orten über Strahlenmaterial verfügt.
Auch Abu Zubaida, der ranghöchste Al-Qaida-Funktionär in amerikanischer Gefangenschaft, machte darüber keine näheren Angaben. Aber er bestätigte den Ermittlern, dass bin Ladens Organisation an der Entwicklung einer »dirty bomb« arbeitete und dass die Terroristen genau wüssten, wie das Strahlenmaterial mit einem chemischen Sprengstoff zu kombinieren sei, um eine größtmögliche Wirkung zu erzielen.[29] Seine Befrager fragen sich nun selbst, ob Zubaida ihnen die Wahrheit sagte oder nur Ängste schüren wollte. In seinem Notizbuch, das den Fahndern bei der Festnahme in Pakistan in die Hände fiel, finden sich eine Reihe von Informationen über mögliche Anschläge, aber die Ermittler sind sich nicht sicher, ob die Texte nur seine Gedanken und Ideen oder auch konkrete Anschlagspläne widerspiegeln. Sie bemühen sich, die gewonnenen Informationen bei neuerlichen Verhören von anderen Gefangenen zu überprüfen. Als dann im Mai 2002 Jose Padilla, alias Mohammed al-Muhaijr bei seiner Einreise in die USA festgenommen wurde, da schienen sich Zubaidas Angaben zu bestätigen. Der gebürtige Amerikaner hatte sich dem Al-Qaida-Drahtzieher Monate vorher angedient, um einen Anschlag mit einem nuklearen Sprengsatz in den USA zu verüben.
Aber schon lange vor dieser Festnahme und Zubaidas finsteren Andeutungen waren die USA vorsichtig geworden. Als die Amerikaner in der Silvesternacht 2001 am Times Square in New York den Beginn des neuen Jahres feierten, wurden sie von einem Großaufgebot der Polizei beschützt. Ein Teil der Cops hatte vorher ganz besondere Ausrüstungsgegenstände in Empfang genommen: Messgeräte zum Nachweis radioaktiver Strahlung.

8.
Löcher im System

Sein Gegenüber machte ihm ein verlockendes Angebot: 200 000 Dollar. Was Iwan Iwanow dafür tun musste, war nicht viel. Ein paar Kontakte herstellen, vielleicht eine Tarnfirma gründen. Und dann sollte es losgehen mit der Beschaffung von radioaktiven Abfällen aus dem bulgarischen Kernkraftwerk Kozlodoj. Nach kurzer Überlegung lehnte Iwanow ab. Schließlich war ihm klar, mit wem er hier verhandelte: mit einem Wissenschaftler im Auftrag Osama bin Ladens. Der bulgarische Geschäftsmann hatte den Terrorfürsten gerade selbst erst kennen gelernt, an einem geheimen Ort irgendwo in den Bergen zwischen Afghanistan und China.[1]

Iwanow, dessen richtiger Name dem Autor dieses Buchs bekannt ist, war als Beauftragter der Saudi Bin Laden Group SBG in Pakistan, um neues Personal zu rekrutieren. Die SBG gehört der Familie von Osama bin Laden, die sich zwar vor Jahren schon von dem terrorbegeisterten Al-Qaida-Anführer distanziert hatte, aber weiterhin enge Geschäftsbeziehungen zu ihm unterhielt. Firmenvertreter der SBG in Pakistan nahmen den bulgarischen Ex-Offizier Iwanow im April 2001 zu einer Großveranstaltung nahe der afghanischen Grenze mit. Dort hielt bin Laden unter dem Schutz pakistanischer Soldaten eine flammende Rede gegen Israel und die USA. »Wir werden beide bestrafen, und zwar schon sehr bald«, an diese Worte erinnert sich Iwanow genau. Am folgenden Tag traf er kurz mit dem Terrorfürsten zusammen, der ihm für seine Unterstützung dankte.

Was bin Laden damit meinte, erkannte er später im Gespräch mit einem pakistanischen Chemiker, der ihm das Angebot der Organi-

sation unterbreitete und der nach Iwanows Angaben über Einreisevisa für Großbritannien und die USA verfügte. Das Treffen beweist nicht nur, dass die Terrororganisation aktiv versuchte, an Nuklearmaterial heranzukommen, sondern dass sie offenbar über Wissenschaftler verfügte, die ihr Fachwissen in den Dienst des Heiligen Krieges stellten.
Jahrelang sah der Westen nur die nukleare Hochrüstung einzelner Staaten wie Iran, Irak, Pakistan oder Nordkorea als Bedrohung an. Atombomben galten als Mittel, um die Interventionsschwelle zu erhöhen, also andere Staaten von einem Angriff gegen eine Nuklearmacht abzuhalten. Dieses Motiv übertrugen Politik und Sicherheitsbehörden auch auf Terrorgruppen. Diese, so die Annahme, seien an Atomwaffen interessiert, um sich selbst vor Attacken zu schützen und um gegebenenfalls mit der angedrohten Zündung einer solchen Bombe politische Zugeständnisse zu erpressen. »Dabei«, so ein hochrangiger Experte der Bundesregierung, »übersahen wir das Naheliegendste: das Potenzial von Nuklearmaterial als Terrorwaffe.« Schon kleine Mengen reichen aus, um Chaos und Panik auszulösen, wie sie die USA am 11. September an den Rand des Abgrunds brachten. Tatsächlich hätte die Welt schon seit 1995 um die Gefahr wissen müssen.

Gasangriff im göttlichen Auftrag

Es waren schreckliche Bilder: Hustende und würgende Menschen stolperten die Treppen empor, brachen zusammen und wanden sich in Krämpfen. Der Albtraum, vor dem Fachleute längst gewarnt hatten, über den Bestseller geschrieben und Filmdrehbücher verfasst wurden und der den Politikern dennoch als noch ferne Fiktion galt, wurde zur grausamen Wirklichkeit.
Der Anschlag der japanischen Aum-Sekte auf die U-Bahn in Tokio vom 19. März 1995 hätte der Weckruf sein müssen. Nicht nur weil Terroristen ihre finsteren Drohungen in die Tat umsetzten, sondern weil sie die Mittel dazu hatten. Im Zuge der Er-

mittlungen fand die Polizei heraus, dass Aum-Shinrikyo auch mit biologischen und atomaren Waffen experimentierte. Schon vor der U-Bahn-Attacke hatte die Sekte versucht mit Verteilerdüsen, die an Hochhäusern der Tokioter Innenstadt befestigt waren, Anthrax zu versprühen. Und in Australien schürften die Fanatiker in einer eigenen Mine nach Uran. Aber nach Ansicht der Fahnder fehlten der Sekte das Fachwissen und das Können, um aus diesen Stoffen wirklich Massenvernichtungsmittel zu machen. Dazu sei wohl nur ein richtiger Staat mit seinen technischen, personellen und finanziellen Ressourcen in der Lage. Auch hier dachte man, es gehe den Terroristen um die Herstellung einer echten Atombombe.

Osama bin Laden hat der Welt bereits bewiesen, dass diese Annahmen endgültig überholt sind. Auch wenn der Nachweis im Einzelfall bisher nicht möglich ist, so nutzte Al Qaida wohl all jene Löcher im System, die gerade die westlichen Staaten in ihrer Selbstsicherheit den Terroristen gelassen hatten. Dabei waren sich die Beteiligten offenbar der Gefahren längst bewusst. Im Mai 2001 versammelten sich in Stockholm Experten der Internationalen Atomenergiebehörde, der Welt-Zoll-Organisation und von Interpol[2] zu einer Konferenz voller Horrorszenarien: Nach Ansicht der Vortragsredner geht es nicht mehr um das Ob, sondern nur noch um das Wann der ersten Anwendung von Massenvernichtungswaffen durch Terroristen.

Weltweit gibt es drei Millionen Kilogramm waffentaugliches Uran und Plutonium und ein Vielfaches an weiteren strahlenden Materialien. Das wäre mehr als genug, um eine radiologische Bombe zu bauen, und es ist leicht genug bewacht, um problemlos in den Besitz der Stoffe zu gelangen. Damals warnte vor allem der schon erwähnte Stanford-Professor Friedrich Steinhäusler vor der Bedrohung. Als ehemaliges Mitglied der Internationalen Strahlenschutzkommission hielt er es für möglich, ohne größere Schwierigkeiten an das Material heranzukommen und eine Strahlenbombe in einem Flughafen oder Einkaufscenter zu platzieren. Es gehe dabei nicht mehr um »Massenvernichtung« *(mass destruction)*, sondern

um »Massenstörung« (*mass disruption*), also um eine Lähmung des öffentlichen Lebens eines Landes.
Steinhäusler war maßgeblich an einer Studie beteiligt, derzufolge die Vorbeuge- und Sicherheitsmaßnahmen in elf untersuchten Ländern mehr als unzureichend sind. Bei Recherchen in den USA, in Brasilien, Deutschland und der Schweiz, in Österreich, China, Polen, Rumänien, Israel, Kasachstan und Bangladesh fanden die Forscher Erschreckendes. In keinem der Länder gab es Strahlenmessgeräte an den unbewachten Grenzübergängen; ein Viertel der Staaten führte keine Liste über Strahlenmaterial, das aus Krankenhäusern und anderen medizinischen Einrichtungen verschwindet; in den meisten Ländern seien die Mitarbeiter in Programmen mit radioaktivem Material schlecht ausgebildet und schlecht bezahlt; und in einem Drittel der Länder wurde in den letzten zehn Jahren Nuklearmaterial gestohlen.
Das ist längst noch nicht alles. Nach der bereits erwähnten vertraulichen Studie der Anti-Terrorabteilung der Vereinten Nationen aus dem Jahr 2001 gab es seit 1993 insgesamt 550 Schmuggelversuche mit radioaktivem Material. In jedem zehnten Fall handelte es sich um waffenfähiges Plutonium oder Uran.[3] Dabei schätzen Experten die Dunkelziffer viel höher ein. Ein Großteil der wenigen Messgeräte ist völlig veraltet und ungenau. Trotz der milliardenschweren Anstrengungen, die der Westen zur Sicherung des atomaren Potenzials in den ehemaligen Sowjetrepubliken unternommen hat, gelten acht Jahre nach Beginn des Programms gerade mal 14 Prozent des waffentauglichen Bestandes als gesichert.
Trotzdem hat die amerikanische Regierung ihre finanzielle Unterstützung für das Programm radikal zusammengekürzt. Und das, obwohl nach Einschätzung des US-Außenministeriums vom Frühjahr 2001 von 130 Terrorgruppen in der Welt eine nukleare Gefahr ausgeht. Nach Geheimdienstinformationen gab es, wie bereits erwähnt, enge Kontakte zwischen Al Qaida und der russischen Mafia. So gehen die Fahnder davon aus, dass die Terrororganisation gute Beziehungen aus Drogengeschäften mit dem organisierten Verbrechen nutzte, um nukleares, biologisches und

chemisches Material anzukaufen. Die Ermittler stützen sich bei dieser Behauptung auf Quellenberichte aus der Region.[4]
Weil schon kleine Mengen von Nuklearmaterial für den Bau einer »dirty bomb« ausreichen, müssten schon kleine Fehlbestände große Sorgen verursachen. So kann das amerikanische Energieministerium nicht mehr mit Bestimmtheit sagen, was mit zwei bis drei Kilogramm Plutonium geschehen ist, die die US-Regierung seit den Fünfzigerjahren an 33 Staaten verteilte.[5] Unter den Empfängern des Programms »Atom für den Frieden« waren auch Länder wie Pakistan, Indien, Iran und Irak, die das radioaktive Material in Strahlenmessgeräten und in der Forschung einsetzen sollten, es dann aber auch zur Entwicklung von Massenvernichtungswaffen nutzten. Die Bestandsliste mit dem gefährlichen Material wurde seit 1984 nicht mehr auf den neuesten Stand gebracht.
Ähnliche Versäumnisse gab es auch bei der Kontrolle von Nuklearmaterial innerhalb der USA. Nach einer Studie, die das Energieministerium Anfang November 2001 veröffentlichte, ist der Verbleib von bedeutenden Mengen an Plutonium und Uran, die an amerikanische Universitäten, Forschungslabors, Krankenhäuser und Bundesbehörden ausgeliehen waren, nicht mehr aufzuklären.[6] Obwohl in einigen Fällen die schlechte Buchführung schon vor beinah einem Jahrzehnt von der US-Atomaufsichtsbehörde bemängelt worden war, hatte sich an den Praktiken bis zum Jahr 2001 nichts geändert. Nach Angaben der Nuklearen Kontrollbehörde der USA gingen amerikanischen Firmen seit 1996 1500 radioaktive Proben verloren. Weitere 30 000, so schätzt die US-Umweltbehörde, wurden achtlos weggeworfen. Mit jeder einzelnen davon ließe sich eine Strahlenbombe bauen.

Biologische Kampfstoffe frei Haus

Die Sicherheitslücken bei der Verwaltung und Verwahrung radioaktiver Stoffe sind geradezu harmlos, verglichen mit der Schlamperei im Umgang mit möglichen biologischen Kampfstoffen. Während die Sammlung von Strahlenmaterial zur Herstellung einer radiologischen Bombe immerhin noch einen größeren Aufwand und eine Menge Zeit und Geld erfordert, sind das Material und das Wissen für den erfolgreichen Einsatz einer Biowaffe leicht verfügbar. Dabei gibt es eine Reihe von Stoffen, die sich besser für Terroranschläge eignen als Anthraxsporen, die mit aufwändigen Verfahren erst waffentauglich gemacht werden müssen. Ein tödlicher Ebola-Virus im Körper eines Selbstmordattentäters aber, der die Krankheit an Bord eines Flugzeuges oder in einem Kino unter die Leute bringt, würde bereits die Wirkung erzeugen, auf die es den Terroristen ankommt. Die Zahl der Todesopfer ist da beinahe schon Nebensache.

Bis vor wenigen Jahren noch war die Bestellung von Erregern für Milzbrand, Hasenpest, Ebola und ähnliche Seuchen geradezu ein Kinderspiel, dank der Dienstbeflissenheit der *American Type Culture Collection*. Das private Institut im US-Bundesstaat Maryland, nahe der amerikanischen Hauptstadt, hielt eine große Auswahl von Viren und Bakterien für den weltweiten wissenschaftlichen Austausch bereit. Von hier gelangten in den siebziger bzw. achtziger Jahren des vergangenen Jahrhunderts Anthrax und andere Erreger nach Nordkorea, in den Iran und an die Universität von Bagdad. Damals war Iraks Diktator Saddam Hussein noch ein guter Freund der Vereinigten Staaten, weil er mit dem ersten Golfkrieg für die Eindämmung des Ayatollah-Regimes im Iran sorgte.

Die Bestellung war bis vor sechs Jahren sogar problemlos über das Internet möglich. Der Kunde musste nur ein wissenschaftliches Interesse nachweisen; und das galt als gegeben, wenn der Besteller ein pharmazeutisches Unternehmen oder ein Forschungslabor war. Niemand überprüfte, ob es sich dabei um Tarnfirmen handelte, hinter denen in Wirklichkeit ein Geheimdienst oder die wissenschaftliche Abteilung einer Terrororganisation steckte.

Bei einer Anhörung vor dem amerikanischen Kongress im Frühjahr 1998 musste Colonel David Franz, der damalige Leiter der militärischen Forschungseinrichtung für Infektionskrankheiten, USAMRIID, unter dessen Schirmherrschaft die geheime Biowaffenforschung der USA bis in das Jahr 2001 weitergeführt wurde, erhebliche Versäumnisse bei der Kontrolle gefährlicher biologischer Stoffe zugeben. Erst im Jahr zuvor war das sorglose Treiben der *American Type Culture Collection* beendet worden. Die amerikanische Seuchenkontrollbehörde erließ strenge Vorschriften für den wissenschaftlichen Austausch. Nur wer in einer eigens eingerichteten Datenbank als genehmigter Empfänger biologischer Substanzen verzeichnet und intensiv kontrolliert worden war, konnte solche Stoffe noch bestellen.

Bis dahin hatten auch Universitäten sowie andere private und öffentliche Institute im In- und Ausland das Biomaterial völlig unbeaufsichtigt austauschen können.

Worüber Colonel Franz damals nichts sagte, war die Schlamperei an seiner eigenen Forschungseinrichtung im Umgang mit biologischem Material.[7] 1969 war das US-Biowaffenprogramm von Präsident Nixon offiziell beendet worden. Unter dem neuen Namen *US Army Medical Research Institute of Infectious Diseases* führte die Armee allerdings die Forschung an Gegenmitteln und Impfstoffen weiter. Die dabei entwickelten Methoden hätten jederzeit für die Wiederaufnahme der Produktion von Biowaffen genutzt werden können. Jeder Wissenschaftler, der in den Labors von USAMRIID in Fort Detrick im US Bundesstaat Maryland arbeitete, konnte gefährliche Substanzen jederzeit unkontrolliert per Post in alle Welt verschicken.

Das bestätigen mehrere ehemalige Mitarbeiter, darunter Richard Crosland, der jetzt für die National Institutes of Health der USA tätig ist. Nach Croslands Angaben habe nie jemand überprüft, ob solche Postsendungen an legitime Empfänger gingen. »Irgendjemand konnte irgendetwas in ein Reagenzglas füllen, es irgendwie benennen und dann irgendwo hinschicken. Der Sicherheitsoffizier unterschrieb alles, weil er den Bezeichnungen auf dem Umschlag Glauben schenkte.«

Die laschen Sicherheitsvorkehrungen waren geradezu eine Einladung zum Diebstahl von hochgefährlichen Stoffen. Auch die Statistik über verwendete oder ausgeliehene Substanzen in den

Sicherheitslabors wurde selten auf dem neuesten Stand gehalten. Dadurch war eine Kontrolle über möglicherweise fehlende oder entwendete Stoffe unmöglich. Aus den vorhandenen Unterlagen geht hervor, dass Anthrax-Erreger aus dem so genannten Ames-Stamm, also von der Art, wie sie bei den Attacken nach den Anschlägen vom 11. September verwendet wurden, an mindestens fünf Forschungseinrichtungen in den USA verschickt wurden.[8] Wie viele Empfänger in den Listen von Fort Detrick fehlen, darüber lässt sich nur spekulieren.

In den Neunzigerjahren wurde der Stellenplan von USAMRIID um 30 Prozent zusammengestrichen. Noch Jahre danach standen Reagenzgläser von entlassenen Mitarbeitern in den Kühltruhen des Instituts, gekennzeichnet bestenfalls mit dem Namen des jeweiligen Forschers. Was die Gefäße genau enthielten, war aus dem Text der Etiketten nicht ersichtlich. Zwar waren und sind die Sicherheitsmaßnahmen für Personen, die sich unter einem Vorwand Zutritt verschaffen wollen, äußerst scharf, aber eine Kontrolle der bekannten Mitarbeiter fand de facto nicht statt. Jeder von ihnen hätte beim Verlassen des Labors giftige Stoffe im Kittel oder in einer Dose mitnehmen können. Das System basierte auf absolutem Vertrauen in die Zuverlässigkeit der Wissenschaftler und ihrer Helfer. Auf zusätzliche Maßnahmen wie Videoüberwachung oder einen Zwang, immer nur in Teams von mindestens zwei Personen an gefährlichen Stoffen zu arbeiten, wurde und wird bis heute verzichtet. Dabei gibt es längst Anlass genug, diese Praktiken zu ändern.

Nach einer internen Bestandsaufnahme von 1992 waren insgesamt 27 im Vorjahr entliehene Präparate unauffindbar, darunter Ebola- und Hanta-Viren, HIV- und Anthrax-Erreger sowie zwei Proben mit der Aufschrift »unknown« (»unbekannt«), eine Kennzeichnung, die meist für geheime Forschungsprojekte, z.B. mit Pocken, benutzt wird. Bei dem verschollenen Material handelt es sich vor allem um Gewebeproben von Labortieren, die mit den tödlichen Erregern infiziert worden sind. Die daraufhin eingeleitete vertrauliche Untersuchung der Armee förderte weitere erschreckende Fakten zu Tage.

Mobbing im Hochsicherheitslabor

In Fort Detrick herrschte offenbar ein von beruflichen Eifersüchteleien und Missgunst geprägtes Arbeitsklima. Ein arabischstämmiger Mitarbeiter, Ayaad Assaad, hatte beispielsweise nach dem Golfkrieg von 1991 schlimmste Schmähungen über sich ergehen lassen müssen, darunter ein selbst gebasteltes Kamel mit einem Spottgedicht: »Zu Ehren von Assaad haben wir dieses Kamel erschaffen, weil auch er eine noch niedrigere Lebensform ist als ein Stück Hefe.« Alle Beschwerden über Diskriminierung am Arbeitsplatz, die der Amerikaner mit ägyptischen Vorfahren und zwei weitere Wissenschaftler mit arabischen Vorfahren an Colonel Franz richteten, blieben ergebnislos. Sie werfen ihrem ehemaligen Chef Rassismus vor; David Franz weist das als Unterstellung zurück.

Als wäre das nicht schon genug, erfuhren die internen Ermittler der Armee auch, dass über Monate hinweg irgendjemand während der Nachtstunden und an Wochenenden nicht autorisierte Forschungsarbeiten mit Anthrax-Erregern durchführte. Wissenschaftler hatten entdeckt, dass ein Elektronenmikroskop des Instituts unerlaubterweise benutzt worden war. Die einzige Person, auf die die Hinweise der Ermittler in diesem Zusammenhang deuteten, war Oberstleutnant Philip Z., der von befreundeten Mitarbeitern in das Labor gelassen wurde, obwohl weder sie noch er eine Genehmigung dafür besaßen.

Z. hatte USAMRIID erst kurz zuvor verlassen. Ihm war vorgeworfen worden, am Mobbing von Ayaad Assaad und zwei weiteren Kollegen aktiv beteiligt gewesen zu sein. Die Armee-Untersuchung blieb ergebnislos, aber die Anthrax-Anschläge im Herbst 2001 veranlassten das Pentagon und das FBI die mysteriösen Vorfälle von 1991/92 noch einmal genauer zu überprüfen. Am 3. Oktober 2001 saß Dr. Assaad nämlich nach einer Vorladung in einem fensterlosen Raum des FBI-Hauptquartiers in Washington. Zwei Agenten konfrontierten ihn mit einem Brief, in dem er als Bioterrosrist beschuldigt wurde. Der erste Milzbrandfall in Florida wurde wohlgemerkt erst am 5. Oktober, also zwei Tage nach dem Verhör, entdeckt. Da Assaad nach den Ermittlungen des FBI nichts mit den Anschlägen zu tun hatte, kann dies nur eins bedeuten: Der Denunziant wusste womöglich von den bevorstehenden Attacken.

»Ich glaube, wer immer den anonymen Brief geschickt hat«, so Assaad in einem Fernsehbeitrag des ZDF im Juni 2002, »hat direkt oder indirekt etwas mit der Anthrax-Attacke zu tun. Ich kann keinen Namen nennen, aber das alles ist kein Zufall.« Tatsächlich kannte der Schreiber des anonymen Briefes die Gegebenheiten im Armeelabor USAMRIID offenbar genau. Er beschrieb Assaads Ausbildung, seine damaligen Projekte und seine Sicherheitsstufe. Diese und andere Detailkenntnisse deuten darauf hin, dass der Denunziant und mutmaßliche Athrax-Attentäter aus dem Zentrum der amerikanischen Biowaffenforschung kam und einer von Assaads Kollegen sein könnte. Wollte Philip Z. sich möglicherweise an seinem ehemaligen Kollegen und an der US-Regierung rächen? Bis heute gibt es keine offizielle Stellungnahme dazu, aber die internen Auseinandersetzungen bei USAMRIID wären geeignete Motive für Rache und unlauteres Verhalten; wegen der Schlamperei bei den Kontrollen musste damals ein Dieb noch nicht einmal seine Entdeckung befürchten. Eine mögliche Verbindung zu den Anthrax-Attacken des Jahres 2001 wäre wohl kaum zu beweisen.

Der Hauptanlass für den Verdacht, dass Forscher aus US-Regierungslabors hinter den Bioanschlägen stecken könnten, waren sicher die Ereignisse rund um USAMRIID in den neunziger Jahren. Schon damals gab es in den USA eine Diskussion um die Gefährdung der Welt durch Bio- und Chemiewaffen in den Händen von Saddam Hussein, der die Waffeninspektoren der Vereinten Nationen gerade aus dem Land geworfen hatte. Vor diesem Hintergrund warnten bei der Senatsanhörung 1998 zahlreiche Terrorismusexperten vor dem allzu sorglosen Umgang mit Krankheitserregern aller Art. Der erfahrenste unter ihnen war ohne Zweifel Dr. Ken Alibek, der für ein kleines pharmazeutisches Unternehmen vor den Toren Washingtons arbeitete.

Der Überläufer warnt vor der Katastrophe

Alibek hieß einst Kanatjan Alibekov und war stellvertretender Leiter von *Biopreparat*, dem gigantischen Biowaffenprogramm Russlands, in dessen rund 40 Forschungs- und Produktionsstätten im ganzen Lande zu Zeiten der Sowjetunion über 30 000 Menschen beschäftigt waren. Als Chefwissenschaftler des Komplexes leitete er auch die Entwicklung einer neuen Sorte von Anthrax, die seinen Namen trägt und die um ein Vielfaches tödlicher wirkt als vergleichbare Milzbrandarten im amerikanischen Forschungsprogramm.

Alibek ist ein Überläufer. 1992 verließ der gebürtige Kasache unter geheimen Umständen Russland, ohne dass der KGB seine Flucht verhindern konnte. Kurz danach breitete er bei der CIA in den USA sein ganzes Wissen aus.

Im März 1998 hatte ich Gelegenheit zu einem ausführlichen Gespräch mit Alibek im ZDF-Studio Washington. Dabei erzählte er von Interkontinentalraketen, in deren Mehrfachsprengköpfen sich ein bunter Strauß von biologischen Kampfstoffen befunden habe, von Milzbrand über Pocken bis zu Pest.

Da er als stellvertretender Leiter von Biopreparat auch über vergleichbare Programme anderer Staaten informiert wurde, geht Alibek davon aus, dass der Irak, der Iran, Nordkorea, Pakistan, Indien, China, Libyen und Israel über Bestände von waffentauglichem Anthrax und anderen Erregern verfügen. Verschärft werde das Problem durch die katastrophale Wirtschaftslage in den ehemaligen Sowjetrepubliken. Die schlechte Behandlung von Wissenschaftlern und anderen Mitarbeitern im Biowaffenprogramm könnte dazu führen, dass sie ihr Wissen und bereits vorhandenes Material anderen Staaten, möglicherweise aber auch terroristischen Gruppen zur Verfügung stellen. Genau das ist nach Ansicht von Alibek nach dem Zusammenbruch der Sowjetunion geschehen.

Dabei beunruhigt ihn ein Aspekt ganz besonders. Auf diese Weise könnte ein Know-how in falsche Hände geraten sein, gegen dessen

Anwendung es mit den heute vorhandenen Methoden keinen wirksamen Schutz geben kann. Einen Schwerpunkt ihrer Arbeit sahen die Forscher rund um Alibek nämlich in den Versuchen, bekannte Erreger genetisch zu verändern und mit anderen zu kombinieren. So war ihnen die Züchtung von Pestbakterien gelungen, die gegen alle Antibiotika resistent waren. Gleiches galt für eine Weiterentwicklung des Alibek-Anthrax. Am erschreckendsten aber ist Alibeks Feststellung, dass es russischen Wissenschaftlern gelungen war, tödliche Erreger genetisch miteinander zu verschmelzen, so genannte Chimären herzustellen. Dabei werden Genabschnitte eines Virus in das Erbmaterial eines anderen eingebaut, und genau das gelang den Forschern mit Pocken und einem Erreger für Hirnhautentzündung.

Bei unserem Gespräch in Washington zeigte uns Ken Alibek die neuesten wissenschaftlichen Veröffentlichungen seiner ehemaligen Kollegen aus Russland. In ihnen wird detailliert beschrieben, wie sich die tödliche Wirkung von Ebola mit der hohen Ansteckungsrate von Pocken kombinieren lässt. Die so entstandenen Ebolapocken würden bei 90 Prozent der Infizierten zu einer Zerstörung der Zellwände führen; große Blutergüsse unter der Haut, die nach außen durchbrechen, und die totale Selbstauflösung der inneren Organe in eine blutige geleeartige Masse wären die Folge. Gegen eine solche Biowaffe gäbe es keinen wirksamen Schutz, da alle bekannten Impfstoffe die Ausbreitung der Seuche nicht verhindern könnten.

Das Wissen um die Herstellung dieses und anderer genetisch veränderter Erreger ist im Internet und in einschlägigen wissenschaftlichen Publikationen frei verfügbar. Ken Alibek warnte schon damals vor den möglichen Folgen. Es sei für einen einigermaßen begabten Zellbiologen oder Genforscher kein Problem, mit Hilfe dieser wissenschaftlichen Anleitungen und einer Standardlaborausstattung solche tödlichen Chimären zu produzieren.

Nur wenige Tage nach dem Gespräch hatten wir am Rande einer Konferenz über neu entstehende Infektionskrankheiten in Atlanta Gelegenheit, Alibeks einstigen Gegenspieler Colonel David Franz von USAMRIID nach dem Gefährdungspotenzial durch diese Veröffentlichungen zu befragen. Seine Antwort war klar und unmissverständlich: »Natürlich können Sie das nachmachen, sofern Sie all die technischen Voraussetzungen haben, die in den Papieren beschrieben werden, z.B. auch eine Genveränderung in Anthrax-Erregern. Aber damit sind sie immer noch ein Stück entfernt von einer effektiven Waffe. Sie müssen erst einige technische Schwierigkeiten bewältigen, um eine Waffe herzustellen, die auch wirklich massenhaft Opfer zur Folge hat.«[9]

Diese Aussage stammt, wie gesagt, aus dem Jahr 1998, und Colonel Franz bezog sich dabei auf die Schwierigkeit, biologische Substanzen in großer Menge, zum Beispiel durch Versprühen auszubringen, ohne dass die Wirkung verloren geht. Als er auch bei der schon erwähnten Kongressanhörung »massenhaft Opfer« durch Biowaffen in den Händen von Terroristen ausschloss, fragten ihn die Senatoren, was er mit »massenhaft« meine. Franz gab zur Antwort: »Hunderttausende von Menschen.« Erst auf die Nachfrage des Senators, wie es denn mit tausend Opfern wäre, räumte Franz ein: »Ja, insbesondere mit der Unterstützung durch irgendwelche Staaten wäre das wohl möglich.«

Die Anthrax-Briefe vom Herbst 2001 haben gezeigt, wie naiv es war, über ein noch kleineres Szenario erst gar nicht nachzudenken. Schon eine Hand voll Opfer reichte aus, um Amerika in Angst und Schrecken zu versetzen, ein Anschlag mit ein paar Tausend Opfern hätte wohl unweigerlich zum Zusammenbruch des öffentlichen Lebens geführt. Obwohl die meisten Experten glauben, dass Al Qaida noch nicht zur Herstellung von genetisch veränderten Krankheitserregern oder Chimären in der Lage ist, wächst das Risiko künftiger Attacken mit solch einem Schreckensarsenal mit jedem noch so kleinen Fortschritt im Bereich der Gentechnologie. Jede Veröffentlichung eines neuen Durchbruchs öffnet dem Missbrauch Tür und Tor.

Innerhalb weniger Jahre ist die Bedrohung um ein Vielfaches gestiegen. Auch Ken Alibek glaubt heute angesichts des rasanten wissenschaftlichen Fortschritts und der Verfügbarkeit der Anleitungen über das Internet, dass zur Herstellung von biologischen Kampfstoffen keine Unterstützung durch Drittstaaten erforderlich ist: »Vor zehn Jahren brauchten sie für die Entwicklung dieser Waffen noch Millionen von Dollar«, erklärte er mir im November 2001. »Heute reicht wohl schon ein guter Dolmetscher mit wissenschaftlichen Kenntnissen und ein wenig Geld für die notwendige Ausrüstung, um solche Stoffe herzustellen.«[10]

Naive Wissenschaftler und überforderte Politiker

Wie atemberaubend groß die Gefahr ist und wie notwendig eine strengere Kontrolle von wissenschaftlichen Veröffentlichungen wäre, zeigt ein Beispiel aus dem Jahr 2001. Ein australisches Forscherteam hatte zufällig einen genetisch veränderten Virus hergestellt, der absolut tödlich ist.[11] Die Wissenschaftler an der Universität in Canberra wollten eigentlich ein Mittel finden, das Mäuse unfruchtbar macht und damit zur Bekämpfung einer Mäuseplage eingesetzt werden kann. Zu diesem Zweck injizierten sie ein Gen in einen Mäusepockenvirus. Der Erreger zerstörte daraufhin das Immunsystem der Versuchstiere in 100 Prozent der Fälle. Die Forscher stoppten daraufhin die Experimente und vernichteten alle angelegten Virenkulturen.

Der genetisch veränderte Mäusepockenvirus ist zwar für Menschen ungefährlich, aber die gleiche Methode könnte einen menschlichen Pockenvirus, der nur ein Drittel seiner Opfer tötet, zu einem unbesiegbaren Killer machen, gegen den kein Gegenmittel hilft. Davor wollten die Forscher die Menschheit unbedingt warnen. Deshalb veröffentlichten sie ihre Arbeit Anfang 2001 im *Journal of Virology* mit einer detaillierten Beschreibung ihrer leider unglaublich einfachen Methode. Jeder Nachwuchswissenschaftler ist nun in der Lage, eine Katastrophe anzurichten, vorausgesetzt, er hat Zugriff auf einen menschlichen Pockenvirus.

Die schriftlichen Bedienungsanleitungen waren immer schon eine große Lücke in dem Bestreben, das nötige Know-how für die Pro-

duktion von biologischen Kampfstoffen unter Kontrolle zu halten. Bis vor kurzem konnte jeder interessierte Kunde für ein paar Dollar Rezepte aus der Giftküche sogar direkt von der US-Regierung erwerben.[12] Seit der offiziellen Beendigung des amerikanischen Biowaffenprogramms 1969 sind zahlreiche interne Berichte, Studien und andere Dokumente der Wissenschaftler von damals deklassifiziert worden, sie unterliegen also nicht mehr der Geheimhaltung. Die Papiere werden der interessierten Öffentlichkeit von einer dem Wirtschaftsministerium unterstehenden Firma in der Nähe von Washington angeboten. Von seiner Internetseite aus verkauft der Nationale Technische Informationsdienst (NTIS) in Springfield, Virginia, eine Flut von Bedienungsanleitungen für den Biowaffenbau. In einer Studie von 1958 ist die Laborarbeit mit dem Pockenvirus detailgenau beschrieben. In einem anderen Bericht geht es dem Titel zufolge um die »Entwicklung von ›N‹ für den offensiven Gebrauch in biologischen Waffen«. »N« ist das militärische Codewort für den Milzbranderreger.
In »Auswahl der Vorgehensweise beim Gefriertrocknen, Zerkleinern und Abfüllen von Bio-Kampfstoffen« wird geschildert, wie Viren oder Bakterien so behandelt werden können, dass sie sich durch die Luft verbreiten und in die Lungen ihrer Opfer gelangen. Eine Bauanleitung für eine primitive Fabrik, die solch ein Pulver herstellen kann, ist beigefügt. Und dann gibt es da noch die Fibel über die »Stabilität von Botulin in üblichen Getränken«. Botulinus-Toxin, ein Stoffwechselprodukt des Bakteriums »Clostridium botulinum«, ist der giftigste Stoff, der der Wissenschaft bis heute bekannt ist. Das Blut- und Nervengift ist übrigens gar nicht schwer zu beschaffen. Botulin ist ein Bestandteil vieler Antifaltencremes und kann mit Hilfe eines chemischen Prozesses aus den Schönheitssalben zurückgewonnen werden. Umso bedenklicher ist die offene Verfügbarkeit von Anleitungen für den Gebrauch dieser Stoffe.
Im Jahr 2000 gab die US-Regierung unter Präsident Bill Clinton eine weitere Deklassifizierung von vormals geheimen Dokumenten aus dem USAMRIID-Labor in Auftrag. Nach den Anschlägen vom 11. September wurde die Veröffentlichung jedoch mit soforti-

ger Wirkung gestoppt. Nun will die Regierung Bush bereits herausgegebene Dokumente wieder unter Geheimhaltung stellen. Es wäre ein naives Unterfangen. Die Reklassifizierung würde bestenfalls den Anschein von Sicherheit vermitteln, denn immerhin sind die Papiere längst über das Internet in aller Welt verbreitet worden, und auf demselben Weg gelangen täglich Dutzende von wissenschaftlichen Studien an die Öffentlichkeit, die von seriösen Wissenschaftlern ebenso genutzt werden können wie von skrupellosen Geschäftemachern und Terroristen.

Bei Durchsuchungsaktionen verlassener Stützpunkte und Gästehäuser der Al Qaida in Afghanistan wurden zahlreiche solcher Anleitungen für biologische, chemische und nukleare Kampfstoffe gefunden. Nach Ansicht von Ken Alibek wäre es ein großer Fehler, den Höhlenkämpfern aus Afghanistan und ihren intellektuellen Schläfern in aller Welt die Anwendung dieses Wissens nicht zuzutrauen. »Die Terroristen mögen verrückt sein, dumm sind sie nicht. Wenn in der Anleitung so genau steht, wie man biologische Waffen herstellt und einsetzt, dann bedeutet das heutzutage eben, dass sie es auch wirklich tun könnten.«

Die Politik des Wegschauens

Aber die Behörden unternehmen wenig. Im Gegenteil: Die Politik trägt mit ihrem Freund-Feind-Denken zur Verschärfung des Problems bei. Wenn es dem Westen wirklich ernst damit wäre, alle möglichen Quellen von Material für Massenvernichtungswaffen zu verstopfen, dann wäre ein wirksamer, wenn auch nicht hundertprozentiger Schutz möglich. Aber alle Absichtserklärungen können nicht darüber hinwegtäuschen, dass kurzfristige politische und geostrategische Erwägungen viel zu oft Vorrang haben vor einer langfristigen Prävention. Ein Beispiel: Rund um das Vektor-Labor in Russland sind in den letzten Jahren eine Reihe von kleinen Unternehmen wie Pilze aus dem Boden geschossen. Mit den Neugründungen versuchen gegenwärtige und ehemalige

Wissenschaftler des russischen Biowaffenprogramms, ihre Forschungsergebnisse zu vermarkten. Nach Erkenntnissen westlicher Geheimdienste gibt es einen regen Austausch zwischen diesen Firmen und einer Reihe von Laboratorien in der Islamischen Republik Iran. Das Mullah-Regime verfügt demzufolge über ein umfangreiches Biowaffenprogramm; obendrein macht der Iran große Fortschritte bei der Entwicklung einer eigenen Langstreckenrakete.

Ähnliche Informationen gibt es über den Irak. Und die werden von den Nachrichtendiensten und der Politik eifrig an die Medien weitergereicht, weil Diktator Saddam Hussein eines der nächsten Ziele im Krieg gegen den Terrorismus sein soll. Der Iran aber gilt in diesem Kampf seit dem Amtsantritt von Präsident Khatami Mitte der Neunzigerjahre als Verbündeter. Deshalb wurde Journalisten bei Hintergrundgesprächen stets ans Herz gelegt, die Erkenntnisse über das Biowaffenprogramm des vermeintlichen Partners nicht in die Öffentlichkeit zu tragen. Dabei zählt der Iran nicht zu den stabilsten Staaten in der Region. Er unterstützt nachweislich Terrorgruppen wie die Hisbollah im Libanon und wurde im Lagebericht des US-Außenministeriums als aktivster Förderer des islamistischen Terrorismus im Jahr 2000 geführt. Er war an der Finanzierung der von den Israelis Anfang dieses Jahres abgefangenen Waffenlieferung für die Palästinenser beteiligt. Und Mitte der neunziger Jahre gab es auch erste Kontakte des iranischen Geheimdienstes zu Osama bin Ladens Al Qaida, wie die *New York Times* unter Berufung auf CIA-Dokumente berichtete.[13]

Der ehemalige CIA-Agent Robert Baer bestätigt das. In seinem Buch *See No Evil* verweist er auf ein Treffen bin Ladens mit einem iranischen Geheimdienstoffizier im Juli 1996 in Afghanistan.[14] Zuvor hatte sich ein Führungsmitglied der Al Qaida mit hochrangigen Vertretern des Sicherheitsministeriums in Teheran getroffen. Ziel der Beratungen sei eine »strategische Zusammenarbeit« im Kampf gegen den gemeinsamen Feind Amerika gewesen. Dabei galt dem Westen bislang die Zusammenarbeit zwischen schiitischen und sunnitischen Muslimen als völlig ausgeschlossen. Darauf angesprochen, meinte ein Vertreter der Bundesregierung: »Völlig unmöglich! Das kann nicht wahr sein!« Die Wahrheit ist, dass der gemeinsame Feind Amerika offenbar seltsame Bettgenossen zusammenbrachte. Wieder ein Beispiel für die erfolgreiche Strategie der Terroristen: das Undenkbare zu denken.

Vor diesem Hintergrund mag der Maulkorb in Bezug auf das iranische Biowaffenprogramm zwar verständlich sein, weil der Westen die angeblich so fortschrittliche Regierung von Präsident Khatami nicht destabilisieren will. Sollte Khatami aber scheitern, dann wird sich das Verschweigen der Fakten als kurzsichtig, naiv und höchst gefährlich erweisen.

Die amerikanische Seuchenkontrollbehörde in Atlanta ist jedenfalls auffallend aktiv in diesen Monaten und Tagen, nicht nur wegen der Anthrax-Attacken im vergangenen Jahr. 140 Mitglieder einer schnellen Eingreiftruppe mit dem Spitznamen »Seuchenjäger« wurden gegen Pocken geimpft und in Crashkursen auf die Früherkennung von Pockenerkrankungen trainiert.

Eigentlich gelten die Pocken seit einer weltweiten Impfkampagne in den Siebzigerjahren als ausgerottet. Die Krankheit ist mit schweren Entstellungen verbunden, die Todesrate liegt bei etwa 30 Prozent. Der hochansteckende Virus existiert angeblich nur noch in Labors der amerikanischen und der russischen Regierung. Trotzdem forderte das US-Gesundheitsministerium die Pharmaindustrie Ende Oktober 2001 auf, 300 Millionen Ampullen Pockenimpfstoff herzustellen. Droht also doch ein Anschlag, oder ist das reiner Aktionismus?

9.
Der Mantel des Schweigens

Kurz nach dem Auftauchen der ersten Anthrax-Briefe in den USA geisterte ein neues Horrorszenario durch die Medien: Ein Selbstmordattentäter, der sich mit dem Pockenvirus infiziert hat, geht auf einen belebten Platz und steckt durch seinen Husten ein paar Dutzend Menschen an. Bald danach erkranken sie ebenfalls und infizieren ihrerseits Dutzende von Bekannten und Verwandten. Die Todeswelle kommt ins Rollen. Eine Katastrophe mit Tausenden, vielleicht Zehntausenden von Toten ist unvermeidlich.

»Unmöglich«, hieß es gleich von Seiten der amerikanischen und der deutschen Regierung. Schließlich seien alle Pockenviren vernichtet worden, bis auf die geringen Restbestände bei der US-Seuchenkontrollbehörde CDC in Atlanta und im Vektor-Labor in Sibirien, das einst zum sowjetischen Biowaffenprogramm gehörte. Bei beiden seien die Erreger durch erstklassige Sicherheitsmaßnahmen geschützt. Aber dieser Behauptung westlicher Regierungen widerspricht Dr. Ken Alibek, der ehemalige russische Biowaffenmanager, ganz entschieden. »Wir sollten niemandem glauben, der behauptet, dass die Viren gut bewacht sind. Das ist nur die offizielle Wahrnehmung. Wir glauben nur, sie seien gut bewacht.«

Wer einmal das Center for Disease Control im US-Bundesstaat Georgia besucht hat, der ist geneigt, der offiziellen Version Glauben zu schenken. Hinter der Sicherheitsschleuse zum Labor mit dem »Biosafety-Level 4« arbeiten die Forscher auch mit Ebola- und Hanta-Viren. Dabei tragen sie die gleichen gummiartigen Schutzanzüge mit Sauerstoffzuleitung, die Kinogänger aus dem Ebola-Drama »Outbreak« des deutschen Regisseurs Wolfgang Petersen kennen. In den Räumen herrscht Unterdruck, kein Lüftchen dringt durch die hermetisch abgeriegelten Türen. Was immer die Wissenschaftler mit hineinnehmen, darf nicht wieder hinaus, aller

Abfall wird durch eine Klappe direkt in den Verbrennungsofen gekippt.

Die Sicherheitsmaßnahmen im russischen Vektor-Labor wirken etwas primitiver und altmodischer als in seinem amerikanischen Gegenstück, aber der entscheidende Schwachpunkt an beiden Orten sind die Menschen, die in den Labors der Amerikaner und der Russen arbeiten. Ob es in Atlanta ähnlich chaotische Verhältnisse gab und gibt wie bei USAMRIID in Maryland ist schwer einzuschätzen, aber in Sibirien ist die Situation durchaus vergleichbar. Die Befürchtungen Ken Alibeks scheinen sich zu bestätigen. Am 6. November 2001 meldete sich in der britischen Zeitung *Daily Telegraph* der Direktor des Vektor-Instituts zu Wort. Die Welt, so Dr. Lew Sandachtschiew, solle lieber wieder den Impfstoff produzieren, weil sich Selbstmordattentäter mit dem Virus infizieren könnten. Wegen der schlechten Bezahlung seiner Forscher – umgerechnet etwa 125 Euro im Monat – vermutet Sandachtschiew, dass Kollegen ihr Wissen und vielleicht auch Erreger bereits an Dritte verkauft haben, zum Beispiel am Rande internationaler Konferenzen. »Alles ist möglich heutzutage. Nur der Teufel weiß, mit wem sie sich treffen.«[1]

Diese Aussage sollte eigentlich die Alarmglocken schrillen lassen, angesichts der Tatsache, dass Russland erhebliche Biowaffenbestände bereithielt. Allein von dem Pockenkampfstoff lagerten 20 Tonnen in den Bunkern der Armee; über die Menge von genetisch manipuliertem Alibek-Anthrax oder kombinierten Erregern wie Ebolapocken lässt sich nur spekulieren. Dank der schlampigen Kontrollen ließen sich kleinere Chargen dieser Stoffe wohl problemlos aus den Forschungs-, Produktions- und Lagerstätten herausschmuggeln.

Selbst wenn dies nicht geschehen ist, so ist die angeblich sichere Verwahrung des Pockenvirus nicht mehr als ein Mythos. Nach der weltweiten Impfkampagne der Weltgesundheitsorganisation WHO in den Siebzigerjahren wurden zwar alle Labors aufgefordert, Restbestände des Virus zu vernichten, aber ob ihre Vollzugsmeldungen auch tatsächlich der Wahrheit entsprachen, hat nie

jemand kontrolliert. Demzufolge könnten Pockenerreger weiterhin in den Ländern existieren, die sich die Option auf eine Verwendung als Biowaffe erhalten wollten.
In seinen Tagen als stellvertretender Leiter des russischen Biowaffenprogramms wurde Ken Alibek vom KGB darüber informiert, dass Nordkorea mit Sicherheit auch nach der WHO-Initiative weiter an biologischen Kampfstoffen mit Pockenviren forschte. Und auch für den Irak sind wissenschaftliche Untersuchungen mit einem Ersatzerreger, den Kamelpocken, belegbar. Das aber würde nur Sinn machen, wenn der Irak tatsächlich über den Pockenvirus verfügt.

Die geheimgehaltene Gefahr

Die wirkliche Bedrohung durch solche Kampfstoffe ist bis heute nicht kontrollierbar, weil die Internationale Biowaffenkonvention der Vereinten Nationen von 1972 kaum das Papier wert ist, auf dem sie geschrieben wurde. Sie beinhaltet nämlich weder irgendwelche Kontrollmechanismen noch eine Liste von Sanktionsmaßnahmen bei Zuwiderhandlung. Und was noch schlimmer ist: Nicht einmal die Vereinigten Staaten von Amerika, die die Unterzeichnung eines gemeinsamen Zusatzprotokolls zur Umsetzung und Kontrolle der Konvention noch im Juli 2001 abgelehnt hatten[2], halten sich an die Vereinbarung. Anfang September 2001 enthüllte die *New York Times*, dass CIA und Pentagon in der Wüste von New Mexico und im USAMRIID-Labor in Maryland Forschungsprogramme für Biokampfstoffe durchführen ließen, die angeblich defensiven Charakter hatten. Dabei waren sie in Wirklichkeit nichts anderes als die Fortführung des Biowaffenprogramms der Vereinigten Staaten, das angeblich schon vor mehr als dreißig Jahren eingestellt wurde.[3] Bei solch einem Vorbild ist es schwer vorstellbar, dass sich weniger demokratische Staaten bereitwilliger an die internationalen Verträge halten als die USA.
Vor diesem Hintergrund macht es durchaus Sinn, dass sich Ameri-

ka und die europäischen Verbündeten auf eine Bedrohung durch Pockenviren einrichten. Schon im Juni 2001, also vor den Anschlägen von New York und Washington, trafen sich Politiker, Wissenschaftler und Journalisten auf der Andrews Air Force Base bei Washington zur Katastrophenübung »Dark Winter«. Unter strenger Geheimhaltung simulierten sie einen Pockenanschlag auf Oklahoma City. Das Ergebnis der Pockenübung ist bedrückend. Es fehlt an Impfstoff, die medizinische Versorgung, die Finanzmärkte und das öffentliche Leben brechen zusammen. In ihrer Opferbilanz verzeichnen die Experten nach zwölf Tagen bereits tausend Tote. Nach dem 11. September berichteten Teilnehmer der Übung auf einer Terrorismus-Konferenz der amerikanischen Bürgermeister über ihre Erfahrungen. Tara O'Toole von der Johns-Hopkins-Universität gab ihren Zuhörern im Auftrag der US-Regierung einen gut gemeinten Rat: »Es ist in Ihrem besten Interesse, wenn Sie sich nicht nur unterweisen lassen, sondern auch Übungen mit Ihren Mitarbeitern und mit der Bevölkerung durchführen.«[4]

Eine ähnliche Übung hat es in der Bundesrepublik bisher nicht gegeben, es sei denn, sie wurde im Geheimen abgehalten. Tatsächlich umgibt die Bundesregierung alle Maßnahmen für einen Anschlag mit biologischen Kampfstoffen mit einer weit überzogenen Geheimhaltung. Mit dem Verweis auf eine mögliche Gefährdung der nationalen Sicherheit verweigerte das Bundesgesundheitsministerium detaillierte Angaben über sechs Millionen Einheiten Pockenimpfstoff, die die Bundesrepublik im Spätherbst 2001 anschaffte. Nicht einmal die Bezugsquelle wurde verraten, damit die Herstellerfirma nicht zum Ziel möglicher Anschläge werden kann. Diese Argumentation widerspricht der Informationspflicht der Bundesregierung, denn gerade im Fall der Pockenviren ist eine Aufklärung der Bevölkerung besonders geboten. Den letzten Ausbruch der Pocken gab es vor sehr langer Zeit, 1977 in Somalia. Seitdem wird gegen die tückische Krankheit nicht mehr geimpft, weil die wilde Form des Erregers als ausgerottet gilt. Deshalb sind bestenfalls nur noch die Menschen teilweise vor einer neuen Ausbreitung des Virus geschützt, die vor der Mitte der Siebzigerjahre geboren wurden, wobei auch bei ihnen die Wirkung der Impfungen aus Jugendtagen nachlässt. Ein Terroranschlag mit Pockenerregern hätte daher bei einer Todesrate von 30 Prozent der Erkrankten verheerende Folgen.

Was aber, wenn der beschaffte Impfstoff auf Grund seines Alters und seiner Zusammensetzung doch nicht die erhoffte Wirkung hat? Das Gesundheitsministerium verschwieg der Öffentlichkeit, dass es erhebliche Zweifel an der Qualität der Lieferung gab. Der Lieferant der deutschen Bestellung, die Firma Berna Biotech in der Schweiz, die mit einer öffentlichen Nennung ihres Namens offenbar weniger Probleme hatte als die Bundesregierung, teilte am 12. November 2001 in einer Presseerklärung mit, dass ihr Produkt in bestem Zustand sei, obwohl es seit Jahrzehnten gelagert war. In Deutschland wurde der Pockenimpfstoff anschließend vom Paul-Ehrlich-Institut auf seine Wirksamkeit geprüft und für gut befunden. Aber angesichts der Geheimniskrämerei vorher stellt sich die Frage, ob die Bevölkerung je erfahren hätte, wenn die sechs Millionen Dosen Impfstoff untauglich gewesen wären. Und niemand hat bis heute erklärt, wie die bestellte Menge für 80 Millionen Menschen ausreichen soll, oder nach welchen Kriterien sie verabreicht würde.[5]

Und was, wenn Terroristen eine genetisch veränderte Version von Pocken einsetzten, die gar mit anderen Erregern kombiniert wurde? Eine auf den neuen Virus abgestimmte Produktion von Impfstoff würde Monate, wenn nicht Jahre dauern. Die Folgen wären vergleichbar mit einem Szenario, das den neuen amerikanischen Katastrophenplänen für eine Pockenattacke als Vorlage diente. Beim Ausbruch der Spanischen Grippe von 1918/19 starben weltweit mindestens 20 Millionen Menschen. Die Seuche brauchte vier Monate für ihren tödlichen Zug rund um den Globus, ihre Opfer starben innerhalb weniger Tage. Angesichts der Millionen von Menschen, die heutzutage moderne Verkehrsmittel wie Passagierflugzeuge nutzen, würde sich eine ähnlich ansteckende Epidemie innerhalb von 24 Stunden auf der ganzen Welt ausbreiten. Die notwendigen Impfstoffe stünden in solch einem Krisenfall wohl erst nach Monaten zur Verfügung. Nach Schätzungen der amerikanischen Centers for Disease Control (CDC) würden bei einer Grippewelle von der Tödlichkeit des Virus von 1918 heute mehr als 60 Millionen Menschen sterben.

Vorsorge ist unverzichtbar

Während in den USA für ebendiesen Fall konkrete Pläne in der Schublade liegen und nun als Muster für den Umgang mit Bioterror-Attacken dienen[6], muss Deutschland sich erst noch an den Gedanken gewöhnen, dass es sich ebenfalls vorbereiten sollte, weil es nach dem Grad seiner Beteiligung am Krieg gegen den Terrorismus zum Ziel von Anschlägen werden könnte. Den ersten Eindruck von dem zu erwartenden Chaos bekam die Öffentlichkeit bei dem vermeintlichen Milzbrandalarm von Anfang November 2001. Verwirrung bei den Zuständigkeiten, akuter Mangel an Personal, Ausrüstung und Finanzmitteln, das Fehlen eines nationalen Krisenplans, all das wurde an einem Fall deutlich, bei dem das Gefahrenpotenzial einer Ansteckung vergleichsweise gering gewesen wäre, wenn es sich tatsächlich um eine Anthrax-Attacke gehandelt hätte.
Die Defizite bei den Behandlungskapazitäten lassen einen schaudern.[7] Bundesweit gab es nur sechs Hochsicherheitsbetten für einen möglichen Angriff mit Ebola, Pocken oder Pest. Bestenfalls Großstadtkliniken in Hamburg, München, Berlin und Leipzig sind zur Behandlung solcher hochansteckenden Krankheiten in der Lage. Schon mit mehr als hundert Patienten wäre die Republik restlos überfordert.
Auch ein Frühwarnsystem gibt es nicht. Die wenigen mit Sensoren ausgestatteten Spezialfahrzeuge der Berliner Feuerwehr zum Beispiel rücken nur in akuten Verdachtsfällen aus. Die berühmten Fuchs-ABC-Spürpanzer der Bundeswehr dürften das B gar nicht im Namen tragen, da sie nur chemische und nukleare Substanzen erkennen können.

Die zuständigen Behörden und Forschungsinstitute unter der Leitung des Bundesgesundheitsministeriums haben sich tatsächlich zur Entwicklung eines Katastrophenplans zusammengefunden. Über eine Reihe von Maßnahmen gegen mögliche Defizite im Falle einer biologischen Terrorattacke informierte das Ministerium Anfang November 2001 erst auf Grund heftiger öffentlicher Kritik in den Medien nach der chaotischen Handhabung des Milzbrand-Fehlalarms. Es bleibt zu hoffen, dass die Öffentlichkeit über die Details der geplanten Vorhaben rechtzeitig aufgeklärt wird. Nur dann hätte die Bevölkerung wenigstens etwas Vertrauen in Deutschlands Gesundheitssystem und müsste nicht beim nächsten kleinen Verdacht wieder in Panik verfallen.

Die US-Regierung hat sich aus den oben genannten Gründen entschlossen, genügend Pockenimpfstoff bereitzuhalten, um alle Amerikaner im Falle einer Attacke zu impfen. Durch das Geschenk eines großen Pharmakonzerns stehen den USA damit über 220 Millionen Dosen Impfstoff zur Verfügung, die Bundesstaaten erhalten außerdem eine Milliarde Dollar Finanzhilfe aus Washington, um vorbeugende Maßnahmen zu ergreifen, z.B. ein Meldesystem einzuführen.[8] In Deutschland gibt es dagegen keine ausreichenden Bestände, keine umfassende Aufklärung der Bevölkerung und kaum Übungen, wie man im Falle eines Anschlags möglichst wirkungsvoll reagieren könnte.

Auch für mögliche Attacken mit Nuklearmaterial fehlt hierzulande ein geeignetes Frühwarnsystem. Im Oktober 2001 stiegen in einem kleinen Ort im Saarland Hubschrauber des Bundesgrenzschutzes auf. An Bord waren Geräte zur Messung radioaktiver Strahlung, die schon geringe Konzentrationen der gefährlichen Stoffe in der Luft entdecken können. Beim Einsatz des BGS in Zusammenarbeit mit Experten des Bundesumweltministeriums handelte es sich um eine Übung für mögliche nukleare Zwischenfälle, ähnlich der Katastrophe von Tschernobyl im Jahr 1986. Die empfindlichen Messeinrichtungen an Bord mögen eine wertvolle Hilfe sein, um die Ausdehnung einer radioaktiven Wolke auch bei einem möglichen Terroranschlag festzustellen. Die Attacke selbst lässt sich damit nicht eingrenzen oder gar verhindern. Die USA prüfen deshalb die Installation von Sensoren in amerikanischen Großstädten und an den Landesgrenzen. Rund 4000 Inspektoren der US-Zollbehörde sind bereits mit kleinen Beepergeräten am Gürtel ausgestattet, die jede Strahlenquelle im Umkreis von 100 Metern registrieren und Alarm auslösen.[9]

Die Versuche der Terrororganisation Al Qaida, radioaktives Material für den Bau von »schmutzigen Bomben« zu beschaffen, zeigen deutlich, wie sinnvoll die Entwicklung und Stationierung solcher Sensoren auch in Deutschland sein könnte. Das fehlende Risikobewusstsein der vergangenen Jahre fand seine Rechtfertigung in der Einschätzung der Bedrohungslage als weniger ernst, was den Einsatz von Massenvernichtungsmitteln betraf. Diesen Luxus kann sich die Welt nun nicht mehr erlauben, nachdem sich die Fähigkeiten, die Absichten und damit das Bedrohungspotenzial des islamistischen Terrorismus so klar dokumentieren lassen.

Risikofaktor Atomanlagen

Langsam beschleicht auch Politiker in den USA und Europa die Ahnung, dass die Versäumnisse der Vergangenheit dringend aufgearbeitet werden müssen. Nach Ansicht des amerikanischen Kongressabgeordneten Edward Marky ignoriert das US-Energieministerium seit Jahren die Warnungen anerkannter Wissenschaftler über Lücken im Sicherheitssystem der Atomwaffenfabriken. Demnach gab es bei zehn solcher Einrichtungen gravierende Mängel bei der Lagerung und beim Transport von radioaktiven Substanzen.

Zwar fänden regelmäßig Anti-Terror-Übungen statt, aber bei solchen Tests durchbrachen in der Hälfte der Fälle Spezialkommandos der US-Streitkräfte alle Schutzmechanismen. In Rocky Flats in der Nähe von Denver konnten die Elitesoldaten genügend »Nuklearmaterial« entwenden, um mehrere Atombomben zu bauen. In Los Alamos hätten die vermeintlichen Attentäter ungehindert eine

Strahlenbombe mit verheerender Wirkung für das nahe gelegene Santa Fe bauen können.
Wenn die Terroristen erst einmal so weit sind, wäre es für sie ein Leichtes, mit einem konventionellen Sprengsatz große Mengen Radioaktivität freizusetzen. Auch die Auslösung einer nuklearen Kettenreaktion innerhalb einer Waffenfabrik wäre einfacher möglich, als das in der Öffentlichkeit oft dargestellt wird.
Nach einer Studie des amerikanischen »Projekts zur Kontrolle der Regierung« könnte eine solche Bombe durch das Zusammenbringen von verschiedenen Urankomponenten entstehen. Der Verband, der Sicherheitsschwächen an atomaren Einrichtungen aufdecken will, hält solch ein Vorgehen für einfacher als die Durchführung der Anschläge vom 11. September.[10] Dabei würden zwei Pakete mit jeweils 50 Kilogramm Uran, die mit großer Wucht aufeinander prallen, ausreichen, um eine Atomexplosion etwa von der halben Kraft der Hiroshima-Bombe auszulösen. Die Wissenschaftler und ehemaligen Mitarbeiter des US-Energieministeriums, die an der Studie beteiligt waren, empfahlen neben der Verschärfung der Sicherheitsmaßnahmen auch die Sammlung des Nuklearmaterials an einem erstklassig gesicherten Ort. Der zuständige stellvertretende Energieminister, John Gordon, lehnt das jedoch ab. Er hält die atomaren Waffenlager »für den letzten Ort, an dem ein Terrorist angreifen und Hoffnung auf Erfolg haben würde«. Dafür seien die Sicherheitsmaßnahmen zu umfangreich.
Das Undenkbare denken? Selbstmordattacken auf Atomfabriken sind in den Szenarien der Sicherheitsbehörden bisher nicht berücksichtigt. Mehrere Wochen nach den Anschlägen konnten Flugzeuge ungehindert im Luftraum über Europas größter Wiederaufbereitungsanlage La Hague verkehren, in der 7500 Tonnen radioaktiver Abfall, darunter 80 Tonnen hochgiftiges Plutonium, gelagert sind. Ähnliches gilt für einen Teil der 19 deutschen Atomkraftwerke. Zehn von ihnen sind nicht ausreichend gegen den Einschlag von Großflugzeugen gesichert, eine Nachrüstung würde Milliarden kosten. Ein Schutz mit Flugabwehrraketen und Radar wäre wohl die wirksamste Form der Vorbeugung.

Denn wenn ein Jet in ein Kernkraftwerk stürzt und das Kühlwasser »durch eine Zerstörung der Kühlbecken weg ist«, so Mycle Schneider vom Energie-Informationstdienst WISE, »dann brennen die Brennstäbe. Sie können brennen bei Temperaturen über 1000 Grad, wie sie auch beim Einschlag im World Trade Center aufgetreten sind, und dann kann es zur Freisetzung großer Mengen Radioaktivität kommen.«[11] WISE hat bei einer breit angelegten Untersuchung festgestellt, dass rund 1,5 Millionen Menschen an Krebs sterben würden, weil bei einem Anschlag der Größenordnung von New York fünfzigmal mehr Strahlung freigesetzt würde als in Tschernobyl.

In den USA gab es in den Monaten nach den Anschlägen mehrfach entsprechende Warnungen an die Betreiber von Nuklearanlagen. Am 23. Januar 2002 informierte die Atomaufsichtsbehörde alle 103 Einrichtungen des Landes darüber, dass drei nicht näher genannte Terroristen in den USA Freiwillige für die Durchführung eines solchen Attentats zu rekrutieren versuchten.[12] Der Hinweis basierte auf Gesprächen zwischen Al-Qaida-Kämpfern, die in Afghanistan gefangen genommen worden waren. In der Warnung des Geheimdienstes ging es neben möglichen Attacken auf Schiffe der 5. US-Flotte in Bahrain und dem Angriff mit einem Flugzeug auf ein Atomkraftwerk oder ein atomares Waffenlager auch um einen Bombenanschlag auf die US-Botschaft im Jemen.[13] Genau diese Attacke konnten die jemenitischen Behörden verhindern, weil sie rechtzeitig das mit Sprengstoff voll geladene Auto der Täter fanden. Die Bestätigung der Information verleiht auch der Warnung vor einem Anschlag auf das Nuklearpotenzial der USA Glaubwürdigkeit.

Bei Katastrophenübungen in Deutschland sind atomare Szenarien dieses Ausmaßes nicht berücksichtigt. Am 22. September 2001 probten Feuerwehr, Polizei und andere Hilfskräfte einen atomaren Zwischenfall im Kernkraftwerk Biblis. Allein für den simulierten kleinen Störfall waren beinah 1500 Mitwirkende im Einsatz, an dem die Bevölkerung aus den gefährdeten Gebieten nicht beteiligt wurde. Die Vorbereitungszeit für die Übung dauerte genauso lange wie die Anschlagsplanungen der Attentäter von New York und Washington, etwa zwei Jahre.

Aufklärung als Vorbeugemaßnahme

Es ist falsch zu glauben, dass die Terroristen durch die Aufklärung der Bevölkerung auf neue Ideen für Terroranschläge gebracht werden. Unter den in Afghanistan gefundenen Unterlagen fanden sich auch Lageskizzen von Atomreaktoren. Eine Gefahr besteht lediglich, wenn öffentlich auf Missstände aufmerksam gemacht wird, ohne dass sie unmittelbar danach beseitigt werden. Nach einer vertraulichen Studie des FBI vom Januar 2002 besaß Al Qaida detaillierte Informationen über Sicherheitslücken in amerikanischen Regierungseinrichtungen.[14] Das geht aus einer Datei hervor, die CIA-Agenten auf der Festplatte eines Computers in Afghanistan fanden. Es handelte sich um die arabische Übersetzung eines Untersuchungsberichts des amerikanischen Kongresses über Schwachstellen bei polizeilichen Schutzmaßnahmen. Im Rahmen der Studie hatten es die Ermittler des Kongresses mit falschen Ausweisen geschafft, bewaffnet in die Gebäude von 19 Regierungsbehörden, darunter CIA, FBI, Justiz- und Außenministerium, zu gelangen. Der Bericht war im Mai 2000 veröffentlicht worden. Die Sicherheitsmaßnahmen wurden danach deutlich verschärft.

Je mehr Menschen wissen, mit welch geringen Mitteln katastrophale Wirkung erzielt werden kann, desto größer wird die Chance, verdächtige Aktivitäten zur Vorbereitung solcher Attacken zu entdecken. Zwei Beispiele:

Nach der Verhaftung der Terrorzelle in Frankfurt im Dezember 2000 war die offizielle Information der Öffentlichkeit auf einige wenige Angaben beschränkt. Nähere Details erfuhren eigentlich nur die Leser von *Focus* und *Spiegel*, dank der guten Kontakte einiger Autoren zu den Ermittlern von Bundeskriminalamt und Bundesanwaltschaft. Einige wichtige Informationen blieben jedoch auf der Strecke, darunter die Tatsache, dass die Festgenommenen offenbar das notwendige Wissen besaßen, um so genannte binäre Sprengstoffe herzustellen und zur Detonation zu bringen.

Die Geheimhaltung solcher Details mag noch den Sinn haben, weitere Ermittlungen auch im Ausland nicht zu gefährden. Aber warum erklärten die Behörden der breiten Öffentlichkeit nicht, wie die mutmaßlichen Terroristen über Wochen hinweg bei Apotheken in Deutschland die nötigen Chemikalien für ihre Bombe zusammengekauft hatten.[15] Als Begründung für den Erwerb größerer Mengen gaben sie an, die Medikamente an Not leidende Verwandte in ihrer Heimat schicken zu müssen. Je mehr Menschen um diese Methode wissen, desto öfter werden solche verdächtigen Aktivitäten vielleicht an die zuständigen Behörden weitergemeldet. Menschenleben könnten davon abhängen. Nicht zuletzt deshalb, weil auch biologische Kampfstoffe problemlos in Apotheken erworben werden können. Wie erwähnt, ist das Nervengift Botulinum ja in einigen Schönheitscremes enthalten. Die Vergiftung der Trinkwasserversorgung einer Großstadt mit Botulinum-Toxin hätte verheerende Folgen.

Ein weiteres Beispiel: Bei einem Gespräch mit dem Manager eines großen deutschen Chemiekonzerns diskutierten wir mögliche Schutzmaßnahmen für die Fabrikanlagen der Firma. Sein Fazit: Es ist unmöglich, einen Anschlag auf eine solche Einrichtung zu verhindern. Der Einschlag einer Rakete in einen beliebigen Teil der Fabrik würde zu einer Kettenreaktion und zu einer Großexplosion mit katastrophalen Auswirkungen führen. Das Umfeld der Anlage ist darüber hinaus kaum zu überwachen. So wäre ein gezielter Raketenbeschuss von der gegenüberliegenden Seite des Rheins ohne Probleme möglich.

Was geschehen kann, wurde am 21. September 2001 durch die verheerenden Explosionen in einer Düngemittelfabrik im französischen Toulouse deutlich. Die Bilanz der Katastrophe, die nach den Ermittlungen nicht durch einen Terroranschlag ausgelöst wurde: 29 Tote, 2200 Verletzte und 1,5 Milliarden Euro Sachschaden. Die Tragödie offenbarte erhebliche Mängel in den Notfallplänen. Ähnliches gilt für deutsche Chemiewerke, von denen viele in

Ballungsräumen liegen. Die Sicherheitsmaßnahmen sind oft unzureichend, weil zu wenig kontrolliert wird. Die Feuerwehren sind schlecht ausgerüstet, das Sirenenwarnsystem aus der Zeit des Kalten Krieges ist außer Betrieb, und die Evakuierungspläne sind völlig veraltet. Dass die Beseitigung dieser Mängel auf Grund der terroristischen Bedrohung nötiger denn je ist, bestätigte im Oktober 2001 auch Gerd Romanowski, Sprecher des Verbandes der Chemischen Industrie: »Es hat sich ein neues Bedrohungsszenario für die Sicherheit unserer Anlagen ergeben. Aus dieser Richtung haben wir mit Bedrohung nicht gerechnet.«[16]

Statt die Fakten geheim zu halten, sollten die zuständigen Behörden lieber aktiv werden, zusätzliche Sicherheitsmaßnahmen ergreifen und die Aufklärung der Bevölkerung betreiben. Die Bewohner der möglicherweise gefährdeten Gebiete würden mit erheblich höherer Aufmerksamkeit beobachten, wer sich in der Nähe der sensiblen Anlagen herumtreibt, und im Zweifel die Polizei über verdächtige Aktivitäten informieren. Das könnte von großer Bedeutung sein, denn Al-Qaida-Anschläge hatten bisher immer ein typisches Kennzeichen: Vor dem Attentat übernahmen Späher die lückenlose Aufklärung möglicher Ziele und machten dabei meist auch Videoaufnahmen, um die Schwachstellen des künftigen Tatorts zu dokumentieren.

Teil IV
Die wehrlose Demokratie

10.
Krieg ohne Sieg

Es war die größte Schlacht des Kriegs gegen den Terrorismus – gemessen an dem Einsatz von Waffen, Menschen und Material. 3250 Bomben warfen amerikanische und französische Kampfflugzeuge Anfang März 2002 in den Bergen um Gardez südlich von Kabul ab. Bei der elftägigen »Operation Anaconda«, an der auch deutsche KSK-Soldaten teilnahmen, sollen Hunderte von Kämpfern der Al Qaida und der Taliban getötet worden sein. Das jedenfalls behaupteten amerikanische Offiziere in den Medien. Ihre Angaben über die Zahl der Gegner und über ihre Verluste gingen dabei weit auseinander. 1000 bis 2000 Feinde sollen es gewesen sein, und mindestens 500, vielleicht sogar 800, hätten die Alliierten getötet.

Aber schon wenige Tage nach dem Ende der Gefechte wurden die Militärstrategen im Pentagon immer wortkarger. Suchtrupps der afghanischen, kanadischen und amerikanischen Streitkräfte hatten das Schlachtfeld abgesucht und bestenfalls zwei Dutzend Tote gefunden.[1] War die ganze Aktion ein Reinfall? Steckte hinter den voreiligen Siegesmeldungen ein peinlicher Irrtum oder ein billiger Propagandatrick? Oder kamen die vielen hundert Feinde in den bombardierten Höhlen der Region ums Leben? Wie waren die zahlreichen Überlebenden aus den Bergen entkommen? Denn auch von ihnen fehlte jede Spur.

Die ernüchternde Bilanz der »Operation Anaconda« zeigt, wie schwer Fortschritte im Krieg in Afghanistan zu bewerten sind. Wer genau hinschaut, entdeckt, dass nicht einmal diese erste Phase des weltweiten Kampfes gegen den Terrorismus dem selbstgestellten Anspruch der amerikanischen Regierung gerecht wird.

Dabei hatte George W. Bush die Latte dafür schon kurz nach den Anschlägen sehr hoch gelegt. Er blickte wirklich sehr ernst drein bei seiner Rede an die Nation am 20. September 2001. Der Druck lastete schwer auf ihm, denn immerhin sollte Bush junior jetzt beweisen, dass sich die Welt, allen voran die unhöflichen Medien in den USA, in den vorangegangenen Monaten in ihm getäuscht hatten. Nicht wie ein oberflächlicher Cowboy aus Texas wollte er erscheinen an diesem Abend. Am Sonntag vorher, dem 16. September, hatte er noch einen »Kreuzzug« angekündigt, um »die Welt von den Übeltätern zu befreien«, aber jetzt wollte er das ausstrahlen, was in Amerika als »presidential« beschrieben wird. Diese Tugend muss jeder Mann im Weißen Haus beweisen, wenn eine Tragödie, eine Katastrophe von Natur oder Menschenhand geschaffen, die Nation heimsucht. Es ist eine Art Nagelprobe, bei der sich nicht die Stärke, sondern die Größe eines Präsidenten herausstellen soll. Nun also war der Moment für ihn gekommen, in dem er die starken Auftritte seines Vaters George Bush sen. in der Golfkrise 1990/91 erreichen konnte.

Der Junior überraschte alle. Er erschien selbstbewusst, machtvoll, konzentriert und unnachgiebig, aber auch mitfühlend, beruhigend und zuversichtlich – sein Auftritt erweckte den Anschein von Verlässlichkeit in unsicheren Zeiten. »Wir werden jede Ressource, die uns zur Verfügung steht«, so Bush, »jede diplomatische Methode, jedes Werkzeug der Aufklärung, jedes Instrument der Strafverfolgung, jeden finanziellen Einfluss und jede notwendige Kriegswaffe darauf richten, um das globale Terrornetzwerk aufzubrechen und zu besiegen.« Und mit eindringlicher Stimme fuhr er fort: »Ich werde diese Wunde unseres Landes und die, die sie schlugen, nicht vergessen. Ich werde nicht zurückweichen; ich werde nicht ruhen; ich werde nicht nachlassen, für die Freiheit und die Sicherheit des amerikanischen Volkes zu kämpfen.«[2]

Zu Beginn dieser Woche, am 17. September, hatte er seine Gefühle viel kürzer, aber dafür in einer außenpolitisch höchst unklugen Weise kundgetan, und seine Mutter Barbara sollte ihn später dafür schelten: »Wanted dead or alive« – so habe es früher im Wilden Westen auf den Plakaten gestanden. »Tot oder lebendig«, damit gab George Bush die Parole für die Jagd nach Osama bin Laden aus und setzte die Markierung, an der sich Erfolg und Misserfolg des Krieges gegen den Terror messen lassen müssen.

Erfolg oder Misserfolg?

Ein Jahr danach ist die Entscheidung darüber eine Frage der Perspektive. Die US-Regierung feiert die Militäraktion in Afghanistan als weitgehend erfolgreich: Die Ausbildungslager der Al Qaida seien zerstört, ihre Schutzmacht, das menschenverachtende Taliban-Regime, vernichtet, einige Führungsmitglieder der Terrororganisation getötet oder in Gefangenschaft, Osama bin Laden auf der Flucht, gebrandmarkt als Feigling, der seine Krieger in den Bergen Afghanistans im Stich ließ. Der Terrorfürst habe sich verkalkuliert in seinem Glauben, islamische Staaten wie Pakistan würden Amerika jede direkte Unterstützung verweigern.

Pakistan mag wirklich eine Enttäuschung sein für die Anhänger Osama bin Ladens, aber sonst fällt die Bilanz des amerikanischen Gegenschlags aus ihrer Sicht ganz anders aus: Die US-Regierung hat die Legendenbildung bin Ladens gefördert; in der Welt islamischer Fundamentalisten gilt er als Held, der die Supermacht an der Nase herumführt. Die Vertreibung der gottesfürchtigen Taliban und die Bombardierung von afghanischen Dörfern, bei der Tausende von Zivilisten starben, hat den Terrororganisationen weiteren Zulauf beschert – darunter wohl auch neue Selbstmordattentäter, die darauf brennen, das Werk der letzten Generation von Gotteskriegern fortzusetzen. Selbst in Ländern, die im Krieg gegen den Terrorismus als Verbündete der USA gelten, nimmt die Indoktrination durch fundamentalistische Koranschulen weiter zu. Das beklagte US-Senator Carl Levin, der Vorsitzende des Streitkräfteausschusses im amerikanischen Kongress, schon vor einigen Monaten. In Ägypten, Pakistan und Saudi-Arabien würden vor allem junge Menschen weiterhin für den Heiligen Krieg begeistert. Besonders enttäuschend sei das Beispiel Saudi-Arabien, das die so genannten Medressen, die Koranschulen, mit erheblichen Geldern unterstütze.

Aber der Reihe nach. Zunächst einmal der kombinierte Luft-Boden-Krieg in Afghanistan: Es gibt keinen Zweifel, dass dieser Teil der Operation »Indefinite Justice« ein beeindruckender militärischer Erfolg war. Es ging darum, ein brutales Regime von der Macht zu vertreiben und einer gefürchteten Terrororganisation ihr Rückzugsgebiet wegzunehmen. Diese Mission wurde mit einer nie da gewesenen Kombination aus paramilitärischen CIA-Aktivitäten[3], Kommandounternehmen von amerikanischen Eliteeinheiten und massiven Luftangriffen erfüllt. Die Zahl der Opfer auf Seiten der USA konnte so auf ein Minimum beschränkt werden – ein Ergebnis, das sich kaum in Geld aufwiegen lässt.

Trotzdem sei hier einmal die Rechnung aufgemacht: Der Krieg gegen den Terrorismus kostet die Vereinigten Staaten allein im Jahr 2002 schätzungsweise 30 Milliarden Dollar[4] und obendrein die Stabilität in der Region und die Glaubwürdigkeit bei ihren arabischen Verbündeten.

Die Taktik der indirekten Kriegsführung

Sie kamen in der Nacht zum 20. Oktober 2001 – unbemerkt vom Feind. Es waren A-Teams – kleine Einheiten der Special Forces, acht bis zehn Mann stark.[5] Im Tiefflug waren sie mit Hubschraubern in den Norden Afghanistans eingedrungen. Gleichzeitig sprangen etliche Kilometer weiter südlich Hunderte von Elitesoldaten der US-Armee aus Flugzeugen, gefilmt von Kamerateams des Pentagon. Die Bilder gingen bald danach an alle Fernsehanstalten. Das war der offizielle Beginn des Bodenkrieges, der von der viel entscheidenderen Operation im Norden ablenken sollte.

Die A-Teams stießen zu zwei der wichtigsten Kriegsherren der Nordallianz vor: Muhammed Fahim Khan und General Abdul Rashid Dostum, die später in der neuen Regierung Afghanistans Verteidigungsminister und Vize-Verteidigungsminister wurden. Die Special Forces hatten den Auftrag, aus dem bunten Haufen der Talibangegner eine einigermaßen schlagkräftige Truppe zu machen und ihnen mit exakt gezielten Luftangriffen die Arbeit zu erleichtern. Das klappte so gut, dass selbst die Strategieplaner im Pentagon überrascht waren. Sie hatten damit gerechnet, dass größere amerikanische Truppenverbände die entscheidenden Schlachten dieses Krieges schlagen müssten. Dafür standen auf Kriegsschiffen im Indischen Ozean Tausende von US-Soldaten bereit. Aber sie wurden nicht benötigt. Ein führendes Regierungsmitglied aus dem US-Verteidigungsministerium beschrieb die unerwartete Wirksamkeit der Special Forces Anfang 2002 in einem Artikel der *New York Times*: »Wir hatten vernünftigerweise mit erheblich umfangreicheren Operationen gerechnet. Zum Beispiel häufige nächtliche Absprünge von 300 Rangers. Aber die A-Teams haben für ständigen Druck gesorgt und für den letztendlichen Kollaps der Taliban. Keiner hatte das vorausgesehen.«[6]

Aber dieser so genannte »Proxy-War«, also Stellvertreterkrieg, hatte einige entscheidende Nachteile. Und er führte zum Massaker von Mazar-i-Sharif, bei dem die USA ihren ersten Toten im Gefecht zu beklagen hatten.[7] Es war bezeichnenderweise ein Agent des amerikanischen Geheimdienstes. Johnny Spann war Teil einer bis dahin geheimen paramilitärischen Einheit der CIA, der so genannten Abteilung für Sonderaktivitäten.[8] Die rund 150 Kämpfer und Piloten in Zivilkleidung, viele von ihnen Armeeveteranen, dienten als Berater für die vorrückenden Einheiten der Nordallianz, weil sie auf Grund früherer Einsätze die örtlichen Gegebenheiten und Sitten kannten. Ihre Mission war höchst erfolgreich, sorgte aber für Streitigkeiten mit den regulären US-Streitkräften.

Nach der Gefangennahme einiger Hundert Taliban und Al-Qaida-Kämpfer kam es am 25. November 2001 in der Festung Kalai Dschanghi in der Nähe von Mazar-i-Sharif zu einer bewaffneten Revolte.[9] Die Bewacher der Nordallianz hatten den Fehler gemacht, die Gefangenen nicht nach Waffen zu durchsuchen – ein Lapsus, der regulären US-Truppen wohl nicht unterlaufen wäre. CIA-Mann Spann, der gerade mit dem Verhör eines Häftlings begonnen hatte, bezahlte dafür mit seinem Leben. Fünf amerikanische Soldaten wurden bei den folgenden Luftangriffen durch

Bomben aus US-Kampfflugzeugen schwer verletzt. Nordallianz-General Dostum nutzte die Gelegenheit, um über 600 Kämpfer der Al Qaida in der Festung töten zu lassen.[10]

Zivile Opfer des Stellvertreter-Krieges

Auch bei weiteren Zwischenfällen wurden amerikanische Streitkräfte ungewollt zum Werkzeug der Interessen örtlicher Kriegsfürsten, weil ihnen selbst kaum verlässliche Informationen über feindliche Truppenbewegungen zur Verfügung standen. Trauriges Beispiel dafür ist der Angriff auf den Ort Hazar Quadam, 150 Kilometer nordöstlich von Kandahar, bei dem mindestens 15, wahrscheinlich aber sogar 21 Afghanen von Kommandoeinheiten der USA und eines Bündnispartners getötet wurden. In den frühen Morgenstunden des 24. Januar 2002 stürmten US-Soldaten zwei Gebäudekomplexe, in denen sich angeblich Taliban- und Al-Qaida-Kämpfer aufhielten. In einem der Räume wurde der 25-jährige Sayeed Mohammed durch die Schüsse geweckt. Elf Kameraden, die mit ihm in der ehemaligen Schule übernachtet hatten, starben im Kugelhagel, er selbst konnte sich verletzt durch einen Sprung aus dem Fenster ins Freie retten. Kurz danach landete ein Hubschrauber, um die amerikanischen Angreifer und rund zwei Dutzend Gefangene abzuholen. Wenige Minuten später legte ein US-Kampfflugzeug die Gebäude mit mehreren Raketen in Schutt und Asche.[11]

Die Operation lief offensichtlich nach dem gleichen Muster ab, nach dem landesweit Widerstandsnester und Unterschlupfe der Taliban und ihrer terroristischen Verbündeten zerstört wurden. Tatsächlich aber handelte es sich in diesem Fall um Soldaten des neuen Gouverneurs von Kandahar, die im Auftrag der neuen Zentralregierung in Kabul zurückgelassene Waffen in ihrer Region einsammeln sollten. Die Einsatzplaner der US-Streitkräfte waren offenbar dem Hinweis eines rivalisierenden Kriegsfürsten aufgesessen, der sich auf diesem Weg einen Widersacher elegant vom Hals schaffen wollte. Es mag sich deshalb aus amerikanischer Sicht um einen tragischen Irrtum gehandelt haben, aber die Art und Weise des Vorgehens während und nach der Operation ist mehr als fragwürdig.

Dass die Kommandoeinheit Zettel mit aufgedruckter US-Flagge und Aufschriften wie »God bless America« und »Have a nice day. From Damage, Inc.« zurückließ, mag zur üblichen Kriegsrethorik kämpfender Einheiten gehören. Aber dass zwei der gefundenen Leichen mit Plastikhandschellen gefesselt waren, lässt auf einen möglichen Exzess durch hasserfüllte US-Soldaten schließen.[12] Trotzdem verbat sich US-Verteidigungsminister Rumsfeld eine genaue Untersuchung der Ereignisse. Zuvor hatte er über Wochen hinweg jeden Zweifel an der offizielllen Version und jede kritische Nachfrage durch Journalisten mit dem Hinweis zurückgewiesen, in den Gebäuden habe sich ein Waffenlager befunden. Erst im Februar 2002, nachdem der afghanische Übergangspräsident Hamid Karsai um eine Klärung der Vorwürfe ersucht hatte, räumte das Pentagon ein, dass die Aktion auf einer Fehlinformation beruhte. Jede Verantwortung für die Folgen oder gar eine Entschuldigung bei den Angehörigen der Opfer lehnt Donald Rumsfeld weiterhin ab. Auch solche kleinen Ausbrüche von Arroganz sind es, die den Werbern für den Heiligen Krieg das Handwerk erleichtern.

Dabei wäre ein ehrliches Eingeständnis der Unvermeidlichkeit von zivilen Opfern im Verlauf eines solchen Krieges taktisch viel klüger. Immerhin sind nach Schätzungen verschiedener Wissenschaftler allein zwischen dem Beginn der Bodenoperationen Anfang Oktober und dem 6. Dezember 2001 zwischen 1500 und 3800 Zivilisten bei Angriffen der Alliierten getötet worden. Die amerikanische Bürgerrechtsgruppe »Human Rights Watch« listet insgesamt 300 Vorfälle auf, von denen rund ein Drittel einer genaueren Untersuchung wert wären, um festzustellen, ob Hunderte, vielleicht sogar Tausende von unschuldigen Menschen Opfer von sträflichem Leichtsinn oder bewusster Gleichgültigkeit auf amerikanischer Seite wurden.

Am 11. Oktober 2001 zerstörte ein amerikanischer Luftangriff das Dorf Karam. Nach örtlichen Angaben wurden zwischen 100 und 500 Zivilisten getötet. Verteidigungsminister Rumsfeld rechtfertigte das Vorgehen mit der Existenz eines großen Waffenlagers und nannte die angeblich hohe Zahl von zivilen Opfern »lächerlich«. Am 1. Dezember forderten Attacken auf mehrere Dörfer bei Tora Bora über 100 Todesopfer, darunter viele Frauen und Kinder, wie die Hilfsorganisation »Ärzte ohne Grenzen« später bestätigte. Das Pentagon sprach von legitimen Zielen.

Am 20. Dezember bombardierten die USA einen Fahrzeugkonvoi in der Provinz Paktia. 50 bis 60 Menschen starben. Nach Angaben der US-Regierung befanden sich Anführer der Taliban in den Wagen. Überlebende behaupten, es seien Stammesführer auf dem Weg zur Amtseinführung von Präsident Karsai gewesen. Beim Bombardement des Dorfes Madu durch US-Kampfjets, ebenfalls im Dezember 2001, starben 55 Menschen, darunter einige Kleinkinder. Am 29. Dezember zerstörte die Luftwaffe das Dorf Niazi Qala, in dem die Einsatzplaner ein großes Waffenlager vermuteten; tatsächlich fanden sich später Überreste von Waffen in den Trümmern. Insgesamt kamen in dem Ort aber 100 Menschen ums Leben, darunter angeblich eine Hochzeitsgesellschaft, in der sich auch zahlreiche Frauen und Kinder befanden.

Da dieser Krieg weitgehend ohne Zugang für westliche Medien geführt wurde, lassen sich die Angaben nur schwer verifizieren. Die US-Streitkräfte werteten die Angriffe in ihrem Luftoperationscenter in Saudi-Arabien aus, wo Spezialisten die Aussagen der Kampfpiloten mit den vorgegebenen Zieldaten und den Satellitenaufnahmen nach der erfolgten Bombardierung verglichen.[13] Trotzdem ist davon auszugehen, dass Hunderte, wenn nicht gar Tausende unschuldiger Zivilisten zu Schaden kamen, weil die amerikanischen Streitkräfte sich auf Informationen aus den unterschiedlichen Fraktionen unter ihren afghanischen Verbündeten verließen. Damit sind die so genannten »Kollateralschäden« die Folge der gewählten Strategie des indirekten Krieges, bei der amerikanische Bodentruppen bei der Aufklärung des Feindgebietes nur eine Nebenrolle spielen.

Bei der Auswahl ihrer Verbündeten konnten die USA nicht wählerisch sein. Im Norden mussten sie auf Kommandeure wie General Dostum setzen, die sich auch unter der Herrschaft der Taliban mit größeren zusammenhängenden Truppenverbänden hatten behaupten können. Im Süden Afghanistans gab es solche Machtzentren nicht. Also suchte man sich einen charismatischen Anführer, der eine möglichst große Gefolgschaft an sich binden konnte.[14] Hamid Karsai war die erste Wahl für die USA, aber seine Anhänger waren keine erfahrenen Soldaten. In Windeseile wurden sie von den Special Forces mit Uniformen und Waffen ausgestattet, um dann unter amerikanischer Führung gegen die Taliban zu ziehen. Ohne massive Bombardierung der feindlichen Truppen wäre diese Freizeitarmee hoffnungslos unterlegen gewesen.

»GRN-GRN« – immer häufiger tauchte das Kürzel im Logbuch des Feldhauptquartiers der amerikanischen Special Forces auf. »Grün gegen Grün« hießen im Militärjargon die Scharmützel zwischen eigentlich miteinander verbündeten Einheiten der Nordallianz und paschtunischen Truppenverbänden. Die Animositäten der Warlords bereiteten den Amerikanern schon während der laufenden Operation immer wieder Schwierigkeiten. Mehrfach mussten US-Soldaten mit Helikoptern aus ihrer Lage zwischen den Fronten der angeblichen Verbündeten befreit werden. So auch am 12. Dezember 2001 unweit der nordafghanischen Stadt Kunduz.

Was sich während des Feldzuges gegen die Taliban schon ankündigte, fand nach dem Fall von Kabul und Kandahar seine nahtlose Fortsetzung in unzähligen Gefechten um die Vorherrschaft in den verschiedenen Regionen Afghanistans. Diese Animositäten und Machtkämpfe werden auch künftig ein Garant für die Instabilität des Landes sein, auch wenn das brutale Regime der Taliban eine ungleich schlechtere Alternative für das gebeutelte Land am Hindukusch war.

Die gewalttätigen Eifersüchteleien demonstrierten deutlich die Unzuverlässigkeit der Helfer Amerikas im Krieg gegen den Terrorismus. Sie mag der Hauptgrund dafür sein, dass wesentliche Kriegsziele wie die Verhaftung oder Vernichtung der Taliban- und

Al-Qaida-Führung nicht erreicht wurden. Weil auch die paschtunischen Stammesführer im Süden stets auf ihren Vorteil bedacht waren, mögen sie dem Anführer der Taliban, Mullah Mohammed Omar, und seinem Freund Osama bin Laden bei ihrem Versteckspiel mit den Verfolgern durchaus tatkräftige Hilfestellung gegeben haben.[15]

Die Frage, ob und wie Osama bin Laden entkommen konnte, ist das Paradebeispiel dafür, dass die USA aus den Fehlern der Vergangenheit wenig gelernt haben. Die Jagd nach dem Terrorfürsten und anderen führenden Mitgliedern seiner Organisation ist gekennzeichnet von Dilettantismus, Naivität und – einmal mehr – von der sträflichen Unterschätzung des Gegners. Während die amerikanische Regierung immer wieder die Gefangennahme führender Al-Qaida-Mitglieder als wichtiges Kriegsziel betonten, sorgten ihre eigenen Entscheidungen, vermutlich unabsichtlich, dafür, dass den Kämpfern der Terrororganisation gleich mehrere Wege zur Flucht offen standen.

Das Wunder von Kunduz

Am 25. November 2001 eroberte die Nordallianz mit tatkräftiger Unterstützung amerikanischer Luftstreitkräfte und Special Forces die nordafghanische Stadt Kunduz. Ihr fielen etwa 4000 Glaubenskrieger der Taliban und der Al Qaida in die Hände. Dabei waren in den Tagen zuvor noch mehr als 8000 Kämpfer in der zerbombten Stadt eingekesselt. Doch das Wunder von Kunduz hatte eine einfache Erklärung: Unter den Eingeschlossenen war eine große Zahl von pakistanischen Militärberatern und Agenten des pakistanischen Geheimdienstes ISI, die auf eindringliche Bitte der Regierung in Islamabad mit Genehmigung der US-Regierung in pakistanischen Transportmaschinen evakuiert wurden.[16]

Es war ein wichtiger Gefallen, den US-Präsident George Bush seinem neuen Verbündeten General Musharraf tat. Pakistans Staatschef hätte in seinem eigenen Land erhebliche Probleme bekommen, wenn bei der Eroberung von Kunduz Tausende von pakistanischen Staatsbürgern in die Hände der Nordallianz geraten wären, die für ihre blutigen Racheaktionen bekannt ist. In der Hektik der Operation, für die die USA sogar einen sicheren Luftkorridor etablierten, war nicht zu kontrollieren, wer an Bord der Flugzeuge aus Afghanistan entkommen konnte. Nach Schätzungen der CIA nutzten neben pakistanischen Talibankämpfern auch Hunderte von Al-Qaida-Anhängern die Nacht- und Nebelaktion zur Flucht. Die Verbindungsoffiziere des pakistanischen Geheimdienstes hatten sie offenbar mit an Bord gebracht.

Die von den USA geduldete Aktion mag kurzfristig die Destabilisierung der pakistanischen Regierung verhindert haben – aber um welchen Preis? Sie richtete erheblichen politischen Flurschaden an, denn die Truppenführer der Nordallianz sahen sich um einen Teil ihres Sieges betrogen. In ihren Augen verspielten die USA das vorher mühsam aufgebaute Vertrauensverhältnis und ihre Glaubwürdigkeit.

Als Affront betrachtete die indische Regierung in Delhi die kurzsichtige Hilfestellung für den ungeliebten Nachbarn Pakistan. Auf diese Weise, so hieß es, seien gefährliche Terroristen möglicherweise in die umstrittene Kaschmir-Region entkommen, um von dort aus weitere Anschläge vorzubereiten. Der Überfall auf das Parlament in Neu-Delhi Mitte Dezember 2001, bei dem neun Menschen ums Leben kamen, wurde von einem islamistischen Todeskommando aus Kaschmir verübt.

Nach Informationen aus amerikanischen Geheimdienstkreisen sind Terroristen der Al Qaida auch auf dem Seeweg aus der Region geflohen. Sie benutzten dabei Containerschiffe von Unternehmen, die zum weit verzweigten Imperium bin Ladens gehören. In einem der Container fand die US-Navy bei einer Razzia im Dezember 2001 Ausrüstungen und Dokumente von Al-Qaida-Kämpfern.[17] Der Vorfall löste eine verstärkte Kontrolle des Seeverkehrs im Indischen Ozean aus und ist der Anlass für den Einsatz deutscher Kriegsschiffe vor dem Horn von Afrika. Aber da waren zahlreiche Terroristen möglicherweise schon entkommen, und das,

obwohl dem amerikanischen Geheimdienst CIA schon seit September 2001 detaillierte Informationen über die Frachterflotte der Al Qaida vorlagen.
Es ist nicht klar, ob Osama bin Laden ebenfalls über diesen Weg geflohen ist. Aber es gilt in Geheimdienstkreisen als gesichert, dass er Afghanistan noch vor der Jahreswende verließ. Seine Videobotschaft, die erst Ende Dezember in die Hände seiner Verfolger fiel, war ganz offenbar ein Täuschungsmanöver. Gefangene Al-Qaida-Kämpfer berichteten im Verhör, dass bin Laden die Befehlsgewalt für seine Truppe schon in der ersten Dezemberwoche an Gefolgsleute weitergab und mit Hilfe paschtunischer Stammesführer aus dem Tora-Bora-Höhlensystem über die Berge nach Pakistan entkam.
Beim »Wunder von Kunduz« mag die notwendige politische Rücksichtnahme auf den Verbündeten Pakistan wenn auch nicht als Entschuldigung, so doch als Erklärung für die peinliche Panne im Kampf gegen den Terrorismus gelten. Aber was Ende November bei Tora Bora geschah, lässt sich nur auf eine grobe Fehleinschätzung der amerikanischen Militärplaner zurückführen. Sie hatten sich trotz der Erfahrungen der vorangegangenen Wochen zu sehr auf die Eigeninitiative der verbündeten Warlords der Nordallianz verlassen – ausgerechnet in der entscheidenden Phase der Suche nach dem Mann, dessen Festnahme Kriegsziel Nr. 1 war.

Wie Osama bin Laden entkam

Einer amerikanischen Zeitung, dem *Christian Science Monitor*, gelang es, das Versagen der Militärs zu enthüllen. Akribische Recherchen in Afghanistan und Pakistan sowie zahlreiche Interviews mit Augenzeugen und Beteiligten machten die weitgehende Rekonstruktion der Flucht des Terrorfürsten möglich.[18] Danach hielt Osama bin Laden am 10. November seine letzte öffentliche Rede vor rund tausend Würdenträgern der paschtunischen Stämme rund um Jalalabad. Am Ende der Veranstaltung, die im »Zentrum

für Islamstudien« stattfand, verteilte der saudische Millionär großzügige Geldgeschenke bis zu umgerechnet jeweils 10 000 Dollar. Es war mehr als nur ein kleines Dankeschön für die Jubelrufe »Lang lebe Osama«, mit denen die Anwesenden den Terrorfürsten gefeiert hatten. Es war ein Vorschuss auf die Hilfestellung, die bin Laden in den folgenden Wochen von den örtlichen Stammesfürsten erwartete.
Mit feurigen Worten, so berichten Anwesende, verabschiedete er sich von seinen Freunden: »Mit Gottes Hilfe werden wir diesen Krieg gewinnen. Eure arabischen Brüder werden euch den Weg weisen. Wir haben die Waffen und die Technologie. Am allermeisten aber brauchen wir eure moralische Unterstützung. Möge Gott mir die Gelegenheit geben, euch alle an der Front wieder zu sehen.« Bewacht von fünfzehn bewaffneten Kämpfern verließ er den Saal.
Am nächsten Tag, als Jalalabad unter heftigem Feuer der Alliierten Streitkräfte lag, verließ ein Konvoi von mehreren Hundert Fahrzeugen die alte Handelsstadt. Unter ihnen ein weißer Toyota Corolla – das Fluchtfahrzeug von Osama bin Laden. Die Kolonne schaffte es ohne Hindernisse bis zu den Ausläufern der Berge von Tora Bora, wo sich rund 1500 Kämpfer von Al Qaida und der Taliban auf verschiedene Bereiche des Höhlensystems verteilten. Die Amerikaner waren den Terroristen offenbar auf den Fersen. In diesen Tagen, Mitte November, verstärkten sie die Luftangriffe auf die unterirdische Festung von Tora Bora und auf umliegende Dörfer.
Gleichzeitig versuchten CIA-Agenten, örtliche Anführer durch Geld- und Sachgeschenke auf ihre Seite zu bringen. Dabei machten sie jedoch einen schwerwiegenden Fehler: Sie engagierten die beiden konkurrierenden Bandenchefs Hazret Ali und Haji Zaman Gamsharik. Ali war einer der vielen Kommandeure der Nordallianz gewesen und hatte mit seinen Truppen nach der Flucht der Taliban einen großen Teil der Stadt Jalalabad übernommen. Dass seine Kämpfer in den ersten Tagen ihrer Herrschaft vor Plünderungen nicht zurückschreckten, verschaffte ihnen unter den

paschtunischen Anführern der Region keine Freunde – im Gegenteil.
Gamsharik – ein Paschtune – war ein Heimkehrer aus dem französischen Exil, wo ihn die USA um seine Unterstützung gebeten hatten. Der als skrupelloser Schmuggler bekannte Gamsharik hegte eine tiefe Abneigung gegen den ungebildeten Hazret Ali.
Aber in einem waren sich beide offenbar einig. Sie verrieten die neuen amerikanischen Verbündeten, ohne mit der Wimper zu zucken. Statt die Berge zu umzingeln, rückten sie nur aus einer Richtung vor, und während Gamsharik die Al-Qaida-Kämpfer, die fliehen wollten, anstandslos entkommen ließ, weil sie muslimische Brüder waren, nahm Ali vermutlich Bestechungsgelder an. Am 3. Dezember 2001 sicherte er in der Lobby eines Hotels in Jalalabad einem Unterhändler der Al Qaida sicheres Geleit für drei hochrangige Terroristen zu. Zwanzig Minuten hatte es gedauert, bis der Deal zu Stande kam.
Fluchtwillige Al-Qaida-Anhänger bezahlten zwischen 5000 und 50 000 pakistanische Rupien für ein Maultier und einen Führer durch die Berge nach Pakistan. Es war ein lohnendes Geschäft für die Dorfbewohner der Gegend. Nach deren Angaben brachten sie auf diesem Weg rund 600 Terroristen und ihre Familienmitglieder nach Pakistan. Dort sollten eigentlich pakistanische Streitkräfte die Grenze sichern, aber die wenigen hundert Soldaten standen auf verlorenem Posten, weil der Zugang zur grünen Grenze innerhalb Afghanistans nicht ebenfalls überwacht wurde. Die vermeintlichen Verbündeten der USA ließen den Fluchtweg bewusst unbewacht, und die Amerikaner übersahen offenbar die Notwendigkeit, die Grenze mit eigener Infanterie zu sichern.
Der Geheimdienstchef von Jalalabad brachte es vielleicht am besten auf den Punkt: »Der Schlüssel war die Grenze nach Pakistan, aber niemand hat ihr wirklich Beachtung geschenkt. Dabei gäbe es da viele Landestellen für Hubschrauber, wenn die Amerikaner nur entschiedener gehandelt hätten. Al Qaida ist unter ihren Stiefeln heraus entkommen.« Die Kampf- und Fahndungsstrategie der Amerikaner hatte Löcher wie ein Schweizer Käse. Als am 16. De-

zember 2001 die letzte Höhle von Tora Bora erobert wurde, fielen den Warlords noch ganze 21 Al-Qaida-Anhänger in die Hände. Alle anderen waren verschwunden, weil die angeblichen Verbündeten der USA die Hände aufgehalten hatten, während ihre Augen fest geschlossen blieben.

Da ist es kein Wunder, dass wohl auch Osama bin Laden selbst die Flucht gelang. Am 26. November bekam eine Gruppe von Glaubenskriegern aus dem Jemen in ihrer Höhle in den Bergen überraschenden Besuch. Zu ihnen gesellte sich Osama bin Laden, ein Glas Tee in der Hand. Er machte auf sie den Eindruck eines nervösen Befehlshabers, der von den Bombardements des Feindes zermürbt war. Der sonst so wortgewaltige Terrorfürst verließ die Krieger mit der Aufforderung, die Stellung zu halten, und verschwand dann ebenso schnell wieder, wie er gekommen war.

Der *Christian Science Monitor* stützt sich bei seiner Darstellung auf die Aussagen mehrerer Augenzeugen, unter ihnen eben jene jemenitischen Kämpfer sowie Abu Baker, ein Glaubenskrieger aus dem Umfeld bin Ladens, sowie Abu Jaffer, ein Al-Qaida-Funktionär. Letzterer bestätigte auch, dass Osama bin Laden sich um den 29. November, begleitet von nur vier seiner engsten Getreuen, zu Fuß in Richtung Pakistan aufmachte. Von dort habe er sich später noch einmal per Satellitentelefon bei seinen Anhängern im Höhlensystem von Tora Bora gemeldet und sie zum Kampf bis zum bitteren Ende aufgefordert.

In der ersten Jahreshälfte 2002 gab es angeblich weitere Lebenszeichen vom Anführer der Al Qaida. So erhielt Abdel Bari Atwan, der Herausgeber der arabischen Zeitung *al Quds al Arabi* in London, eine E-Mail, die von bin Laden stammen könnte. Unter der Überschrift »Statement von Sheikh Osama bin Laden zur Initiative von Prinz Abdullah« greift der Autor den Friedensplan des saudischen Prinzen für Israel und die Palästinenser an und preist die Selbstmordattacken palästinensischer Attentäter.[19] Nach Berichten anderer Zeitungen soll bin Laden sich telefonisch bei seiner Mutter gemeldet haben, mehrfach sei er außerdem in Pakistan gesichtet worden.

Wenn das alles stimmt, dann ist die erfolgreiche Flucht bin Ladens mehr als nur eine kleine Panne im Krieg gegen den Terrorismus. Sie widerlegt all jene, die die zugegebenermaßen eindrucksvollen Erfolge der US-Strategie des Stellvertreterkrieges als Sieg auf der ganzen Linie interpretieren. In Wirklichkeit war Afghanistan ein Pyrrhussieg. Dieselbe Taktik, die bei der Eroberung des afghanischen Kernlandes höchst wirkungsvoll war, erwies sich bei der Zielfahndung nach der Führungsriege der Al Qaida als geradezu kontraproduktiv.

Der vermeintliche Verbündete Iran

Die meisten Geheimdienste gehen heute davon aus, dass bin Laden entkommen konnte.[20] Aber manche glauben, dass er sie durch die Aussagen der angeblichen Augenzeugen über seine Flucht womöglich auf eine falsche Fährte locken wollte. Pakistan war vielleicht nur das vermeintliche Ziel. Eine andere Variante gilt ebenfalls als durchaus möglich: die Flucht über den Iran.

Als einen der größten Erfolge ihrer Allianz gegen den Terror verkaufte die US-Regierung die Kooperationsbereitschaft des Iran. Tatsächlich schloss das Mullah-Regime in Teheran auf Bitten der Amerikaner kurz nach den Anschlägen die Grenze zu seinem Nachbarstaat Afghanistan. Auf diese Weise sollten die Nachschubwege der Taliban und der Al Qaida abgeschnitten werden. Aber ohne großes Aufsehen vollzog die iranische Regierung im Dezember 2001 eine Kehrtwende. Flüchtige Mitglieder der Terrororganisation bin Ladens suchten und fanden im Iran Unterschlupf, und die Sicherheitsbehörden des Landes unternahmen nichts dagegen. Die Abhörexperten der amerikanischen NSA und der US-Streitkräfte fingen Telefongespräche der Terroristen im Iran auf, aus denen klar hervorging, dass sie weiter mit Führungsleuten im Umfeld von Osama bin Laden in Kontakt standen.

Die US-Regierung bat den vermeintlichen Verbündeten Iran um nähere Informationen – vergebens. Auch eine öffentliche Warnung des amerikanischen Präsidenten George Bush am 10. Januar 2002, den »Al-Qaida-Mördern keinen Unterschlupf zu gewähren«, blieb ergebnislos. Vielleicht wollten die religiösen Anführer des islamischen Staates die bereits erwähnten Kontakte zu Al Qaida aus den Neunzigerjahren wieder aufleben lassen. Vielleicht suchten sie auf diese Weise Einflussmöglichkeiten auf die politische Entwicklung im äußersten Westen Afghanistans, wo die Anhänger bin Ladens eine neue Machtbasis aufbauen könnten. Nach Angaben des Gouverneurs von Kandahar, Gul Agha Shirzai, gingen hochrangige iranische Generäle um den Jahreswechsel auf Good-Will-Tour durch die Provinzen Helmand, Nimruz und Farah. Dabei beschenkten sie die örtlichen Warlords reich mit Waffen und Geld. Solche Versuche, sich eine starke Interessensphäre in Afghanistan zu verschaffen, fördern sicher nicht die Stabilität des Landes unter einer Zentralregierung in Kabul.[21]

Besonders eng sind die Kontakte offenbar zum Gouverneur der Provinz Herat, Ismail Khan, der bis zum Sturz der Taliban im iranischen Exil lebte. Die USA entsandten eigens Diplomaten, die den streitbaren Khan um mehr Zurückhaltung bitten sollten. Und dann gibt es noch, wie bereits erwähnt, den ehemaligen kurzzeitigen Premierminister Afghanistans, Gulbuddin Hekmatyar, der vom iranischen Exil aus eine islamistische Miliz befehligt. Er könnte sich zum Werkzeug für die Interessen des Iran machen lassen, der in seinem Nachbarland wohl die Einführung einer vergleichsweise liberalen Demokratie genauso verhindern möchte wie die Rückkehr einer starken Monarchie. Beides hätte eine destabilisierende Wirkung auf das streng religiöse Mullah-Regime.

Vor diesem Hintergrund verwunderte nicht, dass Osama bin Laden möglicherweise diesen Fluchtweg nahm. Er nutzte dabei die guten Beziehungen Hekmatyars zu den Fundamentalisten um Mullah Ali Khamenei, der im dauernden Machtkampf mit dem fortschrittlicheren Präsidenten Khatami zurzeit wieder die Oberhand hat und in dessen Auftrag der iranische Geheimdienst die Flucht unterstützt haben könnte. Während die US-Truppen in der afghanisch-pakistanischen Grenzregion nach dem Terrorfürsten

Ausschau hielten, entkam bin Laden nach Informationen aus deutschen und israelischen Geheimdienstkreisen in den Iran. Er steuerte Anfang Dezember zunächst die westafghanische Stadt Herat an. Dann erfolgte in Höhe der Stadt Gurian der Grenzübertritt, und am 7. Dezember legte bin Laden einen Zwischenstopp in Sanjan im Nordosten des Iran ein. Danach ging die Reise weiter über die Armeebasis Bir Jand im Süden des Landes nach Bandar Abbas. Im Kriegshafen der iranischen Marine am Persischen Golf erwartete ihn ein Frachtschiff, das ihn, so ein israelischer Geheimdienstoffizier, in einen Golfstaat oder ein afrikanisches Land brachte.

Handfeste Beweise gibt es für diese Variante nicht. Sie wird aber von nahöstlichen Geheimdiensten unter Berufung auf Quellenberichte bestätigt. Insbesondere der israelische Mossad streut diese Version, weil sie eine bedrohliche Entwicklung im Nahen Osten zu belegen scheint, nämlich eine zunehmende Zusammenarbeit schiitischer Fundamentalisten und Terroristen mit den sunnitischen Fanatikern um Osama bin Laden – eine Achse, die jahrelang für unmöglich gehalten wurde, obwohl eine Reihe von Hinweisen dafür sprach.

Eine Schlüsselrolle dabei spielt ein Mann, der bereits seit den achtziger Jahren enge Kontakte zur Al Qaida unterhält und der die Kunst der Selbstmordattentate in die Ausbildungslager in Afghanistan eingeführt haben soll: Imad Mugniyah.[22] Der 40-jährige Libanese ist schon seit Jahren neben Osama bin Laden der meistgesuchte Terrorist der Welt. Auch auf seine Ergreifung ist eine Belohnung von 25 Millionen Dollar ausgesetzt. Mugniyah war Operationschef der schiitischen Terrororganisation Hisbollah im Libanon, und er unterhält eine eigene kleine Flotte von Handelsschiffen, von denen eines Osama bin Laden vermutlich zur Flucht verhalf.

In der ersten Jahreshälfte 2002 ist das Beziehungsgeflecht zwischen den Fundamentalisten im Iran, der Hisbollah, Al Qaida und palästinensischen Gruppen offenbar enger geworden.[23] Die »Karene A«, das Schiff mit der großen Waffenlieferung für die PLO, das Israel Anfang Januar 2002 im Roten Meer stoppen konnte, gehört

Imad Mugniyah. Er hatte den Deal mit Hilfe des iranischen Geheimdienstes eingefädelt. Nach Angaben aus Mossadkreisen gibt es eine Reihe von direkten Kontakten zwischen iranischen Agenten und der palästinensischen Autonomiebehörde. Und im Süden des Libanon wurde, unbemerkt von der Öffentlichkeit, eine 200 Mann starke Elitetruppe der iranischen Armee stationiert.

Weltweiter Krieg gegen den Terrorismus

Natürlich haben die Vereinigten Staaten auch einige Erfolge vorzuweisen. So konnten in den Monaten nach den Anschlägen von New York und Washington eine Reihe von Attentaten auf amerikanische Einrichtungen rund um den Globus verhindert werden. In Spanien wurden acht Anhänger der Al Qaida verhaftet, die Anschläge auf die amerikanische Botschaft in Paris geplant und Kontakte zur Hamburger Zelle um Mohammed Atta hatten.[24] In Singapur und Bosnien flogen mehrere Terrorzellen auf; in dem fernöstlichen Stadtstaat waren offenbar Anschläge auf die US-Botschaft und ein amerikanisches Kulturzentrum geplant, in Bosnien sollte das amerikanische Militärlager bei Tuzla, »Camp Eagle« genannt, Ziel einer Attacke werden. Am eindrucksvollsten aber war die Vereitelung eines möglichen Bombenanschlags im Jemen.

Im Januar 2002 entdeckte ein amerikanischer Soldat in einem Stützpunkt der Al Qaida in Afghanistan den Plan für eine Selbstmordattacke auf die US-Botschaft in Sanaa, der Hauptstadt des Jemen. Das Dokument, in dem der Name Fawaz Yahya al-Rabeei vermerkt war, landete unmittelbar danach bei FBI und CIA. Durch eine Blitzanfrage bei befreundeten Geheimdiensten erhielten die Amerikaner eine Liste mit 16 mutmaßlichen Mitverschwörern; von den meisten gab es sogar Fotos. Auf ihnen erkannte ein aufmerksamer FBI-Beamter einen der Gesuchten, der bereits seit Wochen in amerikanischer Gefangenschaft war. Am 11. Februar wurde er intensiv befragt und verriet schließlich, dass die Attacke auf die amerikanische Botschaft für den folgenden Tag geplant war. Das FBI löste Alarm aus und veröffentlichte die Fotos der Verdächtigen. Wenige Tage später sprengte sich im Jemen der Verwandte eines Mitverschwörers auf der Flucht vor der Polizei mit einer Handgranate in die Luft.

Auf den ersten Blick schien die neue Allianz mit dem jemenitischen Präsidenten Ali Abdallah Salih reibungslos zu klappen. Im Dezember 2001 schickte er seine Streitkräfte auf die Jagd nach Al-Qaida-Terroristen im Süden des Landes. Aber der Jemen ist ein gekaufter, unsicherer Verbündeter: Präsident Salih erwartet im Gegenzug die Auszahlung einiger Hundert Millionen Dollar durch den Internationalen Währungsfond sowie militärische Hilfe bei der Ausbildung seiner Sicherheitskräfte. Gleichzeitig wachsen die Zweifel an der Kooperation.

Im Januar 2002 gingen die Bilder von Guantanamo um die Welt, gefangene Kämpfer von Taliban und Al Qaida, die die US-Regierung zunächst unter fragwürdigen, nach Angaben von Bürgerrechtlern sogar unmenschlichen Bedingungen auf dem kubanischen Stützpunkt interniert hatte. Auf Grund der Gefangenenfotos registrierten die jemenitischen Behörden wachsenden Zulauf unter fundamentalistischen Kräften im Land. Salih beauftragte seinen Botschafter in Kuba mit sofortigen Nachforschungen über die Haftbedingungen der islamischen Häftlinge.

Kurz danach bekräftigte der amerikanische Präsident noch einmal seine feste Absicht, diese Gefangenen, unter ihnen französische, belgische, schwedische und australische Staatsbürger, nicht nach den Vorschriften der Genfer Konvention als Kriegsgefangene anzuerkennen. Diese Entscheidung brachte ihm nicht nur den Widerstand seines eigenen Außenministers, Colin Powell, ein, sondern löste auch bei den Kommandeuren der amerikanischen Streitkräfte große Bedenken aus.[25] Sie fürchteten um die Sicherheit und die faire Behandlung amerikanischer Soldaten, die im Verlauf der Militäroperationen in Afghanistan oder in künftigen Kriegen in Gefangenschaft gerieten und dann unter Berufung auf den Präzedenzfall Guantanamo ebenfalls schlecht behandelt würden. Erst diese

Kritik bewog den Präsidenten, zumindest dem Sinn nach die Gültigkeit der Genfer Konvention für die Häftlinge auf Kuba anzuerkennen.
Aber am Ernst dieser Absicht darf gezweifelt werden. So ließ Verteidigungsminister Rumsfeld noch Ende März 2002 wissen, dass die USA einige der Gefangenen auch dann weiter festhalten wollen, wenn sie am Ende ihrer Verfahren freigesprochen werden sollten. Zur Begründung gab der Hardliner an, dass solche Islamisten weiterhin eine Gefahr darstellten und dass – anders als in einem regulären Krieg, an dessen Ende Gefangene freigelassen werden – der Krieg gegen den Terrorismus voraussichtlich kein Ende haben werde.[26]
Die Behandlung der Gefangenen auf Guantanamo ist ein Beispiel dafür, dass die USA bei ihrem Krieg gegen den Terrorismus wenig Rücksicht auf die Akzeptanz ihres Vorgehens in islamischen Staaten nehmen. Es geht eher darum, gegenüber der eigenen Bevölkerung den alles überschattenden Bildern der Anschläge vom 11. September einen Auftritt der Stärke und Macht entgegenzusetzen, mit unabsehbaren Folgen für die Stabilität einiger Länder in der islamischen Welt.
Selbst auf den Philippinen, mit deren Regierung die USA seit langem verbunden sind, lassen sich die Schwierigkeiten eines Stellvertreterkrieges gegen die Terroristen beobachten. Ein Teil der Armee, die von amerikanischen Special Forces trainiert wird, um im Süden des Landes gegen die Abu-Sayyaf-Gruppe vorzugehen, ist wenig verlässlich. Unter den Soldaten sind zahlreiche Sympathisanten der islamistischen Sache, die an den Geschäften der Terroristen oft mitverdienen.[27]
Es wäre viel zu einfach, den erfolgreichen militärischen Teil des Krieges in Afghanistan zu einem Modell für alle künftigen Auseinandersetzungen zu machen – insbesondere bei Militäraktionen in anderen Staaten, die als Zufluchtsort für Terroristen gelten. Dort wäre ein Eingreifen wohl nur durch direkte Kooperation der jeweiligen Regierung oder mit einem massiven militärischen Einsatz möglich. Dass dies auch die Befehlshaber in Washington erkannt

haben, beweisen die Worte, mit denen sich der Kommandeur der Special Operations der US-Luftwaffe, Generalleutnant Maxwell Bailey, in der *New York Times* zitieren ließ: »Wir sollten sehr vorsichtig damit sein, die Lehren aus Afghanistan auf andere Konflikte anzuwenden. Wir hatten eine sehr erfolgreiche Kampagne mit Luftunterstützung für vorhandene örtliche Truppenverbände, angeleitet von Special Forces. Wir können die von uns kontrollierten Abläufe natürlich wiederholen – wie die Luftunterstützung und die Special Forces. Aber woher kommen dann die einheimischen Streitkräfte? An welchen anderen Orten dieser Welt gibt es so etwas?«

Die Schlussfolgerung liegt auf der Hand: Wenn die Vereinigten Staaten sich im Krieg gegen die »Achse des Bösen« in der Golfregion, im Irak oder Iran engagieren wollen, dann müssen sie dies mit einer starken Militärmacht tun, und genau das könnte Teil des Plans von Al Qaida sein. Tatsächlich gibt es ein Szenario, nach dem die bisherigen Ereignisse voll und ganz mit einem Konzept übereinstimmen, auf dessen Grundlage die Terrororganisation operiert. Demzufolge wären die Anschläge vom 11. September eine Art Köder für die Falle gewesen, in die US-Präsident George W. Bush auch prompt hineintappte.[28]

Ein Hinterhalt für Amerika

Was, wenn die Angriffe auf Ziele in den USA nur dazu gedacht waren, Amerika aus der Reserve zu locken? Nach der Lesart von Al Qaida wären die Vereinigten Staaten auf eigenem Boden nicht zu besiegen. Wenn aber das Hauptziel die Vertreibung amerikanischer Streitkräfte von heiligem Boden in Saudi-Arabien ist, dann müssten die Terroristen den US-Truppen in der Region empfindliche Verluste beibringen. Je mehr US-Soldaten dort im Krieg gegen den Terrorismus engagiert sind, desto leichter können sie zum Ziel verheerender Anschläge werden, die dann eine öffentliche Diskussion in den USA auslösen würden. Wie viel Blut wäre Amerika be-

reit, für die Kontrolle der Ölfelder am Persischen Golf und am Kaspischen Meer zu bezahlen?
Aus diesem Grund flammen auch die Gefechte in Afghanistan immer wieder auf.[29] Die Folge: Die US-Streitkräfte werden länger in dem instabilen Land gehalten als geplant, und sie könnten damit der gleichen Guerillataktik ausgeliefert sein, die schon den sowjetischen Besatzungstruppen vor zwanzig Jahren zum Verhängnis wurde. Damals waren es genau diese ständigen Nadelstiche, die letztendlich den Umschwung in der öffentlichen Meinung Russlands und den erniedrigenden Rückzug aus dem Land am Hindukusch bewirkten.
In diesen Hintergrund fügen sich eine Reihe von Ereignissen des vergangenen Jahres nahtlos ein. Die Ermordung des charismatischen Nordallianz-Führers Ahmed Schah Masud am 9. September 2001 nahm den Anti-Taliban-Kräften die einzige Identifikationsfigur, hinter der das Land zur Einheit hätte zurückfinden können. Stattdessen regiert nun Hamid Karsai, der von den Islamisten als Marionette der USA dargestellt werden kann und über einen gewissen Umkreis von Kabul hinaus nicht die geringste Macht besitzt. Jenseits der Hauptstadt machen sich die Kriegsfürsten gegenseitig die Macht streitig.
Ein nicht zu unterschätzender Faktor bei dieser Strategie ist die Wirkung der Militäraktionen auf die afghanische Bevölkerung und auf die breiten Massen in anderen islamischen Ländern des Nahen und Mittleren Ostens. Auch die Anthrax-Attacken in den USA würden zu einer solchen Al-Qaida-Strategie passen. Demnach wären sie ein Vorgeschmack auf weitere Potenziale des Netzwerks, eine Ablenkung von möglichen andersartigen Attacken, ein Test zum Ausloten der öffentlichen Reaktion auf solche Angriffe und nicht zuletzt eine Möglichkeit, wichtige Ressourcen der USA auf eigenem Boden zu binden. Nach dieser Theorie ist es ganz im Sinne von Al Qaida, die gesamte Region des Nahen und Mittleren Ostens zu destabilisieren und unregierbar zu machen. Das Geschehen der letzten Monate wäre damit das Paradebeispiel dafür, wie völlig berechenbare Reaktionen der US-Regierung Osama bin

Laden und seinem Netzwerk in die Hände spielen. Die Terroristen können sich ganz auf die Arroganz des Opfers verlassen, das – wie erwartet – die Gelegenheit zu einer Neuordnung der Welt nutzt und damit selbst die erhoffte Wirkung noch verstärkt.

Der entscheidende Punkt aber ist folgender: Die Vereinigten Staaten und ihre Verbündeten können mit Hilfe ihrer Präzisionswaffen militärische Erfolge erzielen, aber ihnen steht eine Schattenarmee gegenüber, die über noch bessere Präzisionswaffen verfügt, nämlich Menschen, die zu allem entschlossen sind und selbst ihr Leben ohne Zögern opfern. Zielgenauer kann ein Angriff nicht ausgeführt werden, weil ein Attentäter, anders als lasergesteuerte Bomben, jederzeit auf eine plötzliche Veränderung der Lage reagieren kann. Die Verfügbarkeit von Massenvernichtungsmitteln wie chemischen, biologischen und nuklearen Kampfstoffen macht einen Attentäter zu einem Risiko, das nicht auf Schlachtfeldern in fernen Ländern ausgeschaltet werden kann, sondern nur im engeren Umfeld seines möglichen Zieles. Und das verkürzt die Reaktionszeit um ein Vielfaches und macht Schutzmaßnahmen im eigenen Land unverzichtbar im Kampf ums Überleben.

11.
Aktionismus als Beruhigungspille

Es ist eine gespenstische Szene. Der FBI-Beamte blickt von der Tribüne des New Yorker Yankee-Stadions hinab. Es ist Nacht, aber im Scheinwerferlicht malen Stacheldrahtzäune bizarre Schatten auf das Spielfeld. Ausgerechnet aus einem der amerikanischsten Orte dieses Landes, das Freiheit und Demokratie verkörpern soll wie kein zweites, haben sie ein Internierungslager gemacht. Hinter den meterhohen Zäunen warten Tausende von Amerikanern arabischer Herkunft, Muslime, Menschen, die eben so aussehen, wie man sich islamische Terroristen vorstellt, auf ihr Verhör.

Als in den US-Kinos 1998 der Film »The Siege« anlief – in Deutschland kam er unter dem Titel »Ausnahmezustand« in die Kinos –, da erkannten die einen in ihm auch ein Stück Vergangenheitsbewältigung: So ähnlich ging Amerika während des Zweiten Weltkriegs mit seinen japanischstämmigen Mitbürgern um. Sie wurden in Massenlager gesperrt, obwohl es gegen die meisten von ihnen keine Beweise für mögliche Illoyalität gegenüber ihrem Gastgeberland gab. Bürgerrechtsgruppen und islamische Verbände beschwerten sich über die entwürdigende Art, in der Hollywood einmal mehr Muslime als rücksichtslose, kindermordende Monster abstempelte.

Beide Seiten verpassten dabei die eigentliche Bedeutung von »The Siege«. In dem Film geht es um eine Serie von Terrorakten, die von islamistischen Kommandos in New York verübt werden. Die Terroristen sprengen dabei nicht nur Kaufhäuser und Busse in die Luft, sondern auch das Bürogebäude des FBI in Manhattan, und sie drohen mit der Zündung einer Atombombe. In ihrer Hilflosigkeit verhängt die Regierung in Washington den Ausnahmezustand über New York und befiehlt den Einmarsch der Armee. Der kommandierende General, alias Bruce Willis, lässt gleich alle Einwohner arabischer Abstammung festnehmen, um durch Verhöre auf die Spur der Terroristen zu kommen. Nicht einmal vor Folter schreckt er dabei zurück.

Der FBI-Mann dagegen – gespielt von Oscar-Preisträger Denzel Washington – setzt auf ein rechtsstaatliches Vorgehen, das in seiner Wirksamkeit, wie das Happyend des Films beweist, jeder Willkür überlegen ist. In der Schlüsselszene wirft der Ermittler dem General vor, den Terroristen in die Hände zu spielen, wenn er den Rechtsstaat zerstöre, auf dessen Vernichtung es die Schurken abgesehen hätten.

Als Bedrohung galt auch Jasid al-Sami. 17 Tage war er nach den Anschlägen vom 11. September in den USA in Haft, wie Hunderte anderer, die ebenfalls ohne rechtliche Grundlage festgenommen wurden. »Ich durfte nicht duschen, es gab keine Seife, keine Zahnpasta. Es war ziemlich elend«, berichtete al-Sami dem amerikanischen Fernsehsender NBC. Dass die Behörden auf Nummer sicher gingen, weil er einen der Attentäter, Khalid al-Midhar, flüchtig kannte, ist einerseits verständlich, andererseits aber nach Ansicht von Amnesty International rechtswidrig.

Al-Sami war kein Einzelfall.[1] Überall in den USA wurden junge Männer arabischer Herkunft eingesperrt. »Über tausend Menschen sitzen hier in Haft«, erklärte Alexandra Arriaga von Amnesty International in Washington im November 2002. »Wir wissen nicht, wer all diese Leute sind. Familienangehörige erfahren meist nicht, in welchem Gefängnis ihre Verwandten untergebracht sind. Und von den Anwälten hören wir, dass ihnen der Zugang zu ihren Klienten erschwert wird.«

Weil sich das amerikanische Justizministerium weigerte, über die Festgenommenen, die rechtlichen Grundlagen ihrer Gefangenschaft und ihre Behandlung genauer Auskunft zu geben, forderten die Herausgeber der *Washington Post* in einem Kommentar die US-Regierung auf, die Geheimniskrämerei sofort zu beenden.[2] Tatsächlich blieben die Ermittlungen in vielen Fällen ergebnislos.

Von den mehr als 1200 Verdächtigen, die nach den Anschlägen festgenommen wurden, mussten die Strafverfolgungsbehörden in den USA bis Mitte Februar über 800 wieder entlassen, darunter auch mehrere deutsche Staatsbürger, weil sie unschuldig waren oder keine ausreichenden Beweise gegen sie vorlagen.

Bürgerrechte außer Kraft gesetzt

Das Handeln der amerikanischen Regierung ist bis heute noch durch einen teils hilflosen Aktionismus geprägt, der mit allen Mitteln weitere Anschläge zu verhindern sucht. Dieser Beweggrund mag das scharfe Vorgehen erklären und für manche auch rechtfertigen. Die Ängste der Bevölkerung jedenfalls ließen sich auf diese Weise beruhigen. Nur wenige Amerikaner regten sich Ende letzten Jahres über die tiefen Eingriffe in das Rechtsstaatsprinzip auf.
Trotzdem sind im Rückblick heute selbst Mitglieder der Republikanischen Partei des Präsidenten der Meinung, dass in der Hektik Entscheidungen getroffen wurden, die Amerika noch lange bereuen wird. Am 26. Oktober 2001 verabschiedete der Kongress ein weit reichendes Anti-Terrorgesetz mit dem bezeichnenden Namen »USA-Patriot-Act«. Dabei hatten viele Abgeordnete nach eigenen Angaben das mehrhundertseitige Werk gar nicht gelesen, als sie in der patriotischen Welle nach den Anschlägen ihre Stimme abgaben. Die Bestimmungen waren von der Regierung vorgelegt und nur mit den Anführern der beiden Parteien im Kongress ausführlicher diskutiert worden. Für die 435 Mitglieder des Repräsentantenhauses lag nur eine Hand voll Kopien des Gesetzestextes in den Fraktionsbüros bereit.
Da ist es kaum noch verwunderlich, dass das amerikanische Parlament aus der Zeitung von der Einsetzung der Militärtribunale durch den Präsidenten erfuhr. George W. Bush hatte eine »Executive Order«[3] unterschrieben, nach der ausländische Terroristen und deren Helfer vor Militärgerichte gestellt werden sollten. Die Tribunale würden geheim tagen und schneller entscheiden, weil

weniger Beweise als in einem zivilen Verfahren schon ausreichen sollten, um harte Strafen zu verhängen, einschließlich der Todesstrafe. Nach dem ursprünglichen Plan dürfte weder ein Richter noch irgendeine Berufungsinstanz das Verfahren prüfen, nachdem das Urteil gesprochen wurde. Dieses Recht sollte allein dem Präsidenten oder dem Verteidigungsminister zustehen. Das alles widerspricht der amerikanischen Verfassung, die jedem Angeklagten das Recht auf einen fairen und öffentlichen Prozess garantiert. Diese Regel aber setzte George Bush in seiner Anweisung unter Verweis auf die Bedrohung der nationalen Sicherheit der USA für die gefangenen Terroristen außer Kraft.

Der Mann, der den Präsidenten für diese Idee begeisterte, arbeitet bei einer Anwaltsfirma in einem prachtvollen Gebäude in Washington. George Terwilliger sorgte mit dafür, dass Abhöraktionen und Geheimdiensterkenntnisse, die in einem zivilen Verfahren nur unter bestimmten Auflagen zugelassen werden, vor den Tribunalen als Beweise gelten. Seiner Meinung nach würden diese Informationen aus zweiter Hand möglicherweise ausreichen, um jemanden vielleicht sogar zum Tode zu verurteilen. Das hänge »allein von den Kommissionsmitgliedern ab, die die Verlässlichkeit solcher Beweise prüfen.«[4]

Selbst eingefleischte Konservative zeigten sich im Herbst 2001 von der Schärfe der Regelung erschreckt. Als diktatorische Amtsanmaßung brandmarkte sie der *New York Times*-Kolumnist William Safire. Gegen alle Rechtsprinzipien, so schrieb er, verstießen »Bushs Känguru-Gerichte«.[5] Sie seien Auswüchse nach sowjetischem Vorbild, erdacht von »unserem Cäsar im Weißen Haus«. George Terwilliger ließen diese Vorwürfe kalt: »Diese Kritiker«, so philosophierte er, »liegen falsch. Wir geben keine Werte auf, sondern wir behandeln internationale Gesetzlose, die nicht mehr sind als Piraten, mit mehr Fairness, als sie verdienen.« Im Ausnahmezustand sahen viele Amerikaner das genauso. Im November 2001 vertrauten 80 Prozent dem Präsidenten, dass er im Kampf gegen den Terrorismus das Richtige tat.

Die Gunst der Stunde half den Hardlinern in der amerikanischen

Regierung, zu denen auch Verteidigungsminister Donald Rumsfeld zählt. Kritische Fragen nach den Militärtribunalen bürstete er kurzerhand ab: »Kriegsgerichte, Exekutionen, ich bin schockiert, dass so etwas über ihre Lippen kommt«, pflaumte er in einer Pentagon-Pressekonferenz einen Journalisten an. »Das ist eine Entscheidung des Präsidenten. Er hat sie bekannt gegeben, sie ist öffentlich. Es ist ein Mechanismus, den unser Land schon früher eingesetzt hat. Und wir werden in einer Art darangehen, die sich deutlich unterscheidet von dem, was Sie da unterstellen.«

Nachhaken ist unerwünscht, alle gezielten Anfragen für Interviews zu diesem Thema beim Pentagon, beim Justizministerium und im Weißen Haus wurden abgelehnt. Tatsächlich gibt es einen Präzedenzfall für die Militärtribunale. 1942 setzten deutsche U-Boote Saboteure an der amerikanischen Küste ab. Mit Sprengstoff, den sie in Kisten am Strand vergraben hatten, wollten sie Eisenbahnlinien und Fabriken in die Luft sprengen. Sie wurden gefasst und bis auf zwei durch ein Sondermilitärgericht zum Tode verurteilt.

Mit dem Ansehensverlust zahlt Amerika einen hohen Preis für den geringen Nutzen, den die Gefangenen von Guantanamo den Nachrichtendiensten gebracht haben. Bei der Fahndung nach den führenden Köpfen der Al Qaida und der Taliban waren die spärlichen Aussagen bei den Verhören nicht sonderlich hilfreich.

Amerikas treuester Verbündeter

In anderen Staaten sieht die Bilanz nicht viel besser aus. In Großbritannien dauerte es bis zum Januar 2002, bevor die ersten Anklagen gegen mutmaßliche Mitglieder von Al Qaida erhoben wurden. Die Beweislage ist recht dünn, und einige der wichtigsten Verbindungsmänner bin Ladens sind rechtzeitig untergetaucht, nachdem sie jahrelang in England gelebt und agitiert hatten, ohne dass sie ein Einschreiten der Behörden befürchten mussten. Es ist schwer verständlich, warum jemand wie Abu Qatada, ein islamischer Geistlicher, der seinen Anhängern Hass und Gewalt gegen Israel und die USA predigt, auch drei Monate nach den Anschlägen vom 11. September noch auf freiem Fuß war. Noch unverständlicher ist allerdings, dass der Mann mit Wohnsitz im Nordosten Londons untertauchen konnte, bevor im Januar endlich ein Haftbefehl erlassen wurde. Wurde der islamische Geistliche, der den Behörden seit Jahren immer wieder durch seine Brandreden für den Heiligen Krieg und gegen den Staat Israel aufgefallen war, etwa nicht überwacht?

Offiziell gab es erst im Januar konkrete Beweise für Abu Qatadas Kontakte zu Osama bin Ladens Organisation. In Wirklichkeit tauchen schon in den Aussagen des Millennium-Attentäters Ahmed Ressam im Jahr 2000 Querverbindungen zu dem in Jordanien geborenen Palästinenser Abu Qatada auf, dessen eigentlicher Name mit Othman Omar Mahmud angegeben wird. Genau wie in den USA hat auch die britische Regierung mit einer Art Notstandsgesetzgebung den Weg für unbürokratische Festnahmen zur Gefahrenabwehr freigemacht. Sie wurde in einigen Fällen angewendet, in denen sich die Vorwürfe aber in erster Linie auf Visavergehen stützen. Wie in den USA ist dies die beste Möglichkeit, verdächtige Personen festzuhalten, in der Hoffnung, dass Beweise für eine weiterreichende Verwicklung in das Netzwerk des Terrors auftauchen könnten.

Immerhin sind die Festnahmen in Großbritannien – einige Dutzend radikale Islamisten sitzen im Hochsicherheitsgefängnis von Belmarsh – ein deutlicher Beleg dafür, dass sich zumindest die Unterstützerszene für Al Qaida wie ein feines Netz über die britische Insel zieht. Wir erinnern uns: Nach amerikanischer Lesart war Hamburg die Brutstätte der Terrors vom 11. September, und es ist eindeutig, dass Mohammed Atta und seine Freunde einige wichtige Schritte ihres Vorhabens in der Wohngemeinschaft in der Marienstraße planten. Aber es ist mehr als wahrscheinlich, dass wichtige Fäden für das Unternehmen in Großbritannien gezogen wurden. Wie schon in früheren Kapiteln beschrieben, führten die Ermittlungen in anderen Fällen, vor dem Herbst 2001, immer wieder in das Vereinigte Königreich, das zu einem Tummelplatz von Dissidenten aus aller Welt geworden ist. Neben zahlreichen untadeligen Oppositionsgruppen aus aller Herren Länder unterhält auch jede nur denkbare Extremistenorganisation ein Büro in der Themsemetropole oder in anderen Städten des Landes.

Nach Recherchen des britischen *Observer* stand bin Ladens Organisation mindestens seit 1998 – vermutlich auch schon viel früher – in engem Kontakt mit islamischen Gruppierungen in Großbritannien. Das belegen Briefe und andere Schriften, die ein Reporter der renommierten Zeitung in verlassenen Gästehäusern der Al Qaida in Afghanistan fand. Dabei waren auch Stadtpläne und Skizzen von wichtigen Gebäuden der britischen Hauptstadt, vom Big Ben bis zur berühmten Tower Bridge.[6]

Wie langsam auch in den USA die Mühlen der Bürokratie noch mahlen, zeigt die verspätete Aktualisierung der Terrorliste des amerikanischen Außenministeriums. Erst im April 2002 fügte das State Department die »Salafistische Gruppe für die Mission und den Kampf« (GSPC) seiner Aufzählung von insgesamt 33 Terrororganisationen weltweit hinzu, obwohl doch spätestens seit März 2001 genügend Beweise vorlagen, dass die algerischen Extremisten mit Al Qaida zusammenarbeiteten.

Bei Verhaftungen in Deutschland, Italien, Großbritannien und Spanien vor und nach dem 11. September gingen den Fahndern zahlreiche Verdächtige ins Netz, die die Ausbildungslager in Afghanistan durchlaufen hatten und die über die Londoner Zelle um Abu Doha, den Verbindungsmann bin Ladens in Europa, mit Al Qaida in engem Kontakt standen.

Zu viel Bürokratie, zu wenig Wirkung

In Amerika steckte die US-Regierung nach den Anschlägen vom 11. September eine Milliarde Dollar in die Geheimdienstarbeit, die in den vorangegangenen Jahren so kläglich versagt hatte. Im März 2002, ein halbes Jahr nach den Attacken von New York und

Washington, stellte das amerikanische Nachrichtenmagazin *Time* beunruhigt eine Frage: »Können wir die nächste Attacke verhindern?«[7] Der Artikel erschien ausgerechnet in der Woche, in der bei einer Flugschule in Florida die von der Einwanderungsbehörde INS genehmigten Visa für Mohammed Atta und Marwan al-Shehhi eintrafen, die sich genau ein halbes Jahr zuvor als Terroristen entpuppt hatten.[8] Trotz der peinlichen Panne bescheinigte *Time* den Behörden INS, CIA und FBI eine zunehmend wirkungsvollere Zusammenarbeit. Dies sei einer der hoffnungsvollen Ansätze für die richtigen sicherheitspolitischen Maßnahmen im Inneren und Äußeren. Gleichzeitig aber werde die Entwicklung gebremst von zu viel Bürokratie und Unbeweglichkeit des verkrusteten Sicherheitsapparats der Vereinigten Staaten.

So spielen in den USA dreizehn verschiedene Stellen eine wichtige Rolle bei der Terrorismus-Prävention, aber sie tauschen nur ungern Informationen miteinander aus. Es gibt keine Stelle, an der alle Daten zusammenfließen und die dann gezielte Maßnahmen veranlassen könnte.

Ein faszinierendes Beispiel für den Aktionismus mit stark eingeschränkter Wirkung ist die Einführung einer neuen Bürokratie in Washington. Einen Monat nach den Anschlägen vom 11. September etablierte die US-Regierung das Amt für innere Sicherheit *(Office of Homeland Security)*, mit dessen Hilfe sich die amerikanischen Städte und Gemeinden auf künftige Terrorattacken vorbereiten sollen. Der ehemalige Gouverneur von Pennsylvania, Tom Ridge, wird nun in allen Landesteilen breitangelegte Katastrophenschutzübungen abhalten lassen und dafür sorgen, dass die zuständigen Behörden über die notwendige Ausrüstung zur Gefahrenabwehr und Folgenbeseitigung verfügen. Insgesamt stehen dafür zunächst 37,7 Milliarden Dollar bereit.[9]

Aber die gute Sache hat einen großen Haken. Der Sicherheitskoordinator Ridge hat nicht die geringste Macht, die Ministerien oder Bundesbehörden zu einer Mitarbeit zu bewegen. Er ist auf die Kooperationsbereitschaft seiner Kabinettskollegen angewiesen. Die aber befürchten einen Machtverlust und bauen lieber ihre eigenen

Kapazitäten aus. Die amerikanischen Streitkräfte richten gerade einen neuen Befehlsstab ein, der die Landesverteidigung im Falle drohender Terroranschläge koordinieren soll, z.B. beim Schutz der Grenzen und beim Einsatz von Abfangjägern.
Ein Beispiel für die Eifersüchteleien zwischen der alten und der neuen Bürokratie ist der Besuch des amerikanischen Justizministers John Ashcroft in Salt Lake City kurz vor Beginn der Olympischen Winterspiele. Ashcroft kritisierte die Sicherheitsmaßnahmen als nicht ausreichend und veranlasste eine Verschärfung. Wenige Tage zuvor war Tom Ridge in der Olympiastadt gewesen und hatte die getroffenen Vorkehrungen für gut und ausreichend befunden.[10]
Ridge würde auch gerne die Kontrolle der amerikanischen Grenzen wirkungsvoller machen. Die beteiligten Behörden – Zoll, Grenzpolizei und Küstenwache – arbeiten mit Kommunikations- und Computertechnologien, die sich nicht miteinander vernetzen lassen. Das möchte der Sicherheitskoordinator der US-Regierung gerne ändern, aber die Idee eines neu zu schaffenden gemeinsamen Oberkommandos der drei Behörden stößt auf wenig Gegenliebe. Erst nachdem Präsident Bush im April ein Machtwort sprach, soll die Zusammenführung über alle inneren Widerstände hinweg nun doch erfolgen.
Auch ein Jahr nach den Anschlägen haben die USA das größte Schlupfloch, durch das Terroristen in die Vereinigten Staaten gelangen können, nicht geschlossen. So gibt es weiterhin keinen Überblick über die 547 000 Gaststudenten, die mit Studentenvisa angeblich an den amerikanischen Hochschulen studieren. Ein computergestütztes Zentralregister, das schon nach dem ersten Anschlag auf das World Trade Center 1993 beschlossen worden war, wird frühestens im Jahr 2003 einsatzfähig sein. Aber selbst dann wird es an Personal fehlen, um Kontrollen an den 7400 amerikanischen Colleges und Universitäten durchzuführen.[11]
Auch deshalb soll die Einwanderungsbehörde künftig aus der Zuständigkeit des Justizministeriums herausgelöst und einem neu zu schaffenden Ministerium für Innere Sicherheit unterstellt werden. Damit reagierte US-Präsident George Bush im Juni 2002 auf die anhaltende Kritik an CIA und FBI, deren Trägheit und Geheimnis-

krämerei für die Anschläge des 11. September mit verantwortlich gemacht werden. Diese größte Strukturreform des amerikanischen Regierungssystems seit 50 Jahren, die manche Kritiker in Deutschland an das Ministerium für Staatssicherheit der DDR erinnert, ist allerdings purer Aktionismus. Denn die Behörde wird zwar Fachleute beschäftigen, die dauerhaft alle Entwicklungen im Terrorismus beobachten und deshalb vielleicht auch besser einschätzen können, aber sie wird voraussichtlich kein Recht auf eigenständige Ermittlungen oder den Zugriff auf Rohdaten der ameriknaischen Geheimdienste haben. Statt dessen entsteht ein neuer bürokratischer Koloss.

Noch mehr Bürokratie verspricht die Gründung der *Transport-Sicherheits-Administration* (AST), die die Kontrollen an den 429 amerikanischen Flughäfen verbessern soll. Bis heute fehlen vielerorts noch immer die notwendigen Überwachungsgeräte und Sprengstoffscanner. Qualifiziertes Personal ist in der amerikanischen Learning-by-doing-Gesellschaft nur schwer zu finden. Wiederholt gelang es Undercover-Ermittlern des Verkehrsministeriums, das Aufsichtspersonal auszutricksen und Waffen und Sprengstoff durch die Kontrollen verschiedener Flughäfen zu schmuggeln. Terroristen, die sich bei der Planung Zeit nehmen, können die Schwachstellen des Systems mit Leichtigkeit ausnutzen.

Die Schaffung der neuen Behörde wurde auch nicht von wichtigen Änderungen der Vorschriften begleitet. So müssen die Fluggesellschaften weiterhin nicht die eindeutige Zuordnung eines Gepäckstücks zu einem Passagier ermöglichen, der tatsächlich an Bord geht. Die Türen vieler Cockpits sind nur mit leicht zu überwindenden Riegeln gesichert. Und an vielen Flughäfen dürfen die Ankömmlinge weiterhin schon am Gate von ihren Verwandten und Freunden begrüßt werden. Es ist also möglich, ohne Ticket bis unmittelbar an die Flugzeuge heranzukommen, und beim Einsteigen wird nicht kontrolliert, ob der wirkliche Ticketinhaber oder irgendeine andere Person an Bord geht.

Selbst wenn diese Probleme behoben werden, wären doch alle Sicherheitsmaßnahmen gegen Attentatsversuche wie den von Ri-

chard Reid vergebens. Die winzige, aber wohldosierte Menge an Sprengstoff, die ausreicht, um ein Flugzeug zum Absturz zu bringen, lässt sich durch herkömmliche Suchgeräte nicht aufspüren.
Eine der größten Befürchtungen westlicher Sicherheitsbehörden ist der Einsatz von nuklearen Waffen durch die Terroristen. Wie bereits beschrieben, wurde deshalb im Oktober 2001 der Luftraum über Kernkraftwerken und Atomfabriken in den USA zum Sperrgebiet erklärt. Auch wenn heute, anders als damals, keine konkreten Hinweise auf eine solche Bedrohung vorliegen, ist es dennoch völlig unverständlich, dass der Überflug seit November letzten Jahres wieder gestattet ist. Die Sicherheitsmaßnahmen im Umkreis von Nuklearanlagen und Wasserwerken sind ebenfalls nicht nennenswert verschärft worden. Es scheint, als habe sich der Glaube an die Unverwundbarkeit der Supermacht vom Schock des 11. September erholt.
Der wichtigste Faktor bei der erfolgreichen Bekämpfung des Terrorismus ist ohne Zweifel die Bereitschaft, die zugänglichen Informationen auszutauschen. Seit dem 11. September geben amerikanische Bundesbehörden, allen voran das FBI, Informationen häufiger als früher an die örtlichen Strafverfolgungsbehörden weiter. Außerdem richten sie verstärkt ihr Augenmerk auf offene Quellen, in der Einsicht, dass die Vorbereitung von Terrorakten nach Art der Al Qaida eben nicht immer höchst konspirativ erfolgt, sondern dass Terroristen oftmals sehr offen operieren. Die Erkenntnis, dass alle Attentäter völlig legal einreisten und einige von ihnen unter ihrem eigenen Namen im Land lebten und arbeiteten, mit Führerschein und Kreditkarten, die auf ihren wahren Namen lauteten, war eine heilsame Erfahrung.
Trotzdem ist die Bilanz der Fahndung eher ernüchternd. Von über tausend Festgenommenen innerhalb der USA stehen bestenfalls noch ein Dutzend in Verdacht, belastende Verbindungen zu Terroristen zu haben. Bisher konnte keine weitere Zelle der Al Qaida auf amerikanischem Boden enttarnt werden. Gibt es keine weiteren, oder sind sie so schwer zu entdecken? Die Antwort eines hochrangigen FBI-Beamten, die das Nachrichtenmagazin *Time* in seinem Artikel im März 2002 zitiert, ist unbefriedigend: »Wir wis-

sen es nicht. Wenn Sie sich die Flugzeugentführer genau anschauen, erkennt man, dass sie keinerlei Kontakte zu mutmaßlichen Al-Qaida-Mitgliedern hatten. Sie haben keine Gesetze gebrochen. Sie sind durch nichts aufgefallen. Gibt es noch mehr Menschen dieser Sorte in Amerika? Wir wissen es nicht.«

Die Jagd auf Terrorgelder

Natürlich gibt es auch viel versprechende Ansätze im Krieg gegen den Terrorismus. Ende März 2002 durchsuchten Agenten des FBI, der Einwanderungsbehörde INS, des Zolls und der amerikanischen Steuerfahndung die Büroräume von 14 islamischen Unternehmen und Wohltätigkeitsvereinen in Virginia, vor den Toren Washingtons. Sie stehen in Verdacht, über Jahre hinweg Spendengelder aus den reichen Golfstaaten in den USA geparkt und dann an islamische Terrorgruppen im Nahen Osten verteilt zu haben. Ebenfalls auf der Liste standen Partner jener vier karitativen Einrichtungen, gegen die das Justizministerium 1995 schon einmal ermittelt hatte. Damals war der Fall, wie beschrieben, aus politischer Rücksichtnahme auf Saudi-Arabiens Königsfamilie zu den Akten gelegt worden. Diesmal wollten die US-Behörden jeder Verbindung zu vermeintlichen Freunden Amerikas in den Ölstaaten nachgehen, und sei sie noch so peinlich. So könnte bei den Ermittlungen erstmals bewiesen werden, dass das saudische Königshaus tatsächlich den islamistischen Terror mitfinanziert, um sich selbst von Umsturzversuchen im eigenen Land freizukaufen.
Aber solche hoffnungsvollen Aktivitäten können nicht darüber hinwegtäuschen, dass die Jagd nach den Finanzquellen des Terrorismus durch Eifersüchteleien zwischen den Behörden und durch die Komplexität des globalen Finanzsystems nahezu wirkungslos bleibt und bleiben wird. Im April 2002 kritisierte die *Los Angeles Times* die amerikanische Regierung, die ihre Fahndung im Finanznetz zu Unrecht als großen Erfolg verkaufe.[12]
Ermittler des Justiz- und des Finanzministeriums arbeiteten eher gegeneinander als miteinander. Sie hielten wichtige Informationen

voreinander geheim, seien schlecht ausgebildet, verschwendeten finanzielle und personelle Ressourcen und zerstörten aus purer Unfähigkeit wichtige Indizien. Für das FBI, das dem Justizministerium untersteht, verfolgt die »Finanzprüfungsgruppe« *(Financial Review Group)* die Spuren der Geldströme. Das Finanzministerium setzte die so genannte »Grüne Suche« *(Green Quest)* ein, die ihre Untersuchungen völlig getrennt von den FBI-Fahndern führt. So beschlagnahmte die grüne Truppe im März bei einem islamischen Wohltätigkeitsverein in New Jersey zahlreiche Dokumente und verweigerte den FBI-Kollegen den Einblick. Die Fahnder des Justizministeriums mussten daraufhin den Anwalt des verdächtigen Vereins um Kopien der Unterlagen bitten.
In einer Reihe von Fällen wurden Finanzguthaben in Millionenhöhe vom Finanzministerium eingefroren, ohne dass ausreichende Beweise vorgelegen hätten. Nach Angaben eines der Ermittler ist die Beweislage so dünn, dass sie vor Gericht kaum Bestand haben dürfte. Obendrein bekämen verdächtige Organisationen Gelegenheit, der Strafverfolgung zu entgehen, weil ihre Prozesse wegen Verfahrensfehlern scheitern könnten.
Auch bei der Finanzfahndung werden international gültige Rechtsgrundsätze außer Kraft gesetzt. So haben die angeklagten Vereine und ihre Vertreter nicht einmal das Recht, das Beweismaterial gegen sie einzusehen. Es wurde vom US-Finanzministerium kurzerhand als »geheim« eingestuft. Das Recht auf Verteidigung ist damit ausgehebelt, weil die Anwälte nicht wissen, welche Argumente sie entkräften müssen.
Die Geheimhaltung ist auch das größte Problem bei der internationalen Zusammenarbeit. Die USA verlangen von anderen Ländern, dass sie Finanzdaten weitergeben und ebenfalls Guthaben einfrieren, aber gleichzeitig verweigern sie den Einblick in ihr Beweismaterial, weil es geheim sei, beklagte sich der Schweizer Justizminister Valentin Roschacher im März 2002 bei seinem Washingtoner Kollegen. Viele Länder, die zunächst mit den USA kooperieren wollten, haben bisher weder die rechtlichen noch die personellen Grundlagen für die Verfolgung von Geldströmen geschaffen. Und

einige arabische Staaten bleiben lieber untätig, weil sie die Rache islamistischer Gotteskrieger im eigenen Land fürchten. Darüber hinaus benutzen die Terroristen bei ihren Finanztransaktionen so geschickte Verschachtelungen, dass ein Erfolg der Fahndung höchst zweifelhaft ist, zumal, wie das Beispiel 11. September zeigt, eine halbe Million Dollar in kleinen Chargen reicht, um eine Katastrophe anzurichten.
Trotzdem behauptet die US-Regierung, dass Al Qaidas Operationen durch finanzielle Nöte gehemmt seien. »Ich habe nicht die geringste Ahnung«, so hält einer der Ermittler dagegen, »woher sie das wissen wollen.«[13] Ein hochrangiger Mitarbeiter einer Strafverfolgungsbehörde, der ebenfalls anonym bleiben will, kommt zu dem Schluss: »Nach den Zeitungsberichten zu urteilen, läuft die Sache prima. In Wirklichkeit kann man so keine Ermittlungen führen, ausgerechnet bei einem so großen Verfahren, bei dem so viel auf dem Spiel steht.«[14]

Die Kritiker formieren sich

Als rechtliche Grundlage für die genannten Maßnahmen im Finanzbereich dient ebenfalls das Antiterrorgesetz mit dem Namen »USA Patriot Act« vom 26. Oktober 2001. In ihm werden Firmen wie z.B. Wechselstuben, Pfandleiher und Autohäuser verpflichtet, Finanzdaten an die Fahnder der US-Regierung weiterzumelden. Die dafür nötigen logistischen Vorbedingungen, etwa die elektronische Vernetzung der Betriebe, sind bis heute nicht geschaffen worden, und die Ermittler selbst befürchten, dass sie in einer wahren Datenflut ertrinken werden.
Seit einigen Monaten formiert sich nun auch innerhalb der USA der Widerstand gegen die weit reichende Antiterrorgesetzgebung, obwohl die Kritiker noch weit in der Minderzahl sind. Bei einer Veranstaltung der amerikanischen Anwaltsvereinigung Anfang April 2002 waren sich alle Podiumsteilnehmer einig, dass unter dem Vorwand des Kampfes gegen den Terrorismus hart erkämpfte Bürgerrechte mit Füßen getreten werden.[15]

Der republikanische Kongressabgeordnete Bob Barr kritisierte, das neue Gesetz sei voreilig verabschiedet worden, ohne die Konsequenzen zu bedenken. Bundesbehörden seien nun gezwungen Durchsuchungsaktionen, Festnahmen und elektronische Abhörmaßnahmen insgeheim durchzuführen. Die Vorsitzende des US-Bürgerrechtsverbandes ACLU verurteilte die Massenbefragungen von Verdächtigen, die allein auf Grund ihrer arabischen Herkunft zu den Verhören gezwungen worden seien.
Der Kriminologieprofessor Robert Friedman erinnerte im Hinblick auf die mögliche Anwendung von »physischem Druck« bei den Verhören daran, dass selbst in dem von Terroristen so bedrohten Israel der Oberste Gerichtshof die Anwendung solcher Taktiken verboten habe. Und der Journalismusprofessor Conrad Fink wies darauf hin, dass die US-Regierung nicht im Geringsten Rücksicht auf ihre Informationspflicht gegenüber der Öffentlichkeit nehme und den Krieg gegen den Terrorismus im Geheimen führe.
»Die Verfassung schützt unsere Demokratie«, so steht es auf dem Plakat am Bauzaun vor dem Nationalarchiv in Washington, in dem die Verfassungsurkunde der USA zu besichtigen ist. Aber das Gebäude war im November 2001 geschlossen, weil bei den dringend notwendigen Renovierungsarbeiten gerade das Fundament untergraben wurde – genauso wie im Krieg gegen den Terrorismus nach Auffassung amerikanischer Bürgerrechtler die Verfassung untergraben wird. Das Land der »Bill of Rights«, der Rede- und Meinungsfreiheit, befindet sich tatsächlich im Krieg, so wie Hollywood es in seinem Kassenschlager »The Siege« vorwegnahm.
»Was wäre, wenn irgendjemand hier wirklich einen Anschlag verübt, z.B. noch einmal auf das World Trade Center? Wie würde unsere Gesellschaft dann reagieren, was würden wir tun?«, so fragt Annette Benning 1998 in einem Interview für das Pressevideo des Films, in dem sie eine Agentin des US-Geheimdienstes spielt. Drei Jahre später ist das Szenario Wirklichkeit geworden. Wenn die Welt es früher ernst genommen hätte, wären ihr auf diese Fragen vielleicht bessere Antworten eingefallen.

12.
Die neue alte Weltordnung

»Jungs, wisst ihr, was das bedeutet?«, fragte er und starrte wie gebannt auf den Fernseher. Joschka Fischer war aus seinem Büro in das Vorzimmer getreten. Der amerikanische Fernsehsender CNN hatte gerade den Einschlag des zweiten Flugzeugs in das World Trade Center gezeigt. »Das ist Pearl Harbour. Es ist nichts mehr wie vorher. Es wird alles anders werden.« Genau das Gleiche erklärte der Außenminister nur Minuten später am Telefon seinem Chef im Kanzleramt: »Gerd, das ist wie Pearl Harbour.«
Es war ein Eindruck, den Verantwortliche in allen Bereichen der Bundesregierung ähnlich wahrnahmen. Ernst Uhrlau, der Geheimdienstkoordinator im Kanzleramt, empfand vor allem die Kraft der Bilder aus Amerika: »Die haben mehr ausgesagt als alle Telefonate. Man musste nicht mit Bush telefonieren, um zu wissen, dass das eine Zäsur ist.«
August Hanning, Präsident des Bundesnachrichtendienstes, war mitten in einem Hintergrundgespräch mit Journalisten – ausgerechnet zum Thema »Internationaler Terrorismus« –, als ihn im Konferenzsaal der Berliner BND-Filiale die Nachricht von den Anschlägen erreichte. Eine seiner Folien auf dem Overheadprojektor hatte sich mit Osama bin Ladens Al Qaida beschäftigt. Für Hanning, dessen Dienst sich auch mit den politischen und sozialen Hintergründen der internationalen Bedrohung auseinander setzt, war klar, dass es sich um eine »neue Qualität der Auseinandersetzung« handelte. Nur wenige Stunden danach wurden seine schlimmsten Befürchtungen bestätigt: Religiöser Fanatismus, geschürt von Osama bin Laden, war für die Anschläge verantwortlich. »Das ist das Allerschlimmste«, so Hanning, »weil durch die Religiosität jede menschliche Hemmschwelle wegfällt.«
Es war eine neue Herausforderung für die Politik. Eine, wie es sie

seit den Zeiten des Kalten Krieges, seit der Kubakrise und dem russischen Einmarsch in Afghanistan nicht mehr gegeben hatte. Unter dem ersten Eindruck der Anschläge legte sich die Bundesregierung auf einen Kurs fest, der zu dem Schock der Ereignisse passte. Bundeskanzler Gerhard Schröder bezeichnete die Attacken bei seiner ersten kurzen Erklärung kurz vor 18 Uhr am 11. September als eine »Kriegserklärung an die gesamte zivilisierte Welt«. Er habe dem amerikanischen Präsidenten »uneingeschränkte Solidarität« versprochen. Deutschland stehe an der Seite der USA.

Der Entwurf des Statements stammte von Michael Steiner, dem außenpolitischen Berater des Kanzlers. Steiner legte Schröder den Text im Beisein des Außenministers vor, der aber den genauen Wortlaut nicht erfuhr. Vielleicht hätte Fischer sonst von einer so weitgehenden Festlegung auf eine »uneingeschränkte« Solidarität abgeraten.

Es war ein großes Maß an Vertrauen, das die Bundesregierung dem amerikanischen Präsidenten und seiner Führungsmannschaft entgegenbrachte, obwohl doch einige, darunter hochrangige Beamte des Auswärtigen Amtes, die Sorge hatten, dass George Bush in der Auseinandersetzung mit islamistischen Terroristen schnell in Wildwest-Manier verfallen könnte. Bis spät in die Nacht hinein diskutierte Außenminister Fischer an diesem 11. September mit seinen Beratern über die weltpolitischen Folgen, die dieser Tag haben würde. Für viele der Anwesenden bot das schreckliche Geschehen auch drei große Chancen: Russland könnte besser an den Westen angebunden, und China zu mehr internationaler Kooperation gewonnen werden, und die US-Regierung würde vielleicht einsehen, dass sie sich nach ihrem Isolationismus der vergangenen Monate wieder mehr engagieren musste – das brutalste Attentat der Geschichte als Chance für den Multilateralismus.

Es ist faszinierend, dass die Gedanken der Regierungsakteure auf beiden Seiten des Atlantik ähnlich waren. Am Abend des 11. September notierte US-Präsident Bush in seinem Tagebuch: »Heute hat das Pearl Harbor des 21. Jahrhunderts stattgefunden.« In der Sitzung des Nationalen Sicherheitsrates kurz zuvor im Weißen

Haus hatte Bush von einer »großen Gelegenheit« gesprochen, um die Beziehungen zu vielen Ländern, einschließlich Russland und China, zu verbessern.

Aber er merkte auch an: »Wir müssen die Länder zwingen, zu wählen« zwischen gut und böse.[1]

Wohl deshalb ist ein Jahr danach, obwohl es eine Annäherung an Russland und China gegeben hat, die Hoffnung auf den Multilateralismus enttäuscht worden. Viele Befürchtungen haben sich bestätigt. Amerika setzt auf einen Unilateralismus, der vor allem in militärischem Interventionismus zum Ausdruck kommt. US-Soldaten führen ihren Kampf gegen den Terrorismus mit kleinen und großen Einheiten in Afghanistan, Pakistan, Georgien, Usbekistan, Somalia, im Jemen und im Irak, in Kolumbien und auf den Philippinen. Die Regierung in Manila bekam Waffen und Hubschrauber im Wert von 90 Millionen US-Dollar, weitere Lieferungen sollen an die Türkei, Kenia und Aserbaidschan gehen, wobei niemand garantiert, dass diese Staaten die neuen Waffen nicht zur Unterdrückung der Opposition missbrauchen. Die Sanktionen gegen Pakistan wurden aufgehoben, obwohl das Militärregime von General Musharraf sicher nicht den Weg für die Rückkehr zu einem demokratischen System freimachen wird. Am Referendum zur Verlängerung der Amtszeit von Musharraf um weitere fünf Jahre im April 2002 nahm die Opposition aus Protest erst gar nicht teil. Die neue Machtpolitik Amerikas sieht verdächtig nach der alten aus, die in Zeiten des Kalten Krieges zwar zur Sicherung des Weltfriedens beitrug, aber oft genug nur den eigenen wirtschaftlichen oder geostrategischen Interessen diente.

Die neue alte Weltordnung, die der französische Außenminister Hubert Vedrine als »unverantwortlich vereinfacht« kritisierte, ist nicht nur bedenklich, sondern sogar gefährlich, wie ein europäischer Politiker, der lieber anonym bleiben wollte, im März 2002 dem britischen *Observer* sagte: »Wenn sie Prinzipien abschaffen, um von Fall zu Fall nach rein pragmatischen und eigennützigen Erwägungen zu entscheiden, dann untergraben sie die Basis für alle internationalen Vereinbarungen. Damit kann jeder Staat, wenn es ihm passt, internationale Konventionen und Vereinbarungen missachten, weil diese entwertet worden sind. Das ist das Rezept für potenzielle Anarchie in der Zukunft.«[2]

Solidarität um jeden Preis?

Am 10. Dezember 2001 war Ahmed Agaiza gerade auf dem Weg zum Sprachunterricht in seiner neuen Wahlheimat Karlstad in Schweden, als er von einem Kommando der schwedischen Polizei verhaftet wurde.[3] Später am Nachmittag klingelte ein Polizist an Agaizas Haustür und forderte seine Frau Hanan Khaleq auf, ihm die Medikamente ihres Mannes gegen sein Magengeschwür zu übergeben. Weitere Erklärungen blieb der Beamte der entsetzten Ehefrau des Verhafteten schuldig. Hanan Khaleq alarmierte daraufhin die örtliche Niederlassung der internationalen Gefangenen-Hilfsorganisation Amnesty International.

So beschreibt die amerikanische Zeitung *Washington Post* in einem Artikel vom Januar 2002 eine Praxis, die Bürgerrechtlern und Rechtsexperten in Europa und Amerika höchst bedenklich erscheint. Die schwedische Regierung hatte nämlich offenbar einen Deal mit dem ägyptischen Außenministerium gemacht, nach dem Agaiza, der als Dissident politisches Asyl in Schweden beantragt hatte, an sein Heimatland ausgeliefert werden konnte, sofern dieses schriftlich zusicherte, dass dem damals 39-Jährigen nicht die Todesstrafe drohte.

Tatsächlich war Agaiza zuvor von einem Gericht in Kairo in Abwesenheit zu 25 Jahren Zwangsarbeit verurteilt worden, weil er angeblich an einem bewaffneten Überfall auf die ägyptische Botschaft in Pakistan teilgenommen hatte.

Ebenfalls am 10. Dezember wurde in Stockholm der Asylbewerber Mohammed Zari verhaftet, dem die ägyptische Regierung die Mitgliedschaft in einer Terrorgruppe vorwirft. Ein ägyptisches Flugzeug brachte beide Männer noch am selben Tag gegen ihren Willen in ihre Heimat zurück. Es gab weder eine Anhörung, noch hatten die beiden Betroffenen die Möglichkeit, sich mit ihren Anwälten zu beraten. Und das ist nach Ansicht führender Rechtswissenschaftler in Europa illegal.

Obwohl viele europäische Staaten, darunter auch Deutschland, nach dem 11. September per Gesetz die Voraussetzungen für eine schnelle Deportation geschaffen haben, müssen nach der europäischen Menschenrechtscharta einige Grundregeln eingehalten werden. Nach Paragraf 8 der ECHR (European Convention on Human Rights), der UN-Konvention gegen Folter und Artikel 3 der Genfer Flüchtlingskonvention gilt ein Verbot der Abschiebung in Staaten, in denen es Folter und Todesstrafe gibt. Garantiert wird demnach auch die uneingeschränkte Möglichkeit, in einem Notverfahren den Europäischen Gerichtshof für Menschenrechte anzurufen.

Auch andere europäische Staaten haben diese Bestimmungen in den letzten Monaten verletzt. Frankreich überstellte Islamisten an Algerien, Österreich will einen islamischen Aktivisten an Ägypten ausliefern. Bundesinnenminister Schily wollte in einem Fall dasselbe tun, sobald die schriftliche Zusicherung der Regierung in Kairo vorliegt, auf die Vollstreckung eines möglichen Todesurteils gegen den Mann zu verzichten. In dem Dokument soll auch ein fairer Prozess und der Verzicht auf Folter garantiert werden.

Obwohl die schwedische Regierung ein solches Schreiben erhielt, wurde Ahmed Agaiza nach Angaben von Amnesty International in Isolationshaft in Ägypten so gefoltert, dass er Schwierigkeiten beim Gehen hatte.

Die Regierungen in Europa berufen sich auf eine Resolution des Weltsicherheitsrates kurz nach den Anschlägen vom 11. September. Danach sollen Staaten »sicherstellen, dass der Flüchtlingsstatus von Tätern, Planern und Helfern von Terroranschlägen nicht missbraucht werden kann, und dass politische Gründe nicht dazu dienen, die Auslieferung von mutmaßlichen Terroristen zu verweigern.«

Der Wunsch nach einem harten Vorgehen gegen Verdächtige, die politisches Asyl zu Unrecht für sich in Anspruch nehmen, ist durchaus verständlich. Angesichts der schweren Vorwürfe gegen einige der Betroffenen können viele von ihnen kaum als Sympathieträger gelten. Aber mit der neuen Praxis werden Standards aufgeweicht, die in der Vergangenheit vielen Unschuldigen und legitimen politischen Dissidenten das Leben gerettet haben. Außerdem haben die ausliefernden Staaten weder das Interesse noch eine Verpflichtung, die Einhaltung der Zusicherung eines fairen Verfahrens zu überprüfen.

Frankreich überstellte Ende 2001 zwei Islamisten an Algerien, über ihren Verbleib ist nichts bekannt. Österreichs Regierung wollte den Asylbewerber Muhammad Abd Rahman Bilasi-Ashri an Ägypten ausliefern, obwohl der Oberste Gerichtshof des Landes dieses Ersuchen ein Jahr zuvor ausdrücklich abgelehnt hatte. Bilasi-Ashri war in Abwesenheit als Unterstützer des ägyptischen Islamischen Dschihad zu 15 Jahren Haft verurteilt worden, ähnlich wie sein Landsmann Ahmed Agaiza. Der Wahlschwede zählt zu den führenden Oppositionellen seines Landes und hat nach eigenen Angaben mit der terroristischen Abspaltung der Dschihad-Bewegung unter dem bin-Laden-Freund Ayman al Zawahiri nichts zu tun. Ob das stimmt, lässt sich schwer nachprüfen, insbesondere weil die ägyptische und die schwedische Regierung die Beweise für die terroristischen Aktivitäten Agaizas geheim halten.

Zu einem Regime wie dem von Hosni Mubarak in Ägypten kann es notwendigerweise legitime Opposition geben. Schließlich zeichnet sich die Regierung in Kairo durch ein ausgeklügeltes Unterdrückungssystem gegen politisch Andersdenkende aus. In diesem Sinne wird Ägypten in den Menschenrechtsberichten der EU und der Vereinigten Staaten als ein Land geführt, in dem politische Repressalien und Folter an der Tagesordnung sind. Diese Politik, die ähnlich in vielen arabischen Staaten angewendet wird, beschert den extremistischen islamischen Organisationen erst den Zulauf. Mohammed Atta begann seinen Pfad in den Terrorismus aus genau diesen Gründen. Es ist deshalb reiner Hohn, dass der Terrorismus ausgerechnet durch die Aufweichung jener Rechte bekämpft werden soll, die – würden sie überall angewendet – seine Entstehung sogar verhinderten.

Die Wunschliste aus Washington

Als wäre dies nicht schon schlimm genug, hat die neue Politik der schnellen Deportationen einen weiteren Aspekt, der im Krieg gegen den Terrorismus auf den ersten Blick durchaus verständlich ist, der aber die Kurzsichtigkeit und Unvernunft des Vorgehens entlarvt und der zugegebenermaßen guten Absicht einen schweren Schaden zufügt. Hinter der Abschiebepraxis in Länder des Nahen Ostens steckt nämlich politischer Druck durch die Vereinigten Staaten von Amerika. Schon im Oktober 2001 wandte sich US-Präsident Bush mit einem 40-Punkte-Katalog an den Präsidenten der Europäischen Kommission, Romano Prodi. In der Einleitung ist die Rede von »eine(r) Vorschlagsliste mit Aktionen, die die Europäische Union unternehmen könnte, um den Vereinigten Staaten im internationalen Vorgehen gegen den Terrorismus zu helfen«.[4]

Aber für eine Reihe von Nicht-Regierungs-Organisationen, Bürgerrechtsgruppen und zahlreiche Abgeordnete im Europaparlament ist das Schreiben vom 16. Oktober 2001 ein Forderungskatalog der USA. Einige der »Vorschläge« widersprechen nicht nur den geltenden Bestimmungen der europäischen Gesetzgebung, sondern gehen weit über das hinaus, was die US-Regierung im eigenen Land auch nach den Anschlägen vom 11. September für notwendig und rechtens hält. So schlägt Präsident Bush beispielsweise vor, die gesetzlich vorgesehene Vernichtung von Verbindungsdaten durch Telekommunikationsunternehmen grundsätzlich aufzuheben, um auch nach längeren Zeiträumen auf die Daten von Verdächtigen zugreifen zu können. Das aber widerspricht den Datenschutzrichtlinien und dem Persönlichkeitsschutz, wie er auch durch die europäische Menschenrechtscharta garantiert ist. Gezielte Ausnahmen für verdächtigen Datenverkehr sind in den unterschiedlichen Abkommen der Europäischen Union längst vorgesehen, während in den USA solche Zugriffe selbst im Einzelfall, auch nach der neuen Antiterrorgesetzgebung, immer noch weitgehend verboten sind.

Im Bereich der internationalen Zusammenarbeit zwischen Polizei und Justiz wünschen sich die USA, dass »Polizeibehörden und örtliche Gerichte der Mitglieder- und Beitrittsstaaten direkt mit amerikanischen Strafverfolgungsbehörden zusammenarbeiten«, dass also FBI und CIA Zugang zu Informationen von regionalen Ermittlungsgruppen bekommen. Der bisher übliche Weg über ein schriftliches Rechtshilfeersuchen sollte durch die Möglichkeit verkürzt werden, diese Anfragen lediglich mündlich zu stellen. Die notwendigen Papiere könne man später nachreichen.

Eine verständliche, aber ebenso dreiste Forderung, deren Umsetzung nicht nur einen tiefen Eingriff in die Souveränität der europäischen Staaten bedeutet, sondern obendrein die unabhängige Kontrolle jeder Fahndungsmaßnahme ausschließt, die möglicherweise nur »auf Zuruf« erfolgt. Das Legalitätsprinzip allen staatlichen Handelns wäre damit leicht zu umgehen.

Am deutlichsten wird die Absicht der USA jedoch bei den »Vorschlägen« über den Umgang mit »unerwünschten« Personen:

- Verpflichtung zur Auslieferung von Bürgern in Terrorismusfällen. Abschaffung der Möglichkeit, die Auslieferung in Terrorismusfällen unter Berufung auf »politische Beweggründe« zu verhindern.
- Suche nach Alternativen zu Auslieferungsverfahren, zum Beispiel Abschiebung und Deportation, wo immer es rechtlich möglich und wirkungsvoll erscheint.
- Etablierung eines Verfahrens, das die Weitergabe von Einwanderungsdaten über Individuen ermöglicht, die mit Terrororganisationen in Verbindung stehen.
- Bessere Zusammenarbeit bei der Entfernung derer, die den Auf-

enthaltsstatus verletzen, kriminell werden oder unerwünscht sind.

So verlockend manchen diese Forderungen auch erscheinen mögen, sie verletzen ebenfalls die Menschenrechtskonventionen und die Datenschutzbestimmungen nach dem Schengener Abkommen – und sie öffnen der Willkür Tür und Tor. Danach könnte sich ein Oppositioneller, der sich für die Unabhängigkeit Tschetscheniens einsetzt, nicht mehr auf politisches Asyl berufen, sobald Russland ihn in einem Gerichtsverfahren zum Terroristen gestempelt hat.
Ist er wirklich ein Terrorist, sollte er dieses Recht gar nicht erst haben. Aber was, wenn er nun keiner ist? Welche unabhängige Instanz prüft dann den Gehalt der gegen ihn erhobenen Vorwürfe? Und wer definiert, was durch die Bezeichnung »unerwünscht« als Grund für eine »Entfernung« gerechtfertigt ist?
Ein Großteil der amerikanischen Vorschläge hätte nicht einmal in den USA selbst Aussicht auf Verwirklichung, und in keinem der 40 Punkte ist von einer Verpflichtung der Vereinigten Staaten die Rede, den europäischen Staaten einen ähnlich weit reichenden Zugriff auf die Daten ihrer Bürger und Behörden zu gewähren.
Immerhin setzt Präsident Bush die europäischen Partner mit seinem Schreiben nur politisch unter Druck, und die unbürokratischen Deportationen von Asylbewerbern in Schweden und Frankreich sind ein Beleg dafür, dass dieser Druck Wirkung zeigt. Bei anderen Ländern aber ist die US-Regierung weniger rücksichtsvoll und nimmt dabei ohne Zögern die Aushebelung international anerkannter Gesetze und Konventionen zur Durchsetzung eigener Zwecke für sich in Anspruch.

Der Zweck heiligt die Mittel

Im Januar 2002 wurden in Bosnien fünf Algerier und ein Jemenit unter Terrorismusverdacht festgenommen, aber kurz danach aus Mangel an Beweisen freigesprochen. Obwohl die Menschenrechtskammer der bosnischen Justiz den Verbleib von vier der sechs Verdächtigen im Land anordnete, wurden alle sechs von amerikanischen Soldaten festgenommen und in das Internierungslager Guantanamo ausgeflogen. Die Vertreterin des UN-Flüchtlingskommissariats in Sarajevo, Madeleine Rees, kritisierte den Coup mit deutlichen Worten. Die Aktion sei »eine außerrechtliche Entführung von souveränem Staatsgebiet« unter Umgehung bestehender Gesetze.

Die US-Regierung mag das illegale Vorgehen mit »Gefahr im Verzuge« begründen. Trotzdem sendet sie ein fatales Signal an alle Länder dieser Welt, die es mit Recht und Gesetz ebenfalls nicht so genau nehmen. Wenn das angeblich so demokratische Amerika keine Skrupel hat, internationales Recht zu brechen, wieso sollten sich dann weniger demokratische Staaten zur Einhaltung desselben verpflichtet fühlen (von den demokratischen Staaten ganz zu schweigen)?

Was in Bosnien geschah, ist kein Einzelfall. Im Kampf gegen den Terrorismus sind die USA und ihre Verbündeten auf frische Informationen über die Strukturen und Absichten des Gegners angewiesen, zumal der Krieg in Afghanistan Al Qaida – wie gezeigt – bestenfalls eines ihrer Trainings- und Rückzugsgebiete kostete, ohne die Organisation zu zerschlagen. Also nutzen die US-Streitkräfte und die CIA jede Gelegenheit, um mutmaßliche Terroristen zu verhören.

Zu ihren Praktiken zählt dabei auch die Überstellung der Verdächtigen an Länder wie Ägypten oder Jordanien, in denen die Gefangenen in manchen Fällen mit Mitteln der Folter zur Aussage gezwungen werden. Die USA, so berichtete die *Washington Post* im März dieses Jahres[5], steckten hinter einigen Dutzend solcher Fälle. So sei zum Beispiel der Pakistani Muhammad Saad Iqbal Madni im Januar dieses Jahres auf der Grundlage von CIA-Informationen in Indonesien verhaftet worden. Ohne ein Anhörungsverfahren oder die Einschaltung eines Anwalts überstellte ihn die indonesische Regierung nach Ägypten. Den Transport übernahm ein Jet des amerikanischen Geheimdienstes.

Ähnliches widerfuhr einem jemenitischen Studenten, den der pakistanische Geheimdienst in einer dunklen Ecke des Flughafens von Karatschi der CIA übergab. Der junge Mann, der Handschellen und eine Augenbinde trug, wurde ohne die notwendigen Papiere für eine Auslieferung oder Abschiebung nach Jordanien ausgeflogen. Einmal in einem der Partnerstaaten der USA angekommen, werden die Gefangenen gefoltert oder mit Drohungen gegen ihre Familien zur Aussage gezwungen. Amerikanische Geheimdienstexperten, denen solche Praktiken verboten sind, sind oft bei den Verhören anwesend. Das berichtete die *Washington Post* unter Berufung auf westliche Diplomaten und Geheimdienstkreise.
Diese Praxis ist nicht neu. Mit ihr will die US-Regierung lange Auslieferungsverfahren vermeiden, durch die, falls sie bekannt werden, andere Verdächtige gewarnt werden könnten. Die ausliefernden Regierungen entgehen ihrerseits der Gefahr von Protestaktionen oder Terroranschlägen durch islamische Extremisten im eigenen Land. Was von den europäischen Verbündeten auf dem Umweg über die EU-Kommission verlangt wird, erledigt die Bush-Administration mit Staaten wie Pakistan, Bosnien, Indonesien und den Philippinen auf dem kleinen Dienstweg. Die *Washington Post* listet rund ein Dutzend Fälle aus den letzten Jahren auf, in denen Terrorverdächtige ohne rechtsstaatliches Verfahren mit Hilfe der CIA in Drittstaaten überstellt wurden. Einige der Betroffenen wurden dort zum Tode verurteilt und hingerichtet.
Wie wenig Rücksicht die US-Regierung auf internationale Gepflogenheiten nimmt, zeigt auch der Fall des mutmaßlichen Anwerbers von Mohammed Atta und seinen Freunden. Mohammed Zammar war kurz nach dem 11. September festgenommen, danach aber wieder auf freien Fuß gesetzt worden. Mit Wissen deutscher und amerikanischer Ermittlungsbehörden verließ er Deutschland am 27. Oktober 2001, angeblich, um in Marrokko einige Privatangelegenheiten zu regeln. Seitdem galt Zammar als verschwunden, sehr zum Leidwesen der deutschen Fahnder, die den 41-Jährigen mittlerweile für eine der Schlüsselfiguren der Hamburger Gruppe halten.

Im Mai 2002 gab es Hinweise darauf, dass amerikanische Behörden seinen Aufenthaltsort kannten. Die Recherchen ergaben zunächst, dass Zammar in einem Land festgehalten wurde, in dem Agenten der CIA ihn befragen konnten. Mitte Juni kam dann die Bestätigung, dass sich der Hamburger im Gefängnis in Syrien befand. Weil Zammar, der seit 1971 in Deutschland lebte, seit 1982 auch deutscher Staatsbürger war, hätte die Regierung in Damaskus die Bundesregierung über seine Festnahme unterrichten müssen. Dass sie es nicht tat, ist eine klare Verletzung der Wiener Konvention. Dass die Bush-Administration ihr Wissen um den Aufenthaltsort Zammars über Monate nicht an deutsche Ermittlungsstellen weitergab, zeigt eine gewisse Arroganz im Umgang mit engen Verbündeten.

Kurz nach den Anschlägen vom 11. September trauten sich nur wenige, solche Auswüchse des Kriegs gegen den Terrorismus vorauszusagen. Eine von ihnen war die indische Schriftstellerin Arundhati Roy, die unter dem Titel »Wut ist der Schlüssel« die Ereignisse und die daraus entstandenen Pläne, aus einem dezidiert nichtamerikanischen Blickwinkel heraus, in eine historische Perspektive zu bringen suchte. Sie schrieb, »die bevorstehende Operation wird angeblich zur Aufrechterhaltung amerikanischer Werte durchgeführt. Doch sie wird nur noch mehr Zorn und Angst in der ganzen Welt erzeugen, und am Ende dürften diese Werte völlig diskreditiert sein«.[6]

Die Wahrnehmung von der Supermacht

Roy sieht in einem brachialen Vorgehen der USA eine Fortsetzung jener Politik, die die Anschläge vom 11. September erst ermöglicht hat. Ihr Vorwurf mag für viele, die sich den Vereinigten Staaten verbunden fühlen, unerträglich sein, aber ihn einfach zu ignorieren oder als reine Verleumdung abzutun, wäre ein verhängnisvoller Fehler, weil sich das Problem des Terrorismus nur dann lösen lässt, wenn seine Wurzeln verstanden werden. Die Botschaft der Anschläge von New York und Washington, so argumentiert Roy, könnte »unterzeichnet sein von den Geistern der Opfer von Amerikas alten Kriegen«. Damit meine sie die »Millionen von Toten in Korea, Vietnam und Kambodscha«, im Libanon und Irak, in Palästina, Jugoslawien, Somalia, Haiti, Chile, Nicaragua, El Salvador, Panama und der Dominikanischen Republik, die ermordet worden seien »von all den Terroristen, Diktatoren und Massenmördern, die amerikanische Regierungen unterstützt, ausgebildet, finanziert und mit Waffen versorgt haben«.

Die Schriftstellerin, die zu den heftigsten Kritikern der Globalisierung zählt, fährt fort, Osama bin Laden sei »aus der Rippe einer Welt gemacht, die durch die amerikanische Außenpolitik verwüstet wurde, durch ihre Kanonenbootdiplomatie, ihr Atomwaffenarsenal, ihre unbekümmerte Politik der unumschränkten Vorherrschaft, ihre kühle Missachtung aller nichtamerikanischen Menschenleben, ihre barbarischen Militärinterventionen, ihre Unterstützung für despotische und diktatorische Regime, ihre wirtschaftlichen Bestrebungen, die sich gnadenlos wie ein Heuschreckenschwarm durch die Wirtschaft armer Länder gefressen haben. Ihre marodierenden Multis, die sich die Luft aneignen, die wir einatmen, die Erde, auf der wir stehen, das Wasser, das wir trinken, unsere Gedanken«.

Der Essay, den die *Frankfurter Allgemeine Zeitung* verdienstvollerweise in einer Zeit – nämlich am 28. September 2001 – abdruckte, als hier zu Lande unter dem Schock der Ereignisse Kritik an Amerika vielerorts unerwünscht war, gipfelt in einem Vergleich von Osama bin Laden und George W. Bush: »Beide berufen sich auf Gott und greifen gern auf die Erlösungsrhetorik von Gut und Böse zurück. Beide sind in eindeutige politische Verbrechen verstrickt. Beide sind gefährlich bewaffnet, der eine mit dem nuklearen Arsenal des obszön Mächtigen, der andere mit der glühenden, zerstörerischen Macht des absolut Hoffnungslosen. Feuerball und Eispickel. Keule und Axt. Man sollte nur nicht vergessen, dass der eine so wenig akzeptabel ist wie der andere.«

In der Bewertung dieser Äußerungen spielt es überhaupt keine Rolle, wie wahr oder falsch die aufgestellten Thesen sind, und man könnte sicherlich über die Vorwürfe trefflich streiten. Aber wichtig ist vor allem zu erkennen, dass Roy mit ihrer vernichtenden Kritik widerspiegelt, wie Millionen von Menschen vornehmlich in ärmeren und islamischen Ländern die Politik der Vereinigten Staaten wahrnehmen. Diese Wahrnehmung von einem Amerika, das Freiheit auf seine Fahnen geschrieben hat, aber mit seiner Außenpolitik häufig das Gegenteil bewirkt, ist der fruchtbare Boden, auf den die Terrorpropaganda von Osama bin Laden fällt, weil die USA mit einem arroganten Auftreten ihre Glaubwürdigkeit aufs Spiel setzen. Leider finden sich im Verhalten der US-Regierung seit dem 11. September 2001 eine Reihe von Aktivitäten, die wenig geeignet sind, diesen Eindruck zu widerlegen.

- Die Festnahme Hunderter von Menschen in den USA, von denen viele zu Unrecht über Wochen und Monate festgehalten wurden, ohne Rücksicht auf geltende Gesetze. In den meisten Fällen hatten die Verdächtigten keinen Zugang zu Anwälten.
- Die Errichtung von Militärtribunalen, die noch nicht einmal den üblichen Anforderungen eines Kriegsgerichts der amerikanischen Streitkräfte entsprechen. Die Schwelle für eine Verurteilung wird dabei von einem einzigen Mann bestimmt, dem Präsidenten der Vereinigten Staaten. Erst auf internationalen Druck begrenzte die US-Regierung den willkürlichen Umgang mit demokratischen Grundwerten.
- Die Nichtanerkennung der Taliban- und Al-Qaida-Kämpfer, die den USA in Afghanistan in die Hände fielen, als Kriegsgefangene.
- Die illegale Überstellung von Verdächtigen in Länder, in denen Menschen gefoltert und eines rechtsstaatlichen Verfahrens beraubt werden. Dabei nimmt die US-Regierung bewusst den Bruch internationaler Vereinbarungen über die Menschenrechte und den Status von Flüchtlingen in Kauf.
- Der politische Druck der USA auf Regierungen in Westeuropa, genau diese international anerkannten Konventionen und Grundrechte auszuhöhlen.

- Der Druck auf Staaten der Dritten Welt, die ungeachtet ihrer innenpolitischen Verhältnisse gezwungen werden, für die USA Partei zu ergreifen, auch wenn ihre Existenz dadurch gefährdet wird.
- Die Weigerung, internationale Konventionen wie das Biowaffenabkommen kontrollierbar zu machen oder die Einrichtung des Internationalen Strafgerichtshofes zu unterstützen.
- Der Versuch, eine Propagandaabteilung im amerikanischen Verteidigungsministerium dauerhaft zu installieren, die selbst in verbündeten Nationen die öffentliche und veröffentlichte Meinung mit Fehlinformationen manipulieren sollte. Das Büro wurde nach internationaler Kritik zwar geschlossen. Von der erklärten Absicht der gezielten Desinformation hat sich die US-Regierung aber bisher nicht distanziert.[7]
- Der Wiedereinstieg in die Aufrüstung mit neuen Projekten zur Raketenabwehr und zum Einsatz taktischer Atomwaffen im Rahmen eines präventiven Erstschlags oder beim internationalen Kampf gegen Terroristen. Die Anwendung solcher Waffen gegen die »Achse des Bösen« (Iran, Irak und Nordkorea), gegen Syrien und Libyen, aber auch gegen Staaten wie China oder Russland wird dabei nicht mehr ausgeschlossen.[8]

Auch kleine Ereignisse können eine erhebliche, negative Wirkung haben. Bei den Olympischen Spielen benutzte das Organisationskomitee von Salt Lake City die Eröffnungsfeier für eine politische Inszenierung. Man mag die Präsentation der zerrissenen und verschmutzten Flagge aus den Trümmern des World Trade Centers als Akt der Menschlichkeit ansehen oder als universelles Symbol dafür, dass die Freiheit nicht untergeht. Aber man stelle sich vor, die palästinensische Mannschaft würde eine Fahne aus den Überresten eines zerstörten Wohnhauses im Gazastreifen beim Einmarsch vor sich hertragen. Es könnte genauso gut eine israelische Flagge aus den Trümmern der zerbombten Pizzeria in Jerusalem sein, mit der das israelische Team an die Opfer erinnern will. Der Vergleich mag hinken, aber er zeigt, dass es einen guten Grund für

das Verbot von politischen Kundgebungen im Rahmen der Olympischen Spiele gibt. Da hat auch das Wort von der »entschlossenen Nation« in der Eröffnungsformel des Gastgebers nichts zu suchen. George W. Bush konnte der Versuchung nicht widerstehen.
Es gibt liberale Kräfte in den USA, die all dies als Anhaltspunkt für eine Gefährdung der amerikanischen Demokratie von innen ansehen. Die extremsten unter ihnen malen schon in düstersten Farben das Horrorbild eines faschistischen Gottesstaates (»The State«) an die Wand, der im Inneren die offene Gesellschaft durch polizeiliche Kontrolle zerstört und der nach außen unter der Fahne der Religion und im Krieg gegen den Islam die Vorherrschaft in der Welt anstrebt.[9]

Obwohl so etwas angesichts der Vielfalt der amerikanischen Geistesströmungen geradezu absurd ist, besteht dennoch Anlass zur Sorge. Eine Regierung, die ihre Anstrengungen im Kampf gegen den internationalen Terrorismus auf repressive Maßnahmen konzentriert und dabei jede zivile Strategie zur Vorbeugung gegen den Terrorismus instinktsicher vernachlässigt, muss zwangsläufig Verdacht erwecken. Die religiöse Rhetorik von George W. Bush wird dabei selbst von Geistlichen in den USA als schädlich gesehen; sie sei ein Verstoß gegen die Trennung von Staat und Religion.[10]
Wohin die Reise möglicherweise geht, zeigt nicht nur die Diskussion um ein militärisches Vorgehen gegen den Irak. Die US-Regierung stellt sich ganz offenbar auch auf die mögliche Gegenreaktion auf eine solche Politik ein. Die Abschlussübung am Army War College in Pennsylvania im März 2002 basierte erstmals auf einem Szenario, das von einem arabischen Angriff auf einen NATO-Staat ausgeht. In diesem Fall ging es um den Einmarsch syrischer und irakischer Truppen in die Türkei, an dem die 342 teilnehmenden Offiziere ihre strategischen Fähigkeiten trainieren sollten, um sich so auf Führungsaufgaben im US-Verteidigungs- oder Außenministerium vorzubereiten.

Das Beispiel macht Schule

George W. Bush hat sich offenbar entschieden, als Kriegspräsident in die amerikanische Geschichte einzugehen, und er gibt damit ein Beispiel ab, dem andere als seine Verbündeten ganz offenbar gerne folgen, auch weil ihnen der gemeinsame Kampf gegen den Terrorismus die ideale Gelegenheit bietet, gegen Terroristen im eigenen Land vorzugehen. Dabei ist die Einhaltung von internationalen Konventionen zur Nebensache geworden, weil auch die USA es unter Verweis auf den guten Zweck damit nicht so genau nehmen.
In Russland zum Beispiel ging Präsident Wladimir Putin mit aller Härte gegen die Aufständischen in Tschetschenien vor und kümmerte sich nicht darum, wenn die Zivilbevölkerung dabei zu Schaden kam. Im Januar 2002 schlug die internationale Hilfsorganisation »Ärzte ohne Grenzen« Alarm: Die russische Armee habe aus Tschetschenien ein »Gefängnis unter freiem Himmel« gemacht, ein »Getto, in dem Willkür und Gewalt herrschen«.[11] Seit dem 11. September gelte für die Soldaten offenbar eine Blankovollmacht für Menschenrechtsverletzungen unter dem Deckmantel von Antiterroraktionen.
Vergewaltigungen, Folter, Misshandlungen und Demütigungen unter der Zivilbevölkerung seien an der Tagesordnung. Die russische Armee benehme sich wie eine »brutale und undisziplinierte Besatzungsmacht«. Nach Angaben der Organisation sind deshalb schon rund 160 000 Tschetschenen in das benachbarte Inguschien geflohen. Dies sind Vorgänge, die vor dem 11. September von der US-Regierung, von den Vereinten Nationen, der Europäischen Union und von der Bundesregierung offen kritisiert worden wären. Im Frühjahr 2002 war solch eine Kritik offenbar politisch nicht opportun.
Internationale Einrichtungen wie die Vereinten Nationen, NATO und die EU haben durch den Kampf gegen den Terrorismus weniger Bedeutung als je zuvor. Ihr Einfluss richtet sich zunehmend nach ihrer Nützlichkeit für die Antiterrorpolitik der USA, die bestenfalls noch auf die militärische Unterstützung des treuesten

Verbündeten, Großbritanniens, zurückgreift. Soldaten aus anderen Staaten sind nichts weiter als nützliches Beiwerk.
Auch in Bezug auf die Ereignisse in Israel fiel die amerikanische Regierung lange Zeit durch eine wankelmütige Haltung zwischen totalem Desinteresse und heftiger Rhetorik auf, die bei keiner der Konfliktparteien vertrauenerweckend wirkte. Das mag an der Kluft liegen, die quer durch das Kabinett von US-Präsident Bush geht. Hardliner wie der stellvertretende Verteidigungsminister Paul Wolfowitz waren dafür, Ariel Scharon in seinem Vorgehen absolut freie Hand zu lassen. Außenminister Colin Powell sah die amerikanische Rolle als Führungsmacht gefährdet, wenn die USA die israelische Regierung gewähren ließen. Nach einem Bericht des Nachrichtenmagazins *Newsweek* wurde im März 2002 eine Bush-Rede zur Nahostpolitik sechzehn Mal überarbeitet, um den beiden Lagern gerecht zu werden.[12]
Wenn Powell danach nicht als gemeinsamer Gesandter der USA, der Vereinten Nationen, der Europäischen Union und Russlands nach Israel gereist wäre, hätte er nicht einmal ein Mindestmaß an Glaubwürdigkeit mitgebracht. Aber selbst das wurde von US-Präsident Bush noch mit der Äußerung untergraben, es sei allein Sache des Außenministers, ob er wirklich mit Jassir Arafat zusammentreffen wolle. Kein Wunder, dass die Powell-Mission kläglich scheiterte.
In der Nahostfrage sind die USA zu einem außenpolitischen Spagat gezwungen. Schließlich nimmt Scharon das gleiche Recht für sich in Anspruch, auf das sich die USA in ihrem weltweiten Kampf berufen – das Recht auf offensive Verteidigung gegen brutale Terroristen. Dass dabei Menschenrechte mit Füßen getreten werden, scheint ein akzeptabler Preis zu sein. Beim israelischen Vorgehen im palästinensischen Flüchtlingslager Dschenin wurden nach Ansicht von Bürgerrechtsgruppen Kriegsverbrechen verübt. Diese Vorwürfe erfordern zumindest eine lückenlose Aufklärung. Die israelische Siedlungspolitik und die täglichen Schikanen gegen Palästinenser in den autonomen Gebieten haben in den letzten Jahren viel zur Verschärfung der Situation beigetragen.

Das soll die blutigen Selbstmordanschläge in keiner Weise rechtfertigen. Im Gegenteil: Der Angriff auf das Existenzrecht Israels, die Kompromisslosigkeit und das politische Propagandaspiel von Jassir Arafat, der im Jahr 2000 mutwillig das weit reichende Angebot Israels von Camp David ausschlug, tragen die Hauptschuld am Blutvergießen im Nahen Osten, in dem sich Kinder Bomben um den Bauch binden und sich in die Luft sprengen.

George W. Bush und Ariel Scharon hängen der Illusion an, dass sich der Krieg gegen Selbstmordattentäter tatsächlich militärisch gewinnen lässt. In Wahrheit lässt sich der Bürgerkrieg in Israel jedoch von keiner Seite gewinnen, genauso wenig wie der internationale Krieg gegen den Terrorismus, wenn repressive Maßnahmen nicht von politischen und zivilen Strategien flankiert werden. Das ist umso wichtiger, weil dieser Konflikt wie kein anderer die Solidarisierung und Radikalisierung von Muslimen in aller Welt so sehr fördert, dass nicht nur Anschläge ungeahnten Ausmaßes, sondern auch kleinere Attacken in Nordafrika, Asien, den USA und in Europa immer wahrscheinlicher werden – überall da, wo sich Menschen für die pervertierte Auslegung eines Islam à la Osama bin Laden begeistern lassen. Die Flüssiggasbombe von Djerba war dafür ein schrecklicher Vorbote.

Nur wenn für den Nahostkonflikt eine friedliche Lösung gefunden wird, hat der Kampf gegen den Terrorismus wirklich eine Chance. Dabei ist bei allen Beteiligten nicht allein Stärke, sondern vor allem Größe gefragt. Nur wer bereit ist, eigene Fehler zu erkennen, einen ersten Schritt zu wagen und Kompromisse zu schließen, kann die Spirale der Gewalt stoppen.

Für Joschka Fischer war diese Erkenntnis der entscheidende Antrieb für sein Engagement als Vermittler im Nahost-Konflikt. Auf sein Betreiben hin wurden deutsche Waffenlieferungen nach Israel im Frühjahr 2002 vorläufig gestoppt. Aber weder Fischer noch die Bundesregierung trauten sich, ihre Entscheidung öffentlich bekannt zu geben und zu begründen. Es gibt sicherlich eine Menge guter geschichtlicher Gründe für eine deutsche Zurückhaltung gegenüber Israel, aber wenn Deutschland zu einer friedlichen Lösung

im Nahen Osten beitragen will, dann müssen die Signale an alle Beteiligten klar und ehrlich sein.
Wenige Wochen nach den Anschlägen vom 11. September brachte Joschka Fischer aus einer Kabinettssitzung den »Leitfaden für Selbstmordattentäter« mit, den die Fahnder in den USA im Gepäck von Mohammed Atta gefunden hatten. »Hier, das zeigt euch den Wahnsinn«, sagte Fischer zu seinen Mitarbeitern. »Glaubt nicht, dass da das Böse am Werk war, sondern das ›vermeintlich absolut Gute‹. So wie Himmler, der das tat, was er tat, weil er glaubte, das absolut Gute zu tun.« Die islamistischen Terroristen sind bereit, Taten zu begehen, die nach christlicher Auffassung heute den Täter geradewegs in die Hölle befördern.
Dieser Absolutheitsanspruch zeichnet im Krieg gegen den Terrorismus beide Seiten aus. Auch die US-Regierung glaubt in ihrem Streben nach Vernichtung des Feindes, das absolut Gute zu tun. Die großen Kontrahenten sehen die Auseinandersetzung in Schwarz und Weiß: Die einen sind die Guten, die anderen die Bösen. Vor diesem Hintergrund sprach George W. Bush die Worte »Wer nicht für uns ist, ist gegen uns«, und fügte hinzu, dass die USA jedes Land bestrafen würden, das den Terroristen Unterschlupf gewähre.[13]
Das genau macht das Dilemma der derzeitigen Situation aus. Jeder ist aufgefordert, sich auf eine Seite zu stellen. Schattierungen, abweichende Ansichten und Kompromissvorschläge spielen dabei keine Rolle.
Aber die Welt ist nicht so einfach, wie es die amerikanische Regierung und islamische Extremisten gerne hätten. Und für beide gilt der Satz des britischen Kulturphilosophen Christopher Dawson aus dem Jahr 1942: »Sobald Menschen sich entscheiden, dass jedes Mittel gerechtfertigt ist im Kampf gegen das Böse, lässt sich ihre gute Absicht bald nicht mehr unterscheiden von dem Bösen, das sie vernichten wollen.«

Epilog
Das Recht auf die Wahrheit

»Al Qaidas Atombomben bereits auf amerikanischem Boden.« Es klingt wie die Sensationsmeldung aus einer der knallbunten Zeitschriften, die in den USA an den Kassen der Supermärkte verkauft werden. Aber die Schlagzeile stammt nicht von einem »Supermarket-Tabloid« und auch nicht aus der Regenbogenpresse eines anderen Landes. Sie erschien im November 2001 in der *Frontier Post*.

Die pakistanische Zeitung gilt als seriöses Printmedium, auch wenn sich die Glaubwürdigkeit des zur Schlagzeile gehörenden Artikels nur schwer beurteilen lässt. Trotzdem sei er hier auszugsweise zitiert.[1] Ermittler des pakistanischen Geheimdienstes ISI, der amerikanischen Bundespolizei FBI und der CIA seien durch ihre Ermittlungen zu folgenden Schlüssen gekommen:

> »(...) mindestens zwei nukleare Kofferbomben haben möglicherweise amerikanischen Boden erreicht, so erfuhr diese Zeitung aus Ermittlerkreisen. Die Fahnder konnten demnach zumindest eine dieser Bomben identifizieren, die Al Qaida von zentralasiatischen Terrorgruppen gekauft hatte. Es handelt sich dabei um einen etwa 8 Kilogramm schweren Sprengkörper mit wenigstens 2 Kilogramm waffentauglichem Plutonium und Uran. Die Bombe russischer Bauart trägt die Seriennummer 9999 und das Herstellungsdatum Oktober 1988. Der Mechanismus ist simpel. Die radioaktiven Materialien, Uran und Plutonium, befinden sich in getrennten Abteilungen. Darüber befindet sich ein Zünder, der durch eine Schaltuhr oder einen Anruf per Funktelefon ausgelöst wird.
>
> Neben dem nuklearen Sprengsatz verfügen die Al-Qaida-

Aktivisten auch über chemische und biologische Waffen. Sie sollen im Besitz von 70 Kapseln eines tödlichen biologischen Kampfstoffes aus russischen Beständen sein. Wird die Ampulle auf einem belebten Platz zerbrochen, kann sie in großem Ausmaß tödlich sein. Menschliches Fleisch wird dabei bis auf die Knochen schmelzen.

Auch ein chemischer Stoff namens *Vipera Libentina Venema* ist in den Händen der Al Qaida. Die Essenz aus verschiedenen Schlangengiften, die einst in der Sowjetunion entwickelt wurde, wirkt durch die Haut und kann wie Anthrax auf dem Postweg verbreitet werden.«

Das alles klingt so undenkbar, so weit hergeholt, dass es eigentlich keinen Platz finden sollte in einer Zeitung, geschweige denn in einem Sachbuch wie diesem. Aber der Artikel enthält so viele Details, die für eine reine Erfindung untypisch sind, dass er zumindest als Beispiel dafür dienen mag, was es bedeutet, das Undenkbare zu denken. Hinzu kommt, dass es in den Monaten zuvor mehrere Berichte in seriösen Medien wie der Londoner *Times* und der Nachrichtenagentur UPI gab, die unter Berufung auf Geheimdienstquellen ebenfalls Hinweise auf koffergroße Atomsprengsätze aufzählen.[2]

Die amerikanische Regierung jedenfalls nahm die Information sehr ernst. Sie hatte sie schon einen Monat zuvor von einem Undercover-Agenten mit dem schillernden Decknamen »Dragonfire« bekommen.[3] Obwohl der Agent als nicht immer zuverlässig galt, schlug die Antiterrorgruppe des Nationalen Sicherheitsrates im Weißen Haus Alarm. Nur wenige wurden eingeweiht, darunter das Nukleareinsatzteam des amerikanischen Energieministeriums, das sich in New York auf die Jagd nach Terroristen begab. Der Information zufolge sollte nämlich eine 10 Kilogramm schwere Atombombe nach Manhattan geschmuggelt und dort gezündet werden. Mindestens 100 000 Menschen würden dabei sterben. Nach Tagen angstvoller Geheimhaltung kamen die Ermittler zu dem Schluss, dass der Tipp des Agenten falsch gewesen war.

Trotzdem ist dies das Bedrohungsszenario, vor dessen Hintergrund die amerikanische Regierung den weltweiten Kampf gegen den Terrorismus führt. Und weil diese Gefährdung so existenziell ist, sind ihr dabei nicht nur alle Mittel recht, auch manche fragwürdigen, sondern sie nimmt auch für sich in Anspruch, über die Details ihrer Strategie keine Rechenschaft ablegen zu müssen – Geheimhaltung aus Gründen nationaler Sicherheit.

Man könnte auch andersherum argumentieren. Eben weil es um existenzielle Fragen geht, eben weil es alle treffen kann, sollten die möglichen Opfer wenigstens beurteilen können, was zu ihrem Schutz getan wird. Angesichts der Möglichkeiten der Terroristen können sich die Politiker und Behörden weder das frühere Maß von Abwiegelung noch die Täuschung der Bevölkerung über das wahre Ausmaß der Bedrohung erlauben.

Eine Reihe von Wahrheiten müssen deshalb ausgesprochen werden. Hier ist die Erste: Gegen eine Organisation wie Al Qaida gibt es weder einen siegreichen Krieg noch ein sicheres Netz von Schutzmaßnahmen. In einer offenen Gesellschaft gibt es zu viele Ziele, und den Terroristen ist jedes von ihnen recht. Auch wenn die meisten geschützt werden könnten, bleiben genügend übrig für Katastrophen wie den 11. September.[4]

Ein Terrorismusbekämpfer der US-Regierung, der allerdings unbedingt anonym bleiben will, formulierte das so: »Es wird schlimmer werden, eine Menge Menschen werden sterben. Und ich glaube nicht, dass es auch nur eine verdammte Sache gibt, mit der wir es verhindern könnten.«[5] Der Mann hat Recht.

Er hätte die gleichen Worte vor dem 11. September aussprechen können, sie wären deshalb nicht weniger richtig gewesen. Denn auch das ist eine der unangenehmen Wahrheiten: Der so genannte »Tag, der die Welt veränderte«, ist in mancher Hinsicht gar nicht ein solcher »Wendepunkt der Geschichte«, als der er oft dargestellt wird. Tatsächlich hat er historische Trends bestätigt, die lange vorher schon in Gang waren und die sich nun durch die kurzsichtige Reaktion des Westens auf die Katastrophe um ein Vielfaches verstärken.[6]

Die Globalisierung des Terrorismus, vor der viele in den letzten Jahren die Augen verschlossen haben, wird zu Anschlägen in Ländern führen, die bisher nicht das Ziel der Gotteskrieger waren. Aber diese Länder werden mehr und mehr zur Zielscheibe werden, weil sie für eine Seite Partei ergreifen. Der wirtschaftliche Abschwung, der schon seit längerem im Gang ist, wird die sozialen Krisen in den reicheren *und* den ärmeren Staaten verschärfen. Die politische und kulturelle Fragmentierung, die schon zu den Bürgerkriegen auf dem Balkan geführt hat, wird die Nationalstaaten der islamischen Welt vor eine Zerreißprobe stellen. Westliche Länder werden sich dem nicht entziehen können, da ihre multikulturellen Gesellschaften von den Ereignissen mit polarisiert werden. Und der amerikanische Interventionismus, der seit dem Ende des Kalten Krieges wiederholt noch unter dem Dach der UNO oder der NATO ins Weltgeschehen eingriff, mutiert nun zum Auftritt des Weltpolizisten, der auch im Alleingang mit militärischen Mitteln Ordnung schafft.

Die Gefahr nimmt weiter zu

»Ich mach mir um die Zukunft große Sorgen«, sagte uns der Präsident des Bundesnachrichtendienstes, August Hanning, Anfang Februar in einem Gespräch in seinem Amtssitz in Pullach bei München. Er bezog sich dabei in erster Linie auf die einseitig militärisch ausgelegte Politik der USA im Kampf gegen den Terrorismus. Gleichzeitig seien soziale Konzepte zur Lösung des Problems nicht gefragt. Während Geburtenzahlen und Armut in den islamischen Ländern der Region weiter stiegen, gebe es keine zivile Strategie des Westens. Dieser ziehe sich immer mehr aus der Kulturpolitik und der Entwicklungshilfe zurück und überlasse das Feld den Islamisten. In Pakistan würden eine Million Kinder in den Koranschulen des Landes zu Fanatikern erzogen, in Saudi-Arabien und Bosnien trete niemand einer Radikalisierung des Islam entgegen.
Hanning steht mit dieser Ansicht nicht allein. Sie wird geteilt von

hohen Beamten der Bundesregierung und von den Analytikern westlicher Geheimdienste. Nach Angaben des britischen MI-5 gegenüber der Tageszeitung *Observer* verließen in den ersten Monaten des Jahres 2002 Hunderte von jungen Muslimen das Land, um sich in Tschetschenien, Algerien und auch in Afghanistan am Heiligen Krieg zu beteiligen. Oppositionsgruppen in Ländern wie Ägypten, Saudi-Arabien, Marokko, Algerien und Jordanien finden neue Sympathisanten.

Besonders fruchtbar für die Tausende von Werbern der Al Qaida, die nach wie vor unterwegs sind, dürften die Länder sein, in denen die USA und ihre Verbündeten den Krieg gegen den Terrorismus kämpfen. Auf den Philippinen, in Indonesien, Georgien, Somalia, im Sudan und Jemen ist der islamische Fundamentalismus tief verwurzelt in der Bevölkerung. Jedes Vorgehen trifft nicht nur die wirklichen Terroristen, sondern mit Sicherheit auch viele, die den bewaffneten Kampf gegen die USA ablehnen. Auch in den Staaten der angeblichen »Achse des Bösen« haben Drohungen und Schmähungen der amerikanischen Regierung bleibenden Eindruck hinterlassen und neue Feinde geschaffen.

Die weiteren Vorhaben der amerikanischen Regierung, auch innenpolitisch, deuten die Richtung der zukünftigen Entwicklung an. Die Bush-Administration will die Bürgerrechte noch weiter aushöhlen, um das Land besser vor terroristischen Schläferzellen zu schützen. Zu diesem Zweck soll eine Bestimmung aufgehoben werden, die bisher stets die strikte Trennung von Aufklärung und Spionage im Ausland einerseits und Gefahrenabwehr und Strafverfolgung im Inland andererseits garantiert hatte. Nach einem Vorschlag des amerikanischen Justizministeriums würde der CIA damit die Aufklärung innerhalb der USA erlaubt und nur an geringe rechtliche Schranken gebunden werden.[7] So könnte der Geheimdienst künftig Telefonate abhören, E-Mails verfolgen und sensible Daten von Internetdiensten abfragen, sofern die Zielperson irgendwie mit dem internationalen Terrorismus in Verbindung gebracht werden könnte. Statt die Mängel beim Informationsaustausch zu beseitigen, werden Mechanismen zum

Schutz der Bevölkerung beseitigt, angeblich wiederum zum Schutz der Bevölkerung. Es wäre ein weiterer Schritt in Richtung eines Überwachungsstaats, der immer weniger gemein hat mit der amerikanischen Demokratie vor dem 11. September 2001.

Anschlagsziel Deutschland

In Deutschland ist ein ähnlicher Aktionismus ausgebrochen. Neue Gesetze, neue Überwachungsmethoden, unbürokratische Abschiebungen. Aber die Wahrheit ist, dass die notwendigen Gesetze längst existieren. Solange die Islamisten sich hierzulande ruhig verhielten, sahen Politik und Behörden ihrem Treiben in der Vergangenheit lieber zu, statt sich mit ihnen anzulegen, weil sie Racheakte in Deutschland befürchteten. »Vor dem 11. September vergangenen Jahres«, so Hans-Heiner Kühne, Strafrechtler an der Universität Trier, »hatten wir hier wenig Anlass, uns vom Terrorismus und entsprechenden Planungen sehr bedrängt zu sehen. Daher war die Schwelle für einen Verdacht als Auslöser eines Ermittlungsverfahrens sehr hoch angesiedelt, was wohl auch zur Folge hatte, dass in einigen Fällen kein Verfahren eröffnet wurde.«

Die Duisburger Zelle um den Mauretanier Mohamedou ould Slahi ist dafür ein gutes Beispiel. Sie war seit Jahren im Visier der Fahnder, die Staatsschützer hatten genügend Material gesammelt, um ein Ermittlungsverfahren gegen sie einzuleiten. Aber irgendwo zwischen dem Landesamt für Verfassungsschutz in Düsseldorf, dem Bundesamt in Köln und der Bundesanwaltschaft in Karlsruhe blieben die Informationen offensichtlich hängen. Nach dem 11. September hatten es die Behörden dann auf einmal so eilig, dass sie die Abhörgenehmigung nach dem G-10-Gesetz erst nach Beginn der Lauschaktion gegen Christian G. einholten.

Den Luxus der letzten Jahre, dem globalisierten Terrorismus als Unbeteiligter zuzuschauen, kann Deutschland sich längst nicht mehr leisten. Trotzdem gab der Bundesnachrichtendienst im Januar 2002 eine Teilentwarnung. »Al Qaida ist gegenwärtig nicht mehr in der Lage, größere Anschläge durchzuführen«, so der Leiter der Terrorismusabteilung Dieter Kaundinya in einem Interview mit der *Mitteldeutschen Zeitung*.[8] Er fügte allerdings hinzu: »Es sei denn, dass es sich um Aktionen handelt, deren Planung schon lange abgeschlossen ist.« Für die Bundesrepublik sah der Experte keine Gefährdung: »Wer von denen interessiert sich schon für Deutschland?«

Drei Monate später explodierte die Bombe von Djerba. Es gibt keine direkten Beweise dafür, dass bei diesem Anschlag gezielt deutsche Touristen getroffen werden sollten. Zuerst sprachen die Politiker deshalb davon, dass die Terroristen wegen des Nahostkonflikts offenbar ein jüdisches Ziel zerstören wollten. Ein Irrtum. Wenn die Perfektionisten von Al Qaida hinter der Attacke steckten, dann war die Flüssiggasbombe bewusst gewählt, um Menschen zu töten, ohne die Synagoge in Schutt und Asche zu legen. Und dann war auch das Timing kein Zufall.

Trotzdem erweckten deutsche Politiker den Anschein, als seien die deutschen Opfer nur ein Versehen, schließlich sei die französische Reisegruppe viel zu früh angekommen und deshalb nicht mehr im vorderen Teil des Gotteshauses gewesen. Bundesinnenminister Otto Schily versuchte offenbar, die Illusion zu bewahren, dass deutsche Interessen nicht im Visier der Terroristen waren. Dabei kannte er zu diesem Zeitpunkt längst die bittere Wahrheit, die sich wenige Tage später nicht mehr verbergen ließ.

Im April 2002 wurden nämlich bei Razzien in verschiedenen deutschen Städten elf mutmaßliche Terroristen festgenommen. Generalbundesanwalt Kay Nehm warf ihnen die Mitgliedschaft in der terroristischen Vereinigung *Al Tawhid* vor, die Anschläge in Deutschland geplant hatte. Tatsächlich hatten die Sicherheitsexperten der Bundesregierung schon Tage vor dem Tunesien-Besuch des Innenministers über die bevorstehende Festnahmeaktion im Geheimen heftig diskutiert. Der Generalbundesanwalt wollte nämlich eigentlich die Festnahmeaktion gegen Al Tawhid mit einem Vorgehen gegen die Duisburger Gruppe koordinieren. Wegen einer Indiskretion musste die Razzia gegen die ehemalige Zelle um Mohamedou ould Slahi vorgezogen werden, weshalb die Ausbeute der Ermittler mager ausfiel. Der Innenminister war darüber höchst verärgert.

Es gibt eine Tendenz bei Regierung und Behörden, die Wahrheit bestenfalls scheibchenweise an die Öffentlichkeit gelangen zu lassen, weil diese mit der harten Wirklichkeit angeblich nur schwer umgehen kann, vielleicht in Panik verfällt. Dies ist freilich völlig unsinnig. Panik entsteht dann, wenn die Öffentlichkeit immer wieder feststellt, dass sie bei einer ernsten Bedrohung den Verantwortlichen nicht vertrauen kann.

Welchen Eindruck macht es denn, wenn auf einmal ein Drohbrief an die deutsche Botschaft in Tunis auftaucht, obwohl die Minister und Staatssekretäre behaupten, es habe keinerlei Warnzeichen gegeben? Oder wenn sie nach außen hin erzählen, es drohe keine Anschlagsgefahr in Deutschland, während gleichzeitig ein internes Rundschreiben des Bundeskriminalamts an Bundesnachrichtendienst, Verfassungsschutz und die Landeskriminalämter, wie im April geschehen, vor konkreten Anschlägen warnt, mit namentlicher Nennung von mutmaßlichen Selbstmordattentätern?

Ein derartiges Abwiegeln nährt vielmehr den Verdacht, die Verantwortlichen wollten von den Versäumnissen in Vergangenheit und Gegenwart ablenken. Während Al Qaida aus Fehlschlägen lernt, nehmen wir uns die Chance dazu, weil wir die Fehler unter den Teppich kehren. Mehr Ehrlichkeit und eine Verhaltensänderung, eine neue Taktik des Vorgehens, sind effektiver als jede Gesetzesverschärfung.

Einer der Festgenommenen von *Al Tawhid* dient manchen Politikern dazu, unter Verweis auf seinen Lebenslauf eine Verschärfung der Gesetze zu fordern. Sayed M. kam vor einigen Jahren nach Deutschland und beantragte politisches Asyl. Nach einer ersten Ablehnung versuchte der Ägypter sein Glück in Großbritannien, wurde aber zurückgeschickt. Sein zweiter Asylantrag wurde genehmigt; seitdem lebt der Vater von vier Kindern mit seiner Familie in Nürnberg. Nun gilt M. allerdings in seiner Heimat Ägypten

als Terrorist. Wegen der Beteiligung an einem Anschlag wurde er in Abwesenheit zu zehn Jahren Haft verurteilt.
Wie konnte er nach Deutschland gelangen und hier als politischer Flüchtling anerkannt werden?, fragen einige Politiker und fordern gleich die Verschärfung des Asylgesetzes. Dabei ist nicht etwa das Gesetz lückenhaft, sondern nur seine Ausführung. Bei der Anhörung vor dem Bundesamt für die Anerkennung von Flüchtlingen soll in der Regel der Verfassungsschutz seine Erkenntnisse über den Antragssteller vorbringen, aber aus personellen Gründen kommen die Verfassungsschützer dieser Pflicht nur in seltenen Fällen nach. Für die Ausstattung der Behörden mit ausreichenden Finanzmitteln und Personal ist indessen die Politik zuständig.

Kooperation statt Konfrontation

Um den Missbrauch des politischen Asyls zu verhindern, können die Staaten künftig auf ein neues Instrument im Kampf gegen den Terrorismus zurückgreifen, den Internationalen Strafgerichtshof, den die Vereinten Nationen im April 2002 ins Leben riefen. Er könnte sich mit mutmaßlichen Terroristen befassen und garantieren, dass sie ein faires Verfahren bekommen, bei dem sowohl der Einhaltung der Menschenrechte als auch den legitimen Sicherheitsinteressen derjenigen Länder Genüge getan wird, in denen der Verdächtige möglicherweise politisches Asyl beantragt hatte. Es wäre keine leichte Aufgabe und es bedürfte sicher einer engen internationalen Zusammenarbeit, aber es wäre möglich, wenn nur der politische Wille da wäre. Doch ausgerechnet die Vereinigten Staaten von Amerika weigern sich, das Gericht zu unterstützen, weil sich vor ihm möglicherweise auch einmal US-Bürger verantworten müssten. Im Mai 2002 hatte ich Gelegenheit, die Nationale Sicherheitsberaterin der US-Regierung, Condoleezza Rice, nach dieser Verweigerungshaltung zu befragen, wegen der Kritiker den USA eine Doppelmoral in der Außenpolitik vorwerfen. »Wir glauben«, so Rice, »dass der Internationale Strafgerichtshof als Instrument zutiefst fehlerhaft ist. Wir sind immer schon einer der stärksten Befürworter internationaler Tribunale gewesen, die aber sehr zielgerichtet sein müssen. Seit den Nürnberger Prozessen unterstützen wir so etwas. Wir sind einer der stärksten Befürworter der Unterstützer der internationalen Tribunale für den Balkan. Wir sind an vorderster Front dabei, um diese Verbrecher vor Gericht zu bringen. Aber dieses Tribunal ist eben sehr spezifisch. Ein offener, ungebundener internationaler Strafgerichtshof, der nicht auf die jeweiligen Umstände ausgerichtet ist, könnte demokratische Staaten daran hindern, auf ihre Weise mit solchen Dingen fertig zu werden. Nehmen Sie mal das Beispiel der Wahrheitskommission in Südafrika.«

Mit anderen Worten, die USA wollen die Regeln selbst machen. Die Ablehnung schadet der amerikanischen Glaubwürdigkeit als Vorkämpfer gegen den globalen Terrorismus. Wie weit diese Ablehnung geht, zeigt ein Beschluss des amerikanischen Parlaments vom Juni 2002. Danach dürfen US-Bürger mit Waffengewalt aus Gerichtssälen befreit werden, in denen sie möglicherweise Verfahren ausgesetzt sind, die nicht vorher von den USA als rechtmäßig anerkannt wurden. Diese neue Bestimmung sorgte für Empörung in den Niederlanden, da sie eine mögliche Kommandoaktion auf den Internationalen Strafgerichtshof in Den Haag, also auf hoheitlichem Gebiet eines befreundeten Staates, im Grundsatz autorisiert.

Es ist die klassische Zwickmühle einer Supermacht. Zieht sie sich zurück und hält sich heraus, kritisiert die Welt ihre Indifferenz und Ignoranz. Wird sie aktiv und mischt sich ein, tritt für eine »bessere« Welt ein, werfen Kritiker ihr Interventionismus und Arroganz vor. Aber wenn die US-Regierung erkannt hat, dass weitere Anschläge nicht zu verhindern sind, müsste sie doch jede Gelegenheit nutzen, um wenigstens das Risiko zu senken.

Das geschieht einerseits mit sinnvollen repressiven Maßnahmen, andererseits aber auch mit einer zivilen Strategie im Hinblick auf die Umstände, die Zehntausende von jungen Menschen in die Hände eines Osama bin Laden trieben. Darauf haben sogar die Analysten der Geheimdienste immer wieder hingewiesen. In einer

vertraulichen Studie des Bundesnachrichtendienstes von 1999 heißt es: »Die vorurteilsfreie, nicht bevormundende Anwendung von vertrauensbildenden Maßnahmen und eine wohlstandsfördernde, faire Kooperation insbesondere bei der wirtschaftlichen Entwicklung, um radikalen Strömungen den Nährboden zu entziehen, könnte langfristig auch in einer so zerrissenen Region wie dem Nahen und Mittleren Osten eine positive Wirkung haben.«
Dieser Einsicht auf Seiten des Westens muss allerdings auch eine neue Offenheit auf Seiten des Islam und vieler Staaten im Nahen, Mittleren und Fernen Osten gegenüberstehen, die sich in einem System der ewigen Unbeweglichkeit eingerichtet haben. Auf der einen Seite stehen autoritäre Regierungen, die ihre Völker mit eiserner Faust regieren, auf der anderen Seite religiöse Fundamentalisten, die den Hass gegen alles Moderne predigen. Das funktionierte so lange, wie das Volk dazwischen genug zu essen hatte. Aber in der wachsenden Armut und der weltweiten Kluft zwischen Arm und Reich entstand der fruchtbare Boden für den islamistischen Terrorismus des Osama bin Laden, der von der reichen Elite Arabiens finanziert und von den Mullahs gefördert wird, damit sie ihre Macht behalten.

Wie wäre es also mit einer »epochalen Debatte über die Modernisierung des Islam«, wie sie der Kolumnist der *New York Times*, Thomas Friedman, im November 2001 zwar anmahnte[9], die aber viel glaubwürdiger von einem pakistanischen Schriftsteller und Muslim gefordert wird. In einer großen Tageszeitung seines Landes schrieb Izzat Majeed: »Wir Muslime können den Westen nicht für all unsere Probleme verantwortlich machen. Die Schande unserer Erbärmlichkeit ist nicht wieder gutzumachen. Es sind nicht nur die Armut, der Analphabetismus und das Fehlen eines allgemein akzeptierten Gesellschaftssystems, die unsere Erbärmlichkeit ausmachen. Es ist auch die zunehmende Einsicht, dass wir als zivile Gesellschaft versagt haben, weil wir uns den historischen, sozialen und politischen Dämonen in uns nicht stellen. Ohne eine Reform des praktischen Islam, die ihn voranbringt statt zurückwirft, gibt es keine Hoffnung für uns Muslime.«[10]

Majeed fährt fort: »Wir haben den Islam auf eine organisierte Heuchelei eines staatlich geförderten Mullahismus reduziert. Seit mehr als tausend Jahren steht der Islam still, weil die Mullahs, die zum Klerus wurden, statt echte Lehrmeister zu sein, die Tür zu einer Neu-Interpretation des Islam geschlossen haben. Niemand hat die Botschaft des Koran weiterentwickelt. Die Mullahs sagen dir heute nur, wie du zum Islam von vor tausend Jahren zurückkehren kannst.«

Abschließend wendet sich der mutige Autor direkt an Osama bin Laden: »Das Letzte, was Muslime brauchen, ist die wachsende Dunkelheit in deinen Höhlen. Der heilige Prophet Mohammed sagte nach der Rückkehr aus der Schlacht: Wir kehren aus einem kleinen Heiligen Krieg in einen großen Heiligen Krieg zurück. Der wahre Dschihad heute ist nicht, Flugzeuge zu entführen, sondern sie zu bauen.«

Diese Modernisierung des Islam zu fördern, nicht zu erzwingen, darauf kommt es an. Der Westen, allen voran die Vereinigten Staaten von Amerika, könnte solch eine Entwicklung vorantreiben, indem er die progressiven Kräfte im Islam stärkt, die es in vielen Ländern des Nahen, Mittleren und Fernen Ostens gibt.

Der offene Dialog mit Muslimen im eigenen Land wäre ein wichtiger Anfang. Immerhin leben drei Millionen von ihnen auch in der Bundesrepublik Deutschland. Aber die Politik hat in den Monaten nach den Anschlägen, bis auf ein Treffen mit religiösen Führern, wenig unternommen, um die Diskussion zu einem dauerhaften Prozess zu machen. Vielleicht, weil es einfacher ist, alle Muslime in Deutschland unter Generalverdacht zu stellen. Vielleicht, weil es bequemer ist, wenn Parallelgesellschaften ihre eigenen Wege gehen. Vielleicht aber auch, weil wir einige unangenehme Wahrheiten akzeptieren müssten über die Gleichgültigkeit, die Arroganz und die Voreingenommenheit, die auf beiden Seiten existieren. Doch wer sich schlafen legt, wird irgendwann durch einen Albtraum geweckt werden, der schlimmer sein kann, als das, was am 11. September 2001 geschah.

»Hunger breeds madness – Hunger erschafft Wahnsinn«, so beschrieb der amerikanische Präsident Woodrow Wilson vor über achtzig Jahren den Anlass für die Wirtschaftshilfe der USA für Deutschland, den Kriegsgegner im Ersten Weltkrieg. Heute gilt dieses Wort mehr denn je, obwohl nicht nur der körperliche Hunger, sondern auch der des Geistes gemeint ist. Nur wenn der Westen sich im Verhältnis zu den islamischen Ländern für mehr soziale Gerechtigkeit einsetzt, statt vorrangig geostrategische Ziele zu verfolgen, kann die Glaubwürdigkeit des Abendlandes zurückgewonnen werden. Nur so lässt sich der Sumpf austrocknen, in dem die Idee von der Globalisierung des Dschihad gedeihen kann.

Rückfall in den Imperialismus

Aber die Chancen dafür sind nicht die besten angesichts der Politik, für die sich die US-Regierung unter George W. Bush gemeinsam mit einigen Verbündeten entschieden hat. Am deutlichsten wird die neue alte Weltordnung, die sie anstreben, wohl in den Worten eines engen Beraters des britischen Premierministers Tony Blair. In einem Essay entwirft der Diplomat Robert Cooper das Konzept eines neuen liberalen Imperialismus, der die Souveränität anderer Staaten aus humanitären Gründen missachtet. Es ist ein Plädoyer für eine offene Doppelmoral in der Außenpolitik, nach der, wie Cooper schreibt, auch in der Vergangenheit schon staatliches Handeln mit zweierlei Maß gemessen wurde – damals allerdings, ohne es öffentlich zuzugeben.

Der Vordenker der Labour-Regierung in London teilt die Welt in zwei Hälften, die entwickelten postmodernen und die unterentwickelten prämodernen Staaten, und fordert: »Untereinander operieren wir auf der Grundlage von Gesetzen und einer offenen, kooperativen Sicherheit. Aber wenn das postmoderne Europa es mit Staaten der altmodischeren Art zu tun hat, dann müssen wir auf die raueren Methoden der Vergangenheit zurückgreifen – militärischen Druck, vorbeugende Angriffe, Täuschungsmanöver und was immer notwendig ist im Umgang mit denen, die immer noch in der Welt des 19. Jahrhunderts leben, in der jeder Staat für sich selbst stand. Untereinander sollten wir uns an die Gesetze halten, aber wenn wir im Dschungel operieren, müssen wir die Gesetze des Dschungels anwenden.«[11]

Auf dieses neue, alte Konzept der Außenpolitik angesprochen, wollte Condoleezza Rice sich der Meinung ihres Kollegen zwar nicht offen anschließen, ihre Sympathie für eine solchermaßen »flexible« Außenpolitik konnte sie allerdings nicht ganz verbergen: »Natürlich muss es eine Verpflichtung geben, internationales Recht zu befolgen, und die USA sind einer der Mitbegründer dieses internationalen Rechts, einer seiner größten Verfechter. Nein, wir müssen weiterhin nach einem höheren Standard streben. Aber es gibt Staaten und Regime, die man nicht einfach reformiert, indem man sie in internationale Verträge einbindet. Wir haben das durch Saddam Hussein gelernt. Wir haben es mit internationalen Auflagen versucht, denen er sich nach dem verlorenen Krieg unterwarf. Aber er ist eben ein Beispiel für eine Regierung, die sich nicht reformieren lässt, wenn man sie in internationale Verpflichtungen einbindet.«

Eine solche Ausdehnung des Krieges gegen den Terrorismus mit deutlichen Merkmalen eines Kreuzzugs, der die Ursachen seiner Entstehung nicht nur ignoriert, sondern sogar fördert, ist ein Spiel, bei dem die gesamte Menschheit nur verlieren kann.

Und das bringt uns wieder zurück zur Meldung der *Frontier Post* über die nuklearen Kofferbomben der Al Qaida. Mitte Dezember 2001, einen Monat nach dem Erscheinen des Artikels, traf sich Curt Weldon mit Antiterrorexperten des FBI. Sie informierten den amerikanischen Kongressabgeordneten darüber, dass die Sicherheitsbehörden mit Hochdruck der Frage nachgingen, ob nukleare Sprengsätze in die Hände der Al-Qaida-Terroristen gelangt waren[12]. Weldon hatte seit Jahren vor der Bedrohung gewarnt, insbesondere mit Blick auf tragbare Atomsprengsätze aus der ehemaligen Sowjetunion. Die jetzige Untersuchung, so erfuhr der Waffenexperte der Republikanischen Partei, habe nach Jahren der Gleichgültigkeit gegenüber der Gefahr nun »höchste Priorität«.

Angesichts einer solchen Bedrohung sind die Beweggründe für manche zweifelhaften Praktiken bei der Terrorismusbekämpfung verständlich. Aber eine Politik der Einschüchterung, der Arroganz und der Missachtung der Bürger- und Menschenrechte erhöht die Gefahr von Terrorakten, statt sie zu verringern. Die US-Regierung verschafft Amerika neue Feinde.

Aus all dem lässt sich nur schließen, dass die Vereinigten Staaten, weil sie das Opfer der bisher größten Attacke geworden sind, den Krieg gegen den Terrorismus genauso führen wollen, wie allein sie es für richtig halten. Die Äußerung von Präsident Bush: »Wer nicht für uns ist, ist gegen uns« dient dabei als Leitfaden. Und wer seinen bescheidenen außenpolitischen Einfluss behalten will, der muss in »uneingeschränkter Solidarität« folgen, weil die US-Regierung das von jedem Verbündeten erwartet. Osama bin Ladens Terrortruppe greift die Werte an, die die westliche Demokratie ausmachen. Und die hat keine bessere Antwort parat, als ausgerechnet ihre Grundsätze zu verraten. So, als heilige der Zweck jedes Mittel, überlässt sie dem Fürsten des Terrors freiwillig den Sieg.

Anmerkungen

Vorwort: Ein Tag im September

1 Vgl. Emerson, Steven: *American Jihad - The terrorists living among us*. The Free Press: New York 2002. Es sei hier vorweg erwähnt, dass Emerson meiner Meinung nach einen Teil seiner Informationen vom israelischen Geheimdienst Mossad bezieht und wegen mancher seiner Ansichten umstritten ist.

2 Der Beitrag lief unter dem Titel »Die Spur der Gotteskrieger« im zeitkritischen ZDF-Magazin »Frontal 21« am 8. Mai 2001.

3 Vgl. Stellin, Susan: Terror's confounding online trail. In: *The New York Times* vom 28.03.2002

4 Vgl. McDermott,Terry: A perfect soldier. In: *The Los Angeles Times* vom 27.01.2002

I. Ende einer Illusion

1 Vgl. Gordon, Greg: Eagan flight trainer wouldn't let unease about Moussaoui rest. In: *Star Tribune* vom 21.12.2001

2 Vgl. Balz, Dan u. Bob Woodward: America's chaotic road to war. In: *The Washington Post* vom 27.01.2002

3 Eggen, Dan: Moussaoui probe pushed U.S. limits. In: *The Washington Post* vom 31.01.2002

4 Calabresi, Massimo u. Sally Donnelly: Cropduster manual discovered. In: Time.com vom 22.09.2001

5 Zitiert nach Isikoff, Michael: Unheeded warnings. In: *Newsweek* vom 20.05.2002

6 Vgl. Gordon, Greg: Eagan flight trainer wouldn't let unease about Moussaoui rest. In: *Star Tribune* vom 21.12.2001

7 Vgl. Eggen, Dan: Senators criticize FBI chief for not acting on warning. In: *Washington Post* vom 09.05.2002

8 Vgl. Mänz, Christina: Anschlag auf Bush in Genua. In: *Die Welt* vom 27.09.2001

9 Vgl. van Natta, Don/Kate Zernike: Hijackers' meticulous strategy of brains, muscle and practice. In: *The New York Times* vom 04.11.2001

10 Zitiert nach dem Transkript des Videobandes aus der Online-Ausgabe der *Washington Post:* Bin Laden discusses attacks on tape. 13.12.2001

11 Vgl. Baker, Gerard u.a.: Chronik einer Krise. In: *Financial Times Deutschland* vom 01.10.2001

12 Vielleicht sogar ein Sechstes. Bei einem American Airlines Flug von Newark, New Jersey, nach Los Angeles konnte aber bis heute nicht nachgewiesen werden, ob tatsächlich weitere Mitglieder der Terrororganisation Al Qaida an Bord waren. Die Maschine war kurz nach den Anschlägen in New York und Washington umgeleitet worden.

13 Vgl. Brunker, Mike u.a.: Witnesses rounded up in terror case. In: MSNBC.com vom 17.09.2001

14 Vgl. Bragg, Roy: Police among topstories. In: *San Antonio Express* vom 30.10.2001

15 Vgl. Day, Kathleen/Dan Eggen: U.S. ties hijackers' money to Al Qaeda. In: *The Washington Post* vom 07.10.2001

16 Tatsächlich lebte zumindest al-Hazmi schon seit längerer Zeit in den USA – in San Diego, wohin die Behörden ihren Weg erst nach dem 11. September fanden. Al-Hazmi war auch bereits aufgefallen. Anfang April 2001 fuhr er mit seinem Auto in eine Radarfalle in Oklahoma City. Der Streifenpolizist C.L. Parkins glich seinen Namen mit der Datenbank des Nationalen Verbrechens-Informations-Zentrums ab, ohne Ergebnis. Al-Hazmi bezahlte das Protokoll in Höhe von 138 US-Dollar per Post. Er hatte sich nach Ansicht der US-Behörden in Oklahoma mit Zacarias Moussaoui getroffen. Doch der geriet ja erst fünf Monate später ins Visier der Fahnder.

17 Vgl. Scarborough, Rowan: Intercepts foretold of »big attack«. In: *Washington Times* vom 22.09.2001

18 Vgl. Balz, Dan/Bob Woodward: America's chaotic road to war. In: *The Washington Post* vom 27.01.2002

19 Hätte Präsident Bush seinen CIA-Chef nicht gegen die Kritik innerhalb der US-Regierung in Schutz genommen, wäre Tenet längst nicht mehr im Amt. Vgl. Carney, James/John Dickerson: Inside the war room. In: *Time* vom 31.12.2001

20 Vgl. Pincus, Walter: Italy arrests 4 in anti-terror probe. In: *The Washington Post* vom 12.02.2002

2. Die verbotene Wahrheit

1 Zitiert nach Levesque, John: Politically correct or not, the show must go on. In: *Seattle Post* vom 01.01.2002

2 Fengler, Susanne: Zwischen Patriotismus und Pressefreiheit. In: *epd medien* vom 07.11.2001

3 Vgl. Mneimneh, Hassan/Kanan Makiya: Manual for a ›Raid‹. In: *The New York Review of Books* vom 17.01.2002. Es handelt sich um die beste bisher erschienene Erläuterung des Leitfadens für die mentale Vorbereitung von Selbstmordattentätern auf der Grundlage religiöser Motive.

4 Es ist bis heute unklar, ob alle 19 Attentäter wussten, dass sie an einer Selbstmordmission teilnahmen. Es würde zur Ausbildung der Gotteskämpfer passen, wenn einige nicht informiert waren, denn das »Handbuch des Dschihad«, von dem später noch die Rede sein wird, schreibt vor, dass nicht alle Teilnehmer einer Operation in die Details eingeweiht sind, um die Gefahr der Entdeckung zu verringern. Vgl. Eggen, Dan/Peter Finn: Were all hijackers in on suicide pact?. In: *The Washington Post* vom 17.10.2001

5 Burns, John: Bin Laden stirs struggle on meaning of jihad. In: *The New York Times* vom 27.01.2002

6 Vgl. Engelberg, Stephen: One man and a global web of violence. In: *The New York Times* vom 14.01.2001

7 Auszüge aus dem Interview wurden in der ZDF-Sendung »Frontal 21« vom 25. September 2001 ausgestrahlt.

8 Der Wortlaut der bin Ladenschen Fatwas findet sich auf der Internetseite des amerikanischen Justizministeriums unter www.doj.gov

9 Zur Wirkung des Videos auf die »MTV-Generation«, in diesem Fall eine junge New Yorkerin jüdischen Glaubens, vgl. Magnet, Julia: His grasp of spin is chilling. In: *Daily Telegraph* vom 16.11.2001

10 Vgl. The New York Times (Hg.): The Future of the C.I.A. In: *The New York Times* vom 17.02.2002

11 Vgl. Bäumlisberger, Bettina u.a.: Sack über dem Kopf. In: *Focus* vom 28.09.1998

12 Vgl. Finn, Peter: Hijackers depicted as elite group. In: *The Washington Post* vom 05.11.2001

3. Terror ohne bin Laden

1 Vgl. Burns, John: In Pakistan, a troubling victory in hunt for Al Qaeda. In: *The New York Times* vom 14.04.2002
2 Vgl. Graham, Bradley/Walter Pincus: Al Qaeda trainer in U.S. hands. In: *The Washington Post* vom 05.01.2002
3 Vgl. Engelberg, Stephen: One man and a global web of violence. In: *The New York Times* vom 14.01.2001
4 Vgl. Fichtner, Ulrich: Allahs Reservisten. In: *Der Spiegel* vom 22.10.2001
5 Vgl. Heath, David/Steve Miletich: Documents tell of Ressam's motives. In: *The Seattle Times* vom 30.10.2001

4. Operation Bojinka

1 Vgl. Ferdinand, Pamela/Catharine Skipp: Odor of burning was first sign of trouble. In: *The Washington Post* vom 24.12.2001
2 Vgl. Frantz, Douglas/Chris Hedges: Faintly connected dots portray a Qaeda man. In: *The New York Times* vom 11.01.2002
3 Vgl. Reeve, Simon. *The New Jackals: Ramzi Yousef, Osama bin Laden and the Future of Terrorism.* London 2002
4 Vgl. Reeve, Simon: Shoe-bomb flight a trial run? In: *The Houston Chronicle* vom 06.01.2002
5 Baker, Peter u.a.: Borderless network of terror. In: *The Washington Post* vom 23.09.2001
6 Vgl.: Emerson, Steven: Terrorism in the United States. The nature and extent of the threat and possible legislative responses. Vortrag vor dem United States Judiciary Committee. 27.04.1995
7 Vgl. Thompson, Cheryl: Reorganization, anti-terrorism effort keeping INS-chief busy. In: *The Washington Post* vom 21.01.2001
8 Vgl. Seper, Jerry: Clinton White House axed terror fund probe. In: *The Washington Times* vom 02.04.2002
9 Vgl. Woodward, Bob/Thomas Ricks: U.S. was foiled in efforts to

capture Bin Laden or have him killed. In: *The Washington Post* vom 03.10.2001

10 Vgl. Warrick, Joby u.a.: FBI ill-equipped to stop terror. In: *The Washington Post* vom 24.09.2001

11 Vgl. Fineman, Mark: A case of where, not what. In: *The Los Angeles Times* vom 30.03.2002

5. Die deutsche Spur

1 Vgl. Münchhausen, Thankmar von: Das Netz der Islamisten wird größer. In: *Frankfurter Allgemeine Zeitung* vom 02.09.1995

2 Zitiert nach: Friedlicher Weg. In: *Der Spiegel* vom 02.01.1995

3 Vgl. Experten: Islamische Terroristen jetzt gefährlicher als RAF. DPA-Meldung vom 11.01.1995

4 Vgl. BKA hat handfeste Beweise für Waffenschmuggel nach Algerien. DPA-Meldung vom 19.01.1995

5 Zitiert nach: Friedlicher Weg. In: *Der Spiegel* vom 02.01.1995

6 Vgl. BKA hat Hinweise auf Anschläge islamischer Fanatiker. AP-Meldung vom 08.01.1995

7 Vgl. Verfassungsschutz: Keine Gefahr durch Algerier in Deutschland. AP-Meldung vom 11.01.1995

8 Voigt: Behörden gegenüber algerischen Extremisten zu tolerant. DPA-Meldung vom 04.01.1995

9 Der Beitrag mit dem Titel »Islam in Europa« lief am 22.01.1995 in der ZDF-Sendung »Bonn direkt«.

10 Aus der AMGT ging später die Islamische Gemeinschaft Mili Gorus hervor, die vom Verfassungsschutz weiterhin als extremistisch eingestuft wird.

11 Zitiert nach: BKA hat Hinweise auf Anschläge islamischer Fanatiker. AP-Meldung vom 08.01.1995

12 Zitiert nach: Friedlicher Weg. In: *Der Spiegel* vom 02.01.1995

13 Ebd.

14 Auszüge aus dem Gespräch mit Ernst Uhrlau finden sich im Beitrag »Die Spur der Gotteskrieger« für die ZDF-Sendung »Frontal 21« am 08.05.2001.

15 Vgl. Weiser, Benjamin: Syrian in Hamburg is linked to a second bin Laden aide. In: *The New York Times* vom 07.03.2002

16 Vgl. Johnson, Ian u. Alfred Kueppers: Under their noses. Investigators missed signals in Germany. In: *Wall Street Journal* vom 19.10.2001
17 Näheres über den Arzt, Dr. el-A., der kurz nach dem 11. September 2001 von Deutschland in den Sudan reiste und dort vom FBI verhört wurde, findet sich in der ZDF-Sendung »Frontal 21« vom 09.10.2001.
18 Vgl. Bittner, Jochen: Bedingt abhörbereit. In: *Die Zeit* vom 27.09.2001
19 Vgl. Williams, Carol: '98 arrest – A piece in terror puzzle. In: *The Los Angeles Times* vom 04.10.2001
20 Vgl. Leyendecker, Hans: Dicke Dossiers und dicke Luft. In: *Süddeutsche Zeitung* vom 6./7.10.2001

6. Schläfer mitten unter uns

1 Auszüge aus dem Interview mit Professor Wolff wurden in der ZDF-Sendung »Frontal 21« vom 02. Oktober 2001 ausgestrahlt.

7. Tod aus dem Schnellkochtopf

1 Vgl. Dutter, Barbie/Ben Fenton: Uranium and cyanide found in drums at bin Laden base. In: *Daily Telegraph* vom 24.12.2001
2 Das bestätigten auch amerikanische Geheimdienstkreise gegenüber dem *Newsweek Magazine*.
3 Harnden, Toby: Bin Laden fooled by »nuclear swindle«. In: *Daily Telegraph* vom 27.02.2002
4 Ebd.
5 Vgl. Dao, James/Eric Schmitt: A ›damaged‹ information office is declared closed by Rumsfeld. In: *The New York Times* vom 27.02.2002
6 Vgl. Kaiser, Robert u.a.: U.S. fears bin Laden made nuclear strides. In: *The Washington Post* vom 04.12.2001
7 Vgl. Miller, Judith/James Risen: Al Qaeda sites point to tests of chemicals. In: *The New York Times* vom 11.11.2001
8 Zyanid ist ein wasserlösliches Gift, das auf Herz und Gehirn lähmend

wirkt und zum Tod führen kann. In Verbindung mit anderen Stoffen ist es auch als Gas einsetzbar. Typisch ist der bittersüße Mandelgeruch oder -geschmack.

9 Vgl. Ruppe, David: Terror suspect had advanced explosives. In: abcnews.com vom 29.12.1999

10 Vgl. Rizzo, Alessandra: Italy arrests 4 in anti-terror probe. AP-Meldung vom 20.02.2002

11 Vgl. Weiss, Rick: A terrorist's fragile footprint. In: *The Washington Post* vom 29.11.2001

12 Vgl. Barry, John u.a.: A sophisticated strain of anthrax. In: *Newsweek* vom 15.04.2002

13 Vgl. Broad, William: Terror anthrax linked to type made by U.S.. In: *The New York Times* vom 03.12.2001

14 Gordon, Michael: U.S. says it found Qaeda lab being built to produce anthrax. In: *The New York Times* vom 23.03.2002

15 Das Treffen in Prag wird von einigen Ermittlern auch in Frage gestellt. Vgl. Isikoff, Michael: The phantom link to Iraq. In: *Newsweek* vom 06.05.2001

16 Vgl. Holley, David: Czechs brace for threats to Radio Liberty. In: *The Los Angeles Times* vom 14.11.2001

17 Vgl. Gillan, Audrey: Biological weapons link to Al-Qaeda. In: *The Guardian* vom 16.10.2001

18 Vgl. Benac, Nancy: Report: Hijacker possibly had anthrax. AP-Meldung vom 23.03.2002

19 Vgl. Fainaru, Steve: Officials continue to doubt hijackers' link to anthrax. In: *The Washington Post* vom 24.03.2002

20 Vgl. Gillan, Audrey: Biological weapons link to Al-Qaeda. In: *The Guardian* vom 16.10.2001

21 Vgl. Johnston, David/James Risen: U.S. concludes Al Qaeda lacked a chemical or biological stockpile. In: *The New York Times* vom 20.03.2002

22 Ebd.

23 Das Dokument mit dem Titel »Nuclear terrorism: How real is the threat?« liegt dem Autor vor. Es wurde am 07. Mai 2001 von Alex Schmid, dem Leiter der Anti-Terror-Abteilung der UN, bei einer geschlossenen Konferenz in Stockholm vorgestellt.

24 Vgl. Edwards, Rob: Plutonium for sale. In: *New Scientist* vom 26.05.2001

25 Vgl. Weiser, Benjamin: Escape from bin Laden. In: *The International Herald Tribune* vom 09.02.2001
26 Vgl. Pianin, Eric/Walter Pincus: U.S. warns nuclear plants of terrorist threat. In: *The Washington Post* vom 01.02.2002
27 Vgl. Watson, Roland/Philip Webster: Bin Laden's nuclear threat. In: *The Times* vom 26.10.2001
28 Vgl. Kluger, Jeffrey: Osama's nuclear quest. In: *Time* vom 12.11.2001. Sowie Rohde, David: Germ weapon plans found at a scientist's house in Kabul. In: *The New York Times* vom 01.12.2001
29 Vgl. Pincus, Walter: Al Qaeda aide: Radiation bomb in works. In: *The Washington Post* vom 23.04.2002

8. Löcher im System

1 Die Angaben basieren auf einem Interview mit Iwan Iwanov für den Beitrag »Bioterrorist bin Laden«, der in der ZDF-Sendung »Frontal 21« am 16.10.2001 ausgestrahlt wurde.
2 Vgl. Edwards, Rob: Plutonium for sale. In: *New Scientist* vom 26.05.2001
3 Vgl. Scott, Kirsty: Leak shows nuclear trafficking doubled. In: *The Guardian* vom 14.05.2001
4 Vgl. Gertz, Bill: Bin Laden terror group tries to acquire chemical arms. In: *The Washington Times* vom 26.11.2001
5 Vgl. Pincus, Walter: Report cites unaccounted plutonium. In: *The Washington Post* am 27.03.2002
6 Vgl. Pincus, Walter: Report Finds ›Weakness‹ In Nuclear Controls. In: *The Washington Post* vom 06.11.2001
7 Vgl. Tuohy, Lynne/Jack Dolan: Turmoil in a perilous place. In: *The Hartford Courant* vom 19.12.2001, sowie Altimari, Dave u.a.: Anthrax easy to get out of lab. In: *The Hartford Courant* vom 20.12.2001, sowie Altimari, Dave/Jack Dolan: Anthrax missing from army lab. In: *The Hartford Courant* vom 20.01.2002
8 Vgl. Fainaru, Steve/Joby Warrick: Ames strain of anthrax limited to few labs. In: *The Washington Post* vom 30.11.2001
9 Die folgenden Zitate stammen aus dem erwähnten Fernsehbeitrag für das ZDF-Magazin »Frontal« im Frühjahr 1998.
10 Auzüge aus dem neuerlichen Interview mit Dr. Alibek wurden in der

ZDF-Sendung »Frontal 21« vom 06.11.2001 ausgestrahlt. Es sei hier erwähnt, dass Alibek ein persönliches Interesse hat, auf die Bedrohung hinzuweisen. Seine Firma Advanced Biosystems profitiert von Aufträgen der US-Regierung zur Entwicklung von Impfstoffen gegen mögliche Biokampfstoffe.

11 Vgl. Nowak, Rachel: Disaster in the making. In: *New Scientist* vom 13.01.2001

12 Vgl. Broad, William: U.S. selling papers showing how to make germ weapons. In: *The New York Times* vom 13.01.2002

13 Vgl. Risen, James: Bin Laden sought Iran as an ally, U.S. intelligence documents say. In: *The New York Times* vom 30.12.2001

14 Vgl. Baer, Robert: *See No Evil. The True Story of a Ground Soldier in the CIA's War on Terrorism.* Crown Publishers: New York, 2002

9. Der Mantel des Schweigens

1 Vgl.: Aris, Ben u.a.: Warning of smallpox terror risk. In: *Daily Telegraph* vom 06.11.2001

2 Zu den Gründen vgl. Loeb, Vernon: Bush panel faults germ warfare protocol. In: *The Washington Post* vom 27.05.2001

3 Vgl. Broad, William u.a.: U.S. germ warfare research pushes treaty limits. In: *The New York Times* vom 04.09.2001

4 Zitat aus der »Frontal 21«-Sendung des ZDF am 06.11.2001

5 Vgl. Kekule, Alexander: Das Geheimnis der Ministerin. In: *Tagesspiegel* vom 14.11.2001

6 Vgl. Connolly, Ceci: U.S. reorganizes bioterror strategy. In: *The Washington Post* vom 08.11.2001. Nähere Informationen zum Pocken-Reaktionsplan der US-Regierung finden sich auf der Website der amerikanischen Seuchenkontrollbehörde CDC unter www.cdc.gov.

7 Vgl. Kulke, Ulli: Der deutsche Katastrophenschutz ist längst außer Kraft gesetzt. In: *Die Welt* vom 10.10.2001

8 Vgl. Stolberg, Sheryl: U.S. will give states $1 billion to improve bioterrorism defense. In: *The New York Times* vom 25.01.2002

9 Vgl. Hosenball, Mark u.a.: Bin Ladens's nuclear ambitions and fears. In: *Newsweek* vom 03.12.2001

10 Vgl. Wald, Matthew: Suicidal nuclear threat is seen at weapons plants. In: *The New York Times* vom 23.01.2002

11 Auszüge aus dem Interview mit Herrn Schneider wurden in der ZDF-Sendung »Frontal 21« vom 25.09.2001 augestrahlt. Für den Beitrag flogen Kollegen ungehindert mit einem Sportflugzeug nahe an der Wiederaufbereitungsanlage La Hague vorbei.

12 Vgl. Pianin, Eric/Walter Pincus: U.S. warns nuclear plants of terrorist threat. In: *The Washington Post* vom 01.02.2002

13 Gertz, Bill: Nuclear plants targeted. In: *The Washington Times* vom 31.01.2002

14 Lichtblau, Eric: Terrorists noted flaws in security, report says. In: *The Los Angeles Times* vom 01.02.2002

15 Informationen über drohende Gefahren gab das Bundesgesundheitsministerium erst infolge der Anschläge vom 11. September Mitte Oktober an die Bundesapothekerkammer weiter.

16 Zitat aus der »Frontal 21«-Sendung des ZDF vom 16.10.2001

10. Krieg ohne Sieg

1 Burns, John F.: Mop-up units find few bodies or survivors. In: *The New York Times* vom 17.03.2002

2 Balz, Dan/Bob Woodward: A presidency defined in one speech. In: *The Washington Post* vom 02.02.2002

3 Vgl. Hirsh, Michael/John Barry: Commandos – The real tip of the spear. In: *Newsweek* vom 08.10.2001

4 Vgl. Fram, Alan: Afghanistan war will cost $10.2B. AP-Meldung vom 12.04.2002. Die Überschrift ist missverständlich, weil die genannte Summe sich nur auf den Krieg in Afghanistan bezieht, nicht auf das weltweite Engagement der US-Streitkräfte gegen den Terrorismus.

5 Vgl. Fenton, Ben: 1,300 enemy men killed by handful of Green Berets. In: *Daily Telegraph* vom 08.01.2002

6 Vgl.: Shanker, Tom: Conduct of war is redefined by success of special forces. In: *The New York Times* vom 21.01.2002

7 Gordon, Michael: Gains and limits in new low-risk war. In: *The New York Times* vom 29.12.2001

8 Woodward, Bob: Secret CIA units playing a central combat role. In: *The Washington Post* vom 18.11.2001

9 Gall, Carlotta: An American is said to be killed during a failed prison uprising. In: *The New York Times* vom 26.11.2001

10 Vgl. Perry, Alex: Inside the battle at Qala-I-Jangi. In: *Time* vom 02.12.2001
11 Vgl. Fullerton, John: U.S. was misled in deadly raid, Afghans say. In: *The Washington Post* vom 31.01.2002
12 Vgl. Smith, Craig: After Green Beret operation, townspeople have questions about bound bodies. In: *The New York Times* vom 28.01.2002
13 Vgl. Bearak, Barry: Unknown toll in the fog of war. In: *The New York Times* vom 09.02.2002
14 Vgl. Ricks, Thomas: In the South, U.S. faces a guerrilla war. In: *The Washington Post* vom 21.11.2001
15 Vgl. Graham, Bradley: Unfinished business in proxy-war. In: *The Washington Post* vom 06.01.2002
16 Hersh, Seymour: Questions surround a secret Pakistani airlift. In: *The New Yorker* vom 28.01.2002
17 Vgl. Gertz, Bill/Rowan Scarborough: Container flight. In: *The Washington Times* vom 11.01.2002
18 Vgl. Smucker, Philip: How bin Laden got away. In: *The Christian Science Monitor* vom 04.03.2002
19 Vgl. Purported bin Laden E-Mail attacks Saudi plan for Mideast. Reuters-Meldung vom 27.03.2002
20 Vgl. Gellman, Barton/Thomas Ricks: U.S. concludes bin Laden escaped at Tora Bora Fight. In: *The Washington Post* vom 17.04.2002
21 Vgl. Constable, Pamela: Iran said to assist forces opposing Kabul government. In: *The Washington Post* vom 24.11.2002
22 Vgl. Risen, James: U.S. traces Iran's ties to terror through a Lebanese. In: *The Washington Post* vom 17.01.2002
23 Vgl. Frantz, Douglas/James Risen: A secret Iran-Arafat connection is seen fueling the Mideast fire. In: *The New York Times* vom 23.03.2002.
24 Vgl. Finn, Peter/Pamela Rolfe: Spain holds 8 linked to Sept. 11 plot. In: *The Washington Post* vom 19.11.2001
25 Sanger, David/Katharine Seelye: Bush reconsiders stand on treating captives of war. In: *The New York Times* am 29.01.2002
26 Vgl. Stout, David: Rumsfeld defends plan to hold war detainees. In: *The New York Times* vom 28.03.2002
27 Vgl. Struck, Doug: U.S. – Philippine effort begins to net results. In: *The Washington Post* vom 27.03.2002

28 Vgl. Decision Support Systems (Hg.): *Al Qaeda's endgame? A strategic scenario analysis.* www.metatempo.com 02.11.2001
29 Vgl. Sanger, David: A war of loose ends. In: *The Washington Post* vom 10.01.2002

11. Aktionismus als Beruhigungspille

1 Vgl. Fainaru, Steve: Detainees offer glimpse of life in N.Y. facility. In: *The Washington Post* vom 17.04.2002
2 Vgl. Washington Post (Hg.): Detainees and Disclosure. In: *The Washington Post* vom 18.03.2002
3 Vgl. Weißes Haus (Hg.): Military Order. Detention, Treatment, and Trial of Certain Non-Citizens in the War Against Terrorism. Presseveröffentlichung des Weißen Hauses vom 13.11.2001
4 Auszüge aus dem Interview wurden in der ZDF-Sendung »Frontal 21« vom 20.11.2001 ausgestrahlt.
5 Safire, William: Seizing dictatorial power. In: *The New York Times* vom 15.11.2001
6 Vgl. Bentham, Martin: Al-Qa'eda terror manual orders attack on Big Ben. In: *Daily Telegraph* vom 27.02.2002
7 Vgl. Ratnesar, Romesh: Can we stop the next attack? In: *Time* vom 03.03.2002
8 Vgl. Eggen, Dan/Mary Beth Sheridan: Terrorist pilots' student visas arrive. In: *The Washington Post* vom 13.03.2002
9 Vgl. Miller, Bill: $37.7 billion for homeland defense is a start, Bush says. In: *The Washington Post* vom 23.01.2002
10 Vgl. Shenon, Philip: U.S. is requesting tighter security at Utah Olympics. In: *The New York Times* vom 29.01.2002
11 Vgl. Drew, Christopher/Kate Zernike: Efforts to track foreign students are said to lag. In: *The New York Times* vom 28.01.2002
12 Vgl. Lichtblau, Eric/Josh Meyer: Crackdown on terror funding is questioned. In: *The Los Angeles Times* vom 07.04.2002
13 Ebd.
14 Ebd.
15 Vgl. Geshwiler, Joe: Panel faults restrictions imposed since Sept.11. In: *Atlanta Journal Constitution* vom 04.04.2002

12. Die neue alte Weltordnung

1 Vgl. Balz, Dan/Bob Woodward: America's chaotic road to war. In: *The Washington Post* vom 27.01.2002
2 Beaumont, Peter: America gears up for a new kind of war. In: *The Observer* vom 10.03.2002
3 Vgl. Finn, Peter: Europeans tossing terror suspects out the door. In: *The Washington Post* vom 29.01.2002
4 Vgl. US letter from Bush with demands for EU cooperation. In: Statewatch News online vom 16.10.2001
5 Vgl. Chandrasekaran, Rajiv/Peter Finn: U.S. behind secret transfer of terror suspects. In: *The Washington Post* vom 11.03.2002
6 Roy, Arundhati: Wut ist der Schlüssel. In: *Frankfurter Allgemeine Zeitung* vom 28.09.2001
7 Vgl. Becker, Elizabeth: In the war on terrorism, new life for propaganda. In: *The New York Times* vom 10.11.2001, sowie Dao, James/Eric Schmitt: A »damaged« information office is declared closed by Rumsfeld. In: *The New York Times* vom 27.02.2002
8 Vgl. Arkin, William: Secret plan outlines the unthinkable. In: *The Los Angeles Times* vom 10.03.2002
9 Madsen, Wayne/John Stanton: American democracy: R.I.P. The emergence of the fascist American theocratic state. www.cryptome.org
10 Vgl. Bumiller, Elisabeth: Talk of religion provokes Amens as well as anxiety. In: *The New York Times* vom 22.04.2002
11 Vgl. AFP-Meldung vom 22.01.2002: »Ärzte ohne Grenzen«. Tschetschenen fliehen vor Gewalt.
12 Vgl. Hirsh, Michael/Daniel Klaidman: Bush administration deeply divided over Powell mission to Mideast. In: *Newsweek* vom 15.04.2002
13 Vgl. DeYoung, Karen: »Sleeper Cells« of Al Qaeda are next target. In: *The Washington Post* vom 03.12.2001

Epilog: Das Recht auf die Wahrheit

1 Vgl. Naveed Miraj: Al Qaida nukes may have reached US shores. In: *The Frontier Post* vom 10.11.2001
2 Vgl. Sale, Richard: Fear of bin Laden nukes. UPI-Meldung vom 30.10.2001

3 Vgl. Ratnesar, Romesh: Can we stop the next attack? In: *Time* vom 03.03.2002

4 Vgl. Decision Support Systems (Hg.): Hunting the sleepers - Tracking Al Qaida's covert operatives. www.metatempo.com 31.12.2001

5 Ratnesar, Romesh: Can we stop the next attack?. In: *Time* vom 03.03.2002

6 Vgl. Ferguson, Niall: 2011. In: *The New York Times* vom 02.12.2001

7 Vgl. McGee, Jim: Bush team seeks broader surveillance powers. In: *The Washington Post* vom 02.12.2001

8 Vgl. DPA-Meldung vom 22.01.2002. BND rechnet nicht mehr mit bedeutenden Al-Qaida-Anschlägen.

9 Vgl. Friedman, Thomas: Now let's hear an epochal debate on the modernizing of Islam. In: *The New York Times* vom 17./18.11.2001

10 Ebd.

11 Zit. nach Cooper, Robert: The new liberal imperialism. In: *The Observer* vom 07.04.2002

12 Vgl. Horrock, Nicolas: FBI focusing on portable nuke threat. UPI-Meldung vom 21.12.2001

Register

Abassi, Madani 116
Abbas, Mullah Mohammed 124 f.
Abdallah, Abu *siehe* bin Laden, Osama
Abu Sayyaf 96, 101, 215
Agaiza, Ahmed 237 ff.
Ahmed, Mustafa *siehe* Saiid, Shayk
Ahmed, Sayeed *siehe* Murad, Abdul Hakim
Ajaj, Ahmed 100
al Banashiri, Abu Ubaidah 123
al Faisal, Prinz Abdullah 209
al Iraqi, Abu Khadija 122 f.
Al Qaida 23, 34 ff., 39 f., 42, 46, 50, 52, 58 ff., 64 f., 71–79, 87 f., 94 ff., 98 f., 112 ff., 120, 122–126, 128 ff., 133, 135, 140, 142, 147, 149 f., 153, 155, 157–161, 163 f., 173, 176 f., 186, 188 f., 191, 195, 197, 199 f., 204–214, 216 f., 223 ff., 229, 231, 234, 243, 247, 255 ff., 259, 261 f.
al Shanquiti, Khaled 135 ff.
Al Tawhid 261 f.
al Zawahiri, Ayman 47 f., 72, 239
al-Ani, Ahmad Khalil Ibrahim Samir 155
al-Arian, Sami 103 ff.
al-Durra, Mohammed 59 f.
al-Fadl, Jamal 158
Al-Gama at al-Islamiya 101
al-Ghamdi, Hamza 157
al-Hazmi, Nawaf 36 f., 39
al-Haznawi, Ahmed Ibrahim 156
Ali, Hazret 207 f.
Alibek, Ken (Kanatjan Alibekov) 170 ff., 176, 179 ff.
Al-Kifah 97 f., 100, 102
al-Libi, Ibn al-Shaykh 72, 78 f.
al-Midhar, Khalid 36 f., 39, 220
al-Rabeei, Fawaz Yahya 213
al-Sami, Jasid 220
al-Shehhi, Marwan 26, 84, 114, 127 f., 157, 226
Anas, Abdullah 46 f., 65
Anschläge:
– Botschaften von Kenia/Tansania 1998 24, 42, 59, 72, 76, 78 f., 122 f., 126 f., 135
– Pentagon 2001 19–41, 44, 56, 64 f., 76, 142 ff.
– Synagoge von Djerba 2002 140 ff., 153, 252, 261
– U-Bahn von Tokio 1995 162 f.
– USS Cole 2000 24, 37, 59
– World Trade Center 1993 24, 97 f., 100 ff., 121, 233
– 2001: 19–41, 44, 56, 64 f., 76, 98, 107, 142 ff., 188, 234 f., 248
Anthrax 154 ff., 166–171, 173, 184 f., 217
Arafat, Jassir 251
Arriaga, Alexandra 220
Ashcroft, John 40, 227
Assaad, Ayaad 169 f.
as-Sadat, Anwar 47, 68
Atombombe 147 ff., 158–165, 185 ff., 228, 255 f., 268

Atta, Bouthayna 67
Atta, Mohammed 21, 25 f., 28 f., 34 f., 43, 46, 65–71, 73, 76, 84, 88, 96, 114, 118 f., 122, 127 f., 131 f., 137, 142, 155 ff., 213, 224, 226, 239, 252
Atta, Mohammed el Amir Awad el Sayed 67
Atwan, Abdel Bari 209
Aum-Shinrikyo-Sekte 162 f.
Azmath, Mohammed Jaweed 33 f.
Azzam, Abdallah 46 ff., 98, 100, 131

Baer, Robert 177
Bahaji, Said 127, 131
Bailey, Maxwell 216
Baker, Abu 209
Barr, Bob 232
Beghal, Djamal 76 f., 88 f., 113
Benevolence International Foundation 57
Bensakhria, Mohammed 88
bin Laden, Osama 22 f., 29, 35, 38, 40, 43, 45–52, 56–60, 70–75, 77 f., 87, 93, 96, 98–102, 108 f., 114 f., 121 ff., 125 f., 128, 131, 134, 139, 143, 147 ff., 157–161, 163, 177, 196 f., 204 ff., 209 ff., 217 f., 223 ff., 234, 239, 245 f., 252, 264 ff., 269
Binalshibh, Ramzi 21, 62, 71, 114, 127, 131 f., 143 f.
Blair, Tony 267
Bush, Barbara 196
Bush, George H. W. 59, 110, 196
Bush, George W. 22 ff., 31, 42, 102, 149, 175, 195 f., 204, 211, 216, 221 f., 227, 234 ff., 240, 242, 244, 246, 248–252, 259, 267, 269
Butler, Richard 155

Christopher, Warren 59
CIA 21 ff., 36 ff., 60 ff., 107 ff., 148 ff., 197 f., 243 f.
Clinton, Bill 59, 106, 108 f., 175
Cooper, Robert 267
Crenshaw, Martha 112
Crosland, Richard 167

Darkazanli, Mamoun 89, 125–129, 142
Dawson, Christopher 253
Declaration of Jihad 79–87
Doha, Abu 88, 225
Dostum, Abdul Rashid 198, 203
Dudin, Said 54 f.

el Hage, Wadi 123, 125 f., 129, 135
el Rahman, Abd 97 f.
Emerson, Steven 100 ff., 106 f., 122

FBI 20 ff., 36 ff., 58 f., 63, 99, 105 f., 111 f.
Ferguson, Robert 30
Fink, Conrad 233
FIS (Islamische Heilsfront) 48 f., 115 f.
Fischer, Joschka 234 f., 252
Fleischer, Ari 42
Franz, David 166 f., 169, 172 f.
Freeh, Louis 99
Friedman, Robert 232
Friedman, Thomas 265

Gamsharik, Haji Zaman 207 f.
Gorbatschow, Michail 110
Gordon, John 187
Greenspan, Alan 30
Groupe Islamique Armée (GIA) 48 f., 99, 100 f., 115 ff.
GSPC (Salafistische Gruppe für Mission und Kampf) 120, 225
Guantanamo 214 f., 223

Gullalai, Haji 147 f.

Hamas 48, 101 f., 105, 124
Hanjour, Hani 21, 84, 111 f.
Hanning, August 234, 258
Hekmatyar, Gulbuddin 139, 211
Heni, Lasid ben 153
Himmler, Heinrich 252
Hisbollah 49, 96, 101, 124
Hussein, Saddam 50, 53, 166, 170, 177, 268

Islamischer Dschihad 47 f., 101, 103 ff.
Iwanow, Iwan 161 f.

Jaffer, Abu 209
Jarrah, Ziad 84, 156
Johannes Paul II., Papst 95

Kahane, Meir 98
Karsai, Hamid 201 ff., 217
Kaudinya, Dieter 261
Kebir, Rabah 116
Khaleq, Hanan 237
Khamenei, Mullah Ali 211
Khan, Ayub Ali *siehe* Shah, Syed Gul Mohammed
Khan, Ismail 211
Khan, Muhammed Fahim 198
Khatami, Saijid Mohammed 177, 211
Khemais, Essid Sami ben 88, 153
Kinkel, Klaus 117
Kühne, Hans-Heiner 260

Levin, Carl 197
Lounici, Djamel 115

Machule, Dittmar 70
Madni, Muhammed Saad Iqbal 243
Maher, Bill 42 f.
Mahmud, Bashir Uddin 159
Mahmud, Othman Omar *siehe* Qatada, Abu
Majeed, Izzat 265
Majid, Chaudry Abdul 159
Marky, Edward 186
Massud, Ahmed Shah 47
Masud, Ahmed Schah 217
McDermott, Terry 66
Miller, John 57
Milzbrand *siehe* Anthrax
Mohammed, Prophet 43 f., 50, 266
Mohammed, Sayeed 200
Moussaoui, Zacarias 19 ff., 33, 40, 89, 111 ff., 131 f., 142 f., 156
Mubarak, Hosni 22 f., 66, 68, 239
Mugniyah, Imad 212 f.
Müller, Herbert 124, 138
Murad, Abdul Hakim 95 f., 110 f.
Musharraf, Pervez 109, 204, 236

Naouar, Nizar ben Mohammed 141 ff.
Nehm, Kay 128, 261
Nixon, Richard 167
Nosair, El Sayyid 98

O'Toole, Tara 182
Omar, Mullah Mohammed 139, 204
Operation Anaconda 195
Operation Bojinka 93 ff., 113
Operation Indefinite Justice 198
Osama, Emir 71

Pantex 32 f.
Petersen, Wolfgang 179
Pocken 172, 174 f., 178–185
Powell, Colin 59, 214, 250
Prodi, Romano 240
Putin, Wladimir 249

Qatada, Abu 223 f.

Reagan, Ronald 27
Rees, Madeleine 243
Reid, Richard Colvin 89, 93 f., 112 f., 228
Ressam, Ahmed 86 f., 112, 134 ff., 141, 150 ff., 224
Rice, Condoleezza 263, 267
Richardson, Bill 108
Ridge, Tom 226 f.
Romanowski, Gerd 191
Roschacher, Valentin 231
Roy, Arundhati 245 f.
Rumsfeld, Donald 201 f., 215, 223

Sabet, Ahad Abdallah *siehe* Binalshibh, Ramzi
Sadat, Anwar *siehe* as-Sadat, Anwar
Safire, William 222
Saiid, Shayk 36, 114
Salih, Ali Abdallah 214
Salim, Mamdouh Mahmud 64, 122, 125 f., 128 f., 159
Sandachtschiew 180
Schamir, Yitzhak 111
Scharon, Ariel 250 f.
Schily, Otto 40, 238, 261
Schneider, Mycle 188
Schröder, Gerhard 235
Seelber, Julius 80
Shah, Syed Gul Mohammed 33 f.
Shallah, Ramadan Abdullah 103 f.
Sharif, Nawaz 109
Shirzai, Gul Agha 211
Slahi, Mohamedou ould 130, 132–137, 140, 142 ff., 260, 262
Spann, Johnny 199
Steinbach, Udo 117
Steiner, Michael 235
Steinhäusler, Friedrich 158, 163 f.

Takfir-wal-Hijra 76
Taliban 108 f., 124, 195, 197 ff., 203 ff., 207, 210 f., 214, 223, 247
Tenet, George 19, 40, 109, 157
Terwilliger, George 222
Trabelsi, Nizar 77 f.
Tsonas, Christos 156

Uhrlau, Ernst 119 ff., 131, 234
USAMRIID 166–170, 172, 175, 180 f.

Vedrine, Hubert 236
Vektor-Labor 176, 180 f.
Voigt, Karsten 117, 119

Washington, Denzel 220
Weldon, Curt 268
Werthebach, Eckart 118
Willis, Bruce 220
Wilson, Woodrow 266
Wischnewski, Hans-Jürgen 118
Wolff, Ingo 137
Wolfowitz, Paul 250

Yussef, Ramzi 94 ff., 98, 101, 113

Zachert, Hans-Ludwig 117
Z., Philip 169 f.
Zammar, Mohammed 71, 88 f., 244 f.
Zari, Mohammed 237
Ziglar, James 103
Zinedine, Mohammed 75
Zubaida, Zainul al-bideen Abu 72 ff., 76, 87, 160